通达信

炒股软件

从入门到精通

第2版

龙马金融研究中心 编著

人民邮电出版社

北 京

图书在版编目（CIP）数据

通达信炒股软件从入门到精通 / 龙马金融研究中心
编著. -- 2版. -- 北京：人民邮电出版社，2023.5
ISBN 978-7-115-59797-7

Ⅰ. ①通… Ⅱ. ①龙… Ⅲ. ①股票交易—应用软件—
基本知识 Ⅳ. ①F830.91-39

中国版本图书馆CIP数据核字(2022)第142762号

内 容 提 要

本书通过大量案例，系统地介绍了股票投资的基础知识，以及通达信软件的使用方法和操作技巧。

全书分为4篇，共19章。第1篇为入门篇，介绍了新投资者入市必备常识、股票的基础知识、影响股市的主要因素等；第2篇为技术篇，介绍了基本面分析、单K线分析、多K线组合形态识别、移动平均线分析、趋势线分析、常用的技术指标及通过成交量透视股价走势等；第3篇为实战篇，介绍了涨停板技法、选牛股技法、逃顶技法、跟随主力技法及分时走势看盘分析等；第4篇为软件篇，介绍了通达信软件的基础知识、使用通达信软件分析看盘、智能预警和公式选股、通达信软件的系统管理中心等。

本书适合广大股票投资者学习使用，也可以作为高等院校相关专业或股票投资培训班的教材或辅导用书。

◆ 编　著　龙马金融研究中心
　责任编辑　李永涛
　责任印制　胡　南
◆ 人民邮电出版社出版发行　　北京市丰台区成寿寺路 11 号
　邮编　100164　　电子邮件　315@ptpress.com.cn
　网址　https://www.ptpress.com.cn
　北京科印技术咨询服务有限公司数码印刷分部印刷
◆ 开本：787×1092　1/16
　印张：23.5　　　　　　　　2023 年 5 月第 2 版
　字数：602 千字　　　　　　2025 年 9 月北京第 11 次印刷

定价：99.90 元

读者服务热线：(010)81055410　印装质量热线：(010)81055316
反盗版热线：(010)81055315

前 言

股票作为一种投资方式，每年都会吸引大量投资者购买，有的投资者满载而归，而更多的投资者付出了巨大的代价。对于普通投资者来讲，要想真正实现盈利，并将股票作为一种长期的投资方式，不仅需要扎实的基础知识，还要掌握股市实战技能和相关的软件操作方法。为了满足广大读者的学习需求，我们邀请了多位证券投资专家和高级股票分析师共同参与本书的策划和编写，希望能够以高效的方式，帮助普通投资者快速掌握相关知识和投资技巧，并引导投资者理性决策，从而避免损失、实现盈利。

本书内容

本书是一本股票投资书，主要面向零基础读者。本书系统地介绍了股票的基础知识、股市实战技能以及股票软件的操作方法。本书在编写过程中使用了大量真实案例，帮助读者通过实战掌握知识点的运用方法，既为读者打牢了基础，又兼顾了其实际操作能力的提升。另外，本书还总结了一些高手的操作技巧，从而满足不同基础读者的学习需求。

本书特色

❖ 通俗易懂，快速上手

本书主要面向投资股票的零基础读者，由浅入深地介绍了股票知识及其实际应用，帮助读者透彻理解，并实现触类旁通。

❖ 讲解细致，面向实战

本书将知识点融入大量真实案例中，既涵盖宏观层面的分析，又兼顾微观层面的操作，摆脱枯燥的讲解，使读者在学习阶段即可进入实战状态。

❖ 精心排版，图文并茂

本书采用单、双栏排版相结合的形式，大大扩充了信息容量。在具体操作上，配备大量图片进行说明，使内容一目了然，使学习简单高效。

❖ **高手支招，扩展学习**

　　本书"高手支招"栏目为读者提炼了各种操作技巧，总结了大量炒股实战经验，为读者提供了实用的操作方法。

📖 本书电子资源

　　赠送资源 01　100 页 PPT 版股票投资必修课

　　赠送资源 02　73 条新投资者常见疑难问题解答电子书

　　赠送资源 03　手机、计算机炒股必备安全常识电子书

　　赠送资源 04　24 个股票基本技术指标详解电子书

　　赠送资源 05　10 个股票实战技术指标详解电子书

　　赠送资源 06　190 个计算机炒股获利秘技电子书

　　赠送资源 07　股票代码速查手册电子书

　　赠送资源 08　基金投资入门及获利秘技电子书

　　赠送资源 09　期货投资入门及获利秘技电子书

　　赠送资源 10　10 小时计算机操作视频教程

　　要获得以上电子资源，请打开异步社区官网（http://www.epubit.com），注册并登录账号；在主页中单击 🔍 按钮，在打开页面的搜索框中输入"59797"，单击 搜索产品 按钮；进入本书的产品页面，在【配套资源】栏目中单击 去下载 按钮；在打开的页面中单击链接地址即可进入电子资源下载页面，按提示进行操作即可。

📖 创作团队

　　本书由龙马金融研究中心策划编著，孔长征、赵源源主编。

　　在本书的编写过程中，我们竭尽所能地将最好的内容呈现给读者，但难免有疏漏之处，敬请广大读者不吝指正。若读者在学习中遇到困难或有任何建议，可发送邮件至 liyongtao@ptpress.com.cn。

龙马金融研究中心

2023 年 3 月

通达信炒股软件从入门到精通（第 2 版）

前言

2

目 录

第 3 篇 实战篇

目录

通达信炒股软件从入门到精通(第2版)

5

第 1 篇

入门篇

第1章 新投资者入市必备常识

本章引语

　　知己知彼，百战不殆；不知彼而知己，一胜一负；不知彼，不知己，每战必殆。

——《孙子兵法》

　　在战争中既了解自己，又了解敌人，百战都不会失败；不了解敌人而只了解自己，胜败的可能性各半；既不了解敌人，又不了解自己，那就会每战必败。股票市场如同战场，如果投资者盲目投资，很可能会投资失败，只有全面地了解股票相关的知识，并形成自己的交易模式，才能真正做好股票投资。

本章要点

　　★对股票建立基本认识

　　★股票交易流程——办理委托

　　★新股申购的流程

1.1 入市前的准备

想让股市成为自己的"摇钱树"，投资者就必须了解股市的"习性"。本章将介绍入市前投资者必知必会的炒股基础知识。

1.1.1 对股票建立基本认识

听说周围的朋友、同事又在股市中赚了一大笔，任何人的心中多少都会泛起一丝波澜。股票市场是一个高风险与高收益并存的市场，投资者若想推开市场大门，就必须做一些准备工作。

投资者首先需要了解的就是基础的证券和交易知识。其实投资股票很简单，就如同日常购物一样。购物购买的是实物产品或服务，而投资股票购买的则是股权，是基于股东资格而享有的、从公司获得经济利益的权利。购物一般用于消费，而投资股票则可以从中获取经济利益，当然也有可能会亏损。所以，投资者要对股票有一定的认识。

- 股票是一种股权。
- 股票交易有固定的交易场所，比如上海证券交易所（一般简称为沪市/上证/上交所）和深圳证券交易所（一般简称为深市/深证/深交所）。
- 投资者需要通过证券公司才可以买卖股票。
- 股票要在规定的时间买卖。每周有固定的交易时间，在交易时间之外，投资者均不可以买卖股票。
- 股票买卖的单位有限制，单笔买卖必须是一手的整数倍，一手等于100股，因而最少要购买100股。

上述只是简单的证券基础知识，有助于投资者对股票建立基本的认识。相关的证券知识与交易知识还有许多，在后面的章节将进行更详细的介绍。

1.1.2 炒股是如何赚钱的

投资者购买股票的主要目的是获取收益，那么炒股究竟是如何使投资者赚钱的呢？主要有以下两个方面。

1. 分红获取利润

上市公司分配利润的方式主要有现金股利和股票股利。上市公司当年如果实现盈利，会根据投资者所持有的股份给投资者分配利润，这就是股利分红。如果该公司没有盈利，或者对未分配利润不派息，投资者则无法获得股利分红。

例如，李明买入1 000股万科A，在持有该股票一周之后，万科A宣布分红除息[1]，每10股送现金红利1元，下一个交易日也就是除权日，该股票开盘基准价（也就是昨日收盘价）自动下降0.1元。李明的账户上每股多出来0.1元分红，也就是1 000×0.1=100（元），再结合持股时间的长短来计算，因为持股时间不到一个月，所以扣除20%的个人所得税，李明持有的万科A实际分红为100×（1-20%）=80（元）。

注意，投资者在上市公司股票分红交个人所得税时分为三种情况：第一，如果持股不超过1个月，需要缴纳20%个人所得税；第二，如果持股超过1个月，但不超过1年，需要缴纳10%个人所得税；第三，如果持股超过1年，则不交个人所得税。

2. 依靠股价差获取利润

在投资股票的过程中，投资者主要依靠股价差获取利润。当投资者所投资的股票需求大于供给时，

---

1 除息：上市公司根据每年的盈利给投资者分派现金红利。

买的人多卖的人少，股票的价格就会上涨。如果投资者逢低买入，当价格上涨时果断卖出，就等于低买高卖，可赚取买入和卖出的差额，获取股价差的利润。

例如，王珊出资 10 万元买入 8 000 股某只股票，买入价格为每股 12.5 元，之后该股票价格一度拉升至每股 13.6 元，那么王珊卖出后能获利多少呢？如果不计交易费用，通过股价差的获利 =8 000×（13.6-12.5）=8 800（元）。

1.1.3　炒股是如何赔钱的

盈亏同源，既然有人炒股赚钱，也一定有人炒股赔钱。股市上有句俗语："十人炒股，一赚两平七赔"。这也就说明，有更多的投资者在股票市场上是赔钱的。为什么会出现炒股赔钱的情况呢？主要是以下几点造成的。

1. 追涨杀跌，折损本金

许多未曾涉股的投资者在周围人的影响下也进入股市。看着周围人都在大牛市中挣得盆满钵满，新手在未经历过系统学习和模拟盘操练的情况下就一头扎入股市，很难不赔钱。新人入市，大多喜欢追涨杀跌。

例如，李兰看到中国电建股价一直上涨，从 7 元涨至 16.5 元，她认为该股很有前途，股价还会再涨，于是在 18 元时终于按捺不住，投资 9 000 元买进 500 股。结果万万没想到，该股票价格最高冲到 19.9 元之后一路狂跌，李兰实在承受不了了，便以 14 元的价格卖出股票，最终亏损 2 000 元（暂不计交易费用），亏损比例为 22%。结果，李兰卖出股票之后，股价反弹至 17 元。这就是典型的追涨杀跌。

2. 频繁操作，提高交易成本

有些投资者妄想能够把握住股市中每一次股价上涨的机会，希望能够短线获利，于是天天交易，甚至每天多次买卖，结果越频繁操作亏损越多。交易频繁容易亏损的原因主要是容易迷失方向，在资本市场中难以长期保持理性的心态，而且频繁地买卖所付出的交易成本过高，盈利减少。

3. 股票种类过多，操作杂乱无章

许多投资者认为鸡蛋不应该都放在同一个篮子里，于是在刚入市的时候喜欢买许多只（10 只以上）股票，并且在每一只股票上所投入的资金并不多。由于买入的股票数量太多，种类太杂，投资者无法潜心研究股票，从而难以做到精心管理。在行情震荡上扬的时候，容易出现一半涨一半跌、无利可图的结果。当遇到大盘猛跌时，个股价格纷纷跟随大盘猛跌，此时投资者在卖股票时就会顾此失彼，导致利润回吐甚至亏损。

1.1.4　股票分析和交易软件

随着我国网络通信技术与互联网技术的高速发展，越来越多的投资者从采用原始的柜台交易、电话委托交易的炒股方式，转变为利用计算机软件和手机客户端交易。与以往的交易方式相比，计算机软件和手机客户端交易具有获取信息速度更快、获取信息内容更精准、交易更便捷等优势，只要有计算机、智能手机和网络，并且下载了相关证券公司的行情交易客户端，即可随时随地登录客户端查看行情，在开盘时间买卖股票。

除了计算机和手机等硬件设备之外，投资者还需要选择一款合适的股票分析软件。通常情况下，证券公司会为在本公司开户的投资者提供股票分析和交易软件。同时，网络上也有许多免费的行情分析软件，投资者可以根据自己的需要下载和使用。下面简单介绍目前市面上较普及的几款主流行情分析软件。

1. 通达信

通达信软件是目前使用者较多的一款软件，也是证券公司广泛使用的股票行情分析软件。其界面简单整洁，可以自定义看盘界面；有深圳证券交易所的逐笔委托单，可以自定义设置并查看委托单的大小，过滤一些小单，也可以实现多账户委托交易，可编程性强，是公式爱好者的首选。通达信软件能够展示实时和全面的股指行情以及及时的信息，新增的问答和圈子功能为投资者了解股市、熟悉市场规则提供了一个完善的互助平台，为投资者建立投资理念、提高投资策略提供了互动环境，帮助新入市的投资者尽快成为"炒股达人"。

打开通达信软件后，投资者看到的是行情报价界面。在不同的板块下，界面中间显示出不同股票的最新行情。在界面中还有状态栏、功能树及各类实时财经信息和便捷小工具。下左图为通达信PC客户端主界面。

通达信手机客户端拥有实用的技术分析工具、完整的基本面数据、开放的接口、智能化的操作以及个性化的功能，是一个用来进行行情显示、行情分析并同时进行信息即时接收的证券信息平台。通达信手机客户端的行情交易系统功能完善、操作简单，不仅支持日常交易、融资融券交易，还支持开放式基金的认购、申购、赎回。下右图为通达信手机客户端主界面。

2. 同花顺

同花顺是一个功能强大的股票分析和交易平台，具有股票资讯、行情分析和行情交易等功能。同花顺分为免费的 PC 客户端、付费的 PC 客户端、平板电脑客户端、手机客户端等适用性强的不同版本。普通的个人投资者如果进行中长线交易，使用免费的 PC 客户端即可。

同花顺软件还有许多特色板块，如经典指标自定义，可让投资者自由选择、自主定义；模拟炒股，让投资者学习操作，掌握实战技巧；主力买卖指标，帮助投资者降低股市风险。同花顺软件免费提供个股资金流向，主力增仓数据及数据中心、研报中心两大平台的精选财经信息。新版同花顺软件可以以游客身份登录，也可以使用微信账号申请登录，还可以使用手机号申请注册。目前同花顺软件根据证券机构、个人投资者的需求和使用习惯，新增了通达信模式。

进入同花顺软件，可在菜单栏中找到最新动态信息及相关分析等；工具栏的实用工具可以帮助投资者进行决策分析；自应用是投资者根据自己的操作习惯自行添加的应用；分时图和行情报价可以显示个股以及大盘的最新进展情况。下页左图为同花顺 PC 客户端主界面。

同花顺软件的手机客户端支持 iOS 手机、安卓系统手机安装。下页右图为安卓系统的同花顺手机客户端主界面。

3. 大智慧

大智慧是一款用于显示行情、分析行情并同时接收即时信息的炒股软件。大智慧软件刷新速度非常快，有深圳市场的全景封单功能，许多追涨停板的投资者都用这个功能来看自己的排单位置。大智慧软件系统稳定、操作便捷、界面风格简洁，支持查看股指期货等衍生金融产品行情、透视交易细节；独创DDE（dynamic data exchange，动态数据交换）决策选股分析系统和BS（buy sell，买卖）点买卖决策平台，为投资者提供参考。下左图为大智慧PC客户端主界面。

与同花顺和通达信一样，大智慧软件也有手机客户端。大智慧手机客户端的功能是针对手机客户端用户的操作习惯独立设计并开发的，大部分承接了PC客户端的主要功能，可以提供行情数据、委托交易等基本功能。其界面表现形式、用户操作习惯与大智慧PC客户端的非常相似，投资者无须花费过多时间就能很好地掌握大智慧手机客户端的操作。下右图为大智慧手机客户端主界面。

4. 东方财富

东方财富是一站式互联网金融服务平台，旗下拥有证券、基金销售、金融数据、互联网广告、期货经纪、公募基金、私募基金、证券投资顾问等多个业务板块，为投资者提供金融交易、行情查询、资讯浏览、社区交流、数据支持等全方位一站式的金融服务。东方财富软件基本功能齐全，个股的公告、大事件、新闻发送较快；数据统计分析功能强，龙虎信息整理得较为全面、细致。自带论坛，论坛用户多，十分活跃。东方财富在2015年收购西藏同信证券，此后更名为东方财富证券，因此与前三款炒股软件相比，其还具有证券公司牌照，可以从事证券经纪业务。东方财富证券2018年、2019年在证券公司分类评级中连续两年被评为A级。下页左图为东方财富PC客户端主界面。

东方财富手机客户端采用全新首页，设置了沪深、港股、美股、基金、期货大行情快速入口；新增明日机会、热点主题、市场风向、资金流向、科创板 IPO（initial public offering，首次公开募股）信息展示模块。其特色行情资讯覆盖了上海、深圳市场，场内基金，场外基金，债券，沪深港通，我国香港市场，新三板，金融期货等多个金融市场。下右图为东方财富手机客户端主界面。

1.2 办理开户手续

在学习了股票相关基础知识，准备好所需的软件、硬件设备之后，投资者想要进入二级市场进行投资，还需要先开立证券账户。去哪里开户，这是投资者首先需要解决的问题。选择一个好的证券公司开户，不仅可以得到贴心的个性化服务，而且可以节省交易成本，增加投资收益。本节为投资者就如何选择证券公司、开户需要准备哪些资料、手机上如何开户等问题进行一一解答。

1.2.1 选择证券公司

现在证券公司数量繁多，面对众多的证券公司，投资者究竟该如何选择呢？下面就为投资者介绍在选择证券公司时应当考虑的几大问题。

1. 证券公司等级

投资者一般难以直接判断证券公司在行业内的风险管理能力及合规管理水平。不过，每年中国证券监督管理委员会（以下简称"证监会"）都会对证券公司进行评级。《证券公司分类监管规定》将证券公司分为 A（AAA、AA、A）、B（BBB、BB、B）、C（CCC、CC、C）、D、E 五大类，共 11 个级别。其中 A、B、C 三大类中各级别公司均为正常经营公司，D、E 类公司分别为潜在风险可能超过公司可承受范围和被依法采取风险处置措施的公司。投资者应尽量选择在 A、B、C 三级证券公司开户。规模越大的证券公司所持的金融牌照越全面，可开展的金融业务越广泛。比较优秀的头部 AA 级证券公司有中信证券、中金公司、中信建投证券、国泰君安证券、银河证券、招商证券、华泰证券、平安证券、海通证券、国信证券、申万宏源、安信证券、光大证券、国金证券、中泰证券。

2. 服务质量

有一些证券公司对客户的售后服务几乎为零，客户开户之后，证券公司几乎不会主动和客户联系，不能帮助客户解决投资中常见的问题。投资者不要选择在这样的证券公司开户。一般可以从证券公司投资顾问团队规模、投资者学校、平日的信息推送情况等方面来大致判断一家证券公司的后续服务质量。

3. 业务是否多样化

证券公司可以提供的业务多种多样，主要有九大业务条线：证券经纪业务，证券投资咨询业务，与证券交易、证券投资活动有关的财务顾问业务，证券承销与保荐业务，证券自营业务，证券资产管理业务，融资融券业务，证券公司中间介绍（IB）业务，直接投资业务。其中与投资者息息相关的业务包括证券经纪业务，即证券公司通过其设立的证券营业部，接受客户委托，按照客户要求，代理客户买卖证券的业务；证券投资咨询业务，即提供证券投资顾问服务和证券研究报告服务的业务；融资融券业务，即证券公司向客户出借资金供其买入证券或出借证券供其卖出证券的业务；证券公司中间介绍（IB）业务，即证券公司接受期货经纪商的委托，为期货经纪商介绍客户的业务。投资者可根据自己的需求，选择业务多样化的证券公司开户。

4. 交易成本

交易成本即开户之后交易的手续费，俗称佣金。证券公司一般按资金量、交易量等数据来给客户定佣金的等级，资金量大、交易量大的投资者的佣金优惠力度大，拥有更多的谈判资格。一般情况下，大公司的佣金水平会比小公司略高，不过也不能一概而论，所谓货比三家，只有多问、多打听才能找到适合自己的公司。目前一些证券公司已经放宽手续费至万分之三的水平，甚至更低，高于这个水平线的，可以忽略。

5. 资讯推送

服务好的证券公司会在每个交易日收盘后对当天的行情复盘，收集整理每日市场热点，分析资金流向，对市场数据进行跟踪，如即将发行的新股有哪些、中国人民银行的降息降准信息、北上资金的净流入和净流出等。

1.2.2 开户需要准备的资料

投资者如需入市，应事先开立证券账户卡，即分别开立深圳证券账户卡和上海证券账户卡。依据开户主体的不同，投资者可分为个人投资者和机构投资者，二者在开户时所应准备的资料有所不同。

1. 个人投资者

个人投资者（年满18周岁）需要携带本人有效期内的中华人民共和国第二代居民身份证（以下简称"身份证"）以及银行卡到相关的证券营业厅登记机构办理开户手续。若是代理人，还需与委托人同时临柜签署授权委托书，并提供代理人的身份证原件和复印件。

2. 机构投资者

机构投资者需要携带的资料及注意的事项如下。

（1）法人营业执照及复印件；法定代表人证明书；证券账户卡原件及复印件；法人授权委托书和被授权人身份证原件及复印件；单位预留印鉴。B股开户还需提供境外商业登记证书及董事证明文件。

（2）填写开户资料并与证券营业部签订《证券买卖委托合同》（或《证券委托交易协议书》），同时签订有关上海证券交易所的《指定交易协议》。

（3）需开通证券营业部银证转账业务功能的投资者，注意查阅证券营业部有关此类业务功能的使用说明。

1.2.3 营业厅开户

自2015年4月3日起,投资者可以一人开设多个证券账户,投资者可以在多家证券公司开设账户,每个账户指定一家证券公司。2016年10月15日前,自然人及普通机构投资者已开立的3户以上的同类证券账户符合实名制开立及使用管理要求,且确有实际使用需要的,投资者本人可以继续使用。对于长期不使用的3户以上的多开账户,中国证券登记结算有限责任公司将依规纳入休眠账户管理。也就是不允许投资者在3家以上证券公司开立证券账户,对于原来已多开的证券账户不强制销户,但会纳入休眠账户。但是,对于融资融券交易账户只允许开一个账户,如果老客户已经开通融资融券交易账户,并且想转去其他证券公司开户的,则需要先撤销已开通的融资融券交易账户,再去其他证券公司的营业厅开立融资融券账户。

个人投资者去营业厅办理A股开户的流程如下。

❶ 选择一家证券公司。

❷ 持本人身份证和银行卡去证券公司的业务网点办理开户手续。若是代理人,还需与委托人同时临柜签署授权委托书并提供代理人的身份证原件和复印件。

❸ 开设深圳、上海证券账户卡(或称股东卡)。

❹ 填写开户申请书,签署《证券交易委托代理协议》,同时签订有关上海证券交易所的《指定交易协议》。

❺ 证券营业部为投资者开设资金账户。

❻ 如要开通网上交易,还需填写《网上委托协议》,并签署《风险揭示书》。

❼ 签署《交易结算资金银行存管协议书》,办理资金的第三方存管。

具体开户流程如下图所示。

1.2.4 手机开户

伴随着智能手机的普及,以及微信小程序等轻量应用的产生,越来越多的证券公司开始开发手机客户端开户App和微信开户小程序。投资者若想采用手机客户端开户,需要先准备开户所需的资料,包括本人身份证和本人银行借记卡。

下面以中山证券手机开户为例,简单介绍手机开户的流程。

❶ 在微信中搜索并关注"中山证券"微信公众号或者在手机应用商城搜索并下载"中山证券"App。

❷ 如果是微信开户,选择【账户】➤【开户】命令,打开的界面如下页左图所示;如果是App开户,则打开中山证券手机客户端,选择【首页】的【掌上营业厅】。

❸ 填写手机号并输入获取的手机验证码，如下右图所示。

❹ 拍摄并上传本人身份证正反面照片，如下左图所示。

❺ 核对身份证信息。注意身份证号码一定要多检查几遍，以免出现纰漏。身份认证界面如下右图所示。

❻ 填写补充资料，如下左图所示。

❼ 填写其他补充资料，确认无误后，点击勾选复选框，并点击【完成】按钮，如下右图所示。

❽ 拍摄并上传本人大头照，如下左图所示。

❾ 根据图片展示要求，拍摄并上传本人姿势照片（共3张），如下右图所示。

❿ 根据自身实际情况，完成风险测评（共20道题目），如下左图所示。

⓫ 选择拟开通的证券账户（选择新开或转入已有的证券账户），如下右图所示。

⓬ 设置交易密码和资金密码，如下左图所示。

⓭ 绑定持卡人的借记卡（非信用卡），如下右图所示。

⓮ 仔细阅读协议内容，确认无误后签署，如下左图所示。

⓯ 填写问卷，如下右图所示。

⓰ 开户申请提交完成，如下图所示，留意通知开户结果的短信。

1.2.5 银行卡及资金安全

投资者在投资股票时不可以直接用银行借记卡内的资金购买股票，而需要将银行借记卡与资金账户关联之后，先把资金从银行借记卡划转至资金账户内，再利用资金账户内的钱买股票。

1. 什么是第三方存管

第三方存管是指证券公司客户的证券交易结算资金交由银行存管，由存管银行按照法律、法规的要求，负责客户资金的存取与资金交收。

2. 第三方存管的办理

原来办理第三方存管手续需要投资者本人先在营业部开具《客户交易结算资金银行存管协议书》，然后拿着《客户交易结算资金银行存管协议书》和身份证去银行进行现场签约。现在，如果用手机开户，则直接通过手机客户端开通第三方存管，投资者无须去银行办理。投资者也可以登录想签约银行的网上营业厅，自助办理第三方存管的签约。若网上办理或者手机办理出现误填、漏填的情况，再去营业部开具《客户交易结算资金银行存管协议书》，然后去银行进行现场签约。

1.2.6 开通创业板、科创板、港股通、融资融券业务

目前在上海、深圳两市上市的板块有上证主板、深证主板、创业板、科创板、风险警示板和退市整理板，以及参与港股交易的港股通业务。投资者开通了上海证券交易所和深圳证券交易所证券账户并不能直接交易创业板、科创板、风险警示板和港股通的股票，还需要根据交易的需要再次开通特殊业务。其中，退市整理板股票是即将面临退市交易的股票，流动性很差并伴随较大风险，因此很少有新的投资者交易退市整理板股票，对于此项业务不在本书赘述。

1. 创业板业务开通条件

首次开通创业板业务的投资者需到证券营业部现场，持本人身份证，并满足以下适当性标准。

（1）资产要求：申请权限开通前 20 个交易日证券账户及资金账户内的资产日均不低于人民币 10 万元（不包括该投资者通过融资融券融入的资金和证券）。

（2）适当性匹配要求：客户适当性类型为专业投资者，或风险等级在稳健型以上的普通投资者。

（3）交易经验要求：交易经验 ≥ 2 年。

（4）年龄要求：年龄在 18 周岁以上（含）；70 周岁以上需进行特别风险提示。

上述条件均同时满足才可签署《创业板市场投资风险揭示书》，文件签署两个交易日后即可开通交易。非首次开通创业板业务的投资者无须临柜办理，大部分券商线上即可办理创业板转签业务。

2. 科创板业务开通条件

首次开通科创板业务即可在线上操作，需要投资者满足以下适当性标准。

（1）资产要求：申请权限开通前 20 个交易日证券账户及资金账户内的资产日均不低于人民币 50 万元（不包括该投资者通过融资融券融入的资金和证券）。

（2）交易经验要求：证券交易经验必须在 2 年以上。

（3）适当性匹配要求：风险测评为积极型以上。

3. 港股通业务开通条件

首次开通港股通业务即可在线上操作，需要投资者满足以下适当性标准。

（1）年龄要求：年龄在 18 周岁以上（含）、70 周岁以下（不含）。

（2）资产要求：申请权限开通前 20 个交易日以投资者名义开立的证券账户及资金账户内的资产日均不低于人民币 50 万元（不包括该投资者通过融资融券融入的资金和证券）。

（3）适当性匹配要求：客户适当性类型为专业投资者，或风险等级在积极型以上的普通投资者。

（4）测试要求：普通投资者需完成港股通业务知识水平测试，且测试结果达到 70 分及以上（专业投资者无须测试）。

（5）信用档案要求：无不良诚信记录。

4. 融资融券业务开通条件

开通融资融券业务需要投资者持本人身份证到证券营业部现场签约，需要投资者满足以下条件。

（1）年龄要求：个人投资者年满 18 周岁，具有完全民事行为能力。

（2）交易经验要求：普通证券账户在公司从事证券交易不少于 6 个月，即开户交易满 6 个月。

（3）资产要求：以证券资产不少于 50 万元为基本门槛作为验资用途（50 万元指 20 个交易日每日持有的股票市值，证券资产包括交易结算资金、股票、债券、资产管理计划等）。

（4）适当性匹配要求：在 2 年内，投资者风险评估问卷要求为 C4 和 C5，具有较强的风险承受

能力；风险承受能力较弱或风险评估问卷为 C1 的投资者不允许开通。

（5）信用档案要求：信誉良好且不在公司信贷业务"黑名单"库内的个人或机构。

（6）亲属规避合规要求：非本公司的股东和关联人。

（7）其他要求：按照公司适当管理的规定，没有不适合进行融资融券业务的情况。

1.3 股票交易流程——办理委托

投资者完成开户之后，即可参与上海 A 股与深圳 A 股的交易，这需要在股票交易日按照上海、深圳两市的交易规则进行委托申报。

股票交易日是指能够进行股票交易的日期。交易日一般为周一至周五，而国家法定节假日和周末休市不交易，需要注意的是在法定节假日调休的周六或周日，交易所也休市不交易。例如，2021 年五一假期是 2021 年 5 月 1 日至 2021 年 5 月 5 日，因此股市休市 5 天，而 2021 年 5 月 8 日（周六），是调休日要正常上班，但是交易所在周六、周日均不进行交易。在通常情况下，每个交易日的交易时间分为下表所示的几个时段。

上海、深圳证券交易所交易时段

时间段	交易时段	投资者可以进行的操作
9:15—9:20	集合竞价时间	可以进行竞价申报，也可以撤单
9:20—9:25	集合竞价时间	可以进行竞价申报，不可以撤单，9:25 撮合出当日开盘价
9:25—9:30	申报时间	可以进行竞价申报，不可以撤单
9:30—11:30	上午连续竞价阶段	可以进行竞价申报，也可以撤单
13:00—14:57	下午连续竞价阶段	可以进行竞价申报，也可以撤单
14:57—15:00	下午集合竞价阶段	可以进行竞价申报，不可以撤单

1.3.1 股票买卖的委托程序

投资者完成开户的第二日就可以进行股票买卖。投资者买卖股票的委托程序分为委托受理、委托执行和委托撤销 3 步。

1. 委托受理

证券公司在收到客户委托之后，首先对客户的身份、委托内容、委托卖出的证券数量以及委托买入的资金余额进行审查。经查验符合要求之后，证券公司才能接受委托。

2. 委托执行

证券公司接受客户买卖证券的委托之后，应当根据委托的证券名称、买卖数量、出价方式、价格幅度等，按照证券交易所的交易规则代理买卖证券。买卖成交之后，应当按照规定制作买卖成交报告单交付客户。

3. 委托撤销

在委托成交之前，客户有权变更和撤销委托。一旦证券营业部申报竞价成交，买卖就已经成立，成交部分不得撤销。客户可以直接将撤单信息通过计算机或手机终端输入证券交易所交易系统办理撤单。对客户撤销的委托，证券公司必须及时将冻结的资金或证券解冻。

1.3.2 股票买卖的委托内容

股票买卖的委托内容主要包含基本委托内容和上海、深圳证券交易所证券买卖申报价格的规定两部分。

1. 基本委托内容

投资者买卖股票时，向证券公司下达的委托指令主要包括证券账号、日期、品种、买入卖出方向、委托数量、委托价格、时间、股票名称、股票代码。下面两张图分别为股票买入和卖出的主要界面。

打开交易界面后，选择左侧功能列表中的【买入】选项，在窗口右侧将显示买入界面，如下图所示。在其中输入买入的证券代码，系统自动根据账户中的可用资金金额计算出最大可买入数量。投资者输入买入数量和买入价格后，单击【买入下单】按钮即可。

选择左侧功能列表中的【卖出】选项，在窗口右侧将显示卖出界面，如下页图所示。

依据《上海证券交易所交易规则》和《深圳证券交易所交易规则》，两家证券交易所通过竞价交易的证券买卖申报数量和单笔申报最大数量分别见下方两张表。

证券交易所竞价交易的证券买卖申报数量

交易内容	上海证券交易所	深圳证券交易所
买入股票、基金、权证	100 股或其整数倍	100 股或其整数倍
卖出股票、基金、权证	余额不足 100 股的部分应一次性申报卖出	余额不足 100 股的部分应一次性申报卖出
买入债券	1 手或其整数倍	10 张或其整数倍
卖出债券	1 手或其整数倍	余额不足 10 张的部分应一次性申报卖出
债券质押式回购交易	100 手或其整数倍	10 张或其整数倍
债券买断式回购交易	1 000 手或其整数倍	—

证券交易所竞价交易的单笔申报最大数量

交易内容	上海证券交易所	深圳证券交易所
股票、基金、权证交易	不超过 100 万股	不超过 100 万股
债券交易	不超过 1 万手	不超过 10 万张
债券质押式回购交易	不超过 1 万手	不超过 10 万张
债券买断式回购交易	不超过 5 万手	—

2. 上海、深圳证券交易所证券买卖申报价格的规定

从委托价格限制形式来看，委托可分为市价委托和限价委托。

市价委托是指客户向证券公司发出买卖某种证券的委托指令时，要求证券公司按照证券交易所当时的市场价格买进或者卖出证券。市价委托的优点是没有价格限制，证券公司执行委托指令比较容易，成交迅速且成交率高。下图为市价买入的交易界面。

限价委托是指客户要求证券公司在执行委托指令时，必须按限定价格或比限定价格更有利的价

格买卖证券，即以限定价格或更低的价格买入，以限定价格或更高的价格卖出。限价委托的优点是可以客户的预期价格或更有利的价格成交，有利于客户实现预期投资计划。但是，采用限价委托时，必须等市价与限价一致时才可以成交，而且，当市价委托和限价委托同时出现时，市价委托优先成交。因此，客户在采用限价委托时有申报不能成交的可能，这也许会导致错失很好的成交机会。

1.3.3 股票买卖的委托手段和方式

投资者在买卖股票时，要进行下单委托，可以根据证券公司提供的设备条件采用不同的委托方式报单，如下图所示。

委托方式

01 人工委托
投资者在营业部填单委托，目前已很少使用

02 电话委托
一般证券公司都有委托交易用的电话，投资者可通过电话委托交易，这种方式在20世纪90年代比较常用

03 网上交易
目前证券公司都开通了网上交易，投资者输入资金账号、密码即可登录，交易比较方便、迅速

04 移动客户端交易
投资者可以通过智能手机登录证券公司的移动客户端进行交易。目前移动客户端交易已经非常普遍

1.3.4 为什么委托价和成交价不一致

上海、深圳证券交易所目前采用两种竞价方式：连续竞价和集合竞价。投资者在 9:30—11:30、13:00—14:57 的买卖申报都属于连续竞价。连续竞价时，交易系统对每一笔买卖委托进行自动撮合，成交价格的确定原则如下。

（1）买入申报价格与卖出申报价格相同，该价格就为成交价格。例如，李三以 10.5 元 / 股的价格卖出中国远洋 200 股，王丽以 10.5 元 / 股的价格买入中国远洋 200 股，最终成交价格为 10.5 元 / 股，共成交 200 股。

（2）如买入申报价格高于即时揭示的最低卖出申报价格时，以即时揭示的最低卖出申报价格为成交价；如卖出申报价格低于即时揭示的最高买入申报价格时，以即时揭示的最高买入申报价格为成交价。例如，李兰以 18 元 / 股的价格（最低卖出价格）申报卖出中国人寿 1 500 股，张琪以 18.2 元 / 股的价格申报买入中国人寿 1 500 股，最终成交价格为 18 元 / 股，共成交 1 500 股。

集合竞价是指在交易日对一段时间内接收的买卖申报一次性集中撮合的竞价方式。沪深 A 股参与集合竞价的时间为 9:15—9:25 和 14:57—15:00 两个时间段。这两个时间段进行的买卖委托参与的报价将按照价格优先和时间优先的原则计算出最大成交量的价格，这个价格就是集合竞价的成交价，而这个过程被称为集合竞价。

集合竞价确定成交价的原则如下页图所示。

可实现最大成交量

集合竞价确定成交价的原则

高于该价格的买入申报与低于该价格的卖出申报全部成交

与该价格相同的买方或卖方至少有一方全部成交

两个以上价格符合上述条件的，取在该价格以上的买入申报累计数量与在该价格以下的卖出申报累计数量之差的最小价格为成交价；买卖申报累计数量之差存在相等情况的，开盘集合竞价时取最接近即时行情显示的前收盘价的价格为成交价，盘中、收盘集合竞价时取最接近最近成交价的价格为成交价。

> **提示**
>
> 集合竞价未能成交的委托并不会被废除，而是直接进入竞价阶段。

1.4 风险较小的炒股方式——新股申购

股票交易在二级市场进行，而新股申购（又称打新股）在一级市场进行。通俗来讲，股票交易就像消费者从经销商那里购货，新股申购则是消费者直接从生产商那里购货，省去了中间环节和成本，自然风险小、收益高。本节主要介绍与新股相关的知识。

1.4.1 新股的发行方式

股份公司发行新股常用的方式有网上申购和网下发行。网上申购是通过证券交易所的交易平台进行，投资者可以比照常规 A 股交易的方法进行操作；网下发行一般针对法人投资者。

1.4.2 新股申购的注意事项

个人投资者在进行新股申购时，需注意以下事项。

（1）投资者必须持有 1 万元以上的非限售 A 股股份市值和足额资金，才能参与新股网上申购，而且上海、深圳两个市场市值不能合并计算，上海证券交易所、深圳证券交易所证券账户只能申购本市场新股，并需在申购前存入足额申购资金。

（2）计算的证券市值是指 T-2 日（T 日为申购日，下同）投资者持有的（包括主板、科创板和创业板）非限售 A 股股份市值，包括融资融券客户信用证券账户的市值和证券公司转融通担保证券明细账户的市值，不包括 B 股股份、交易型开放式指数基金（exchange traded fund，ETF）、基金、债券或其他限售 A 股股份的市值。投资者持有多个证券账户的，将合并计算账户市值。

（3）投资者参与网上公开发行股票的申购，以该投资者的第一笔申购为有效申购。一个投资者只能用一个证券账户进行一次申购，其余申购将被系统自动撤销。新股一经申报，不得撤单。同一天有多只股票发行的，该可申购市值额度对投资者申购每一只股票均适用。

（4）所持股票 T-2 日市值确定后，可以在 T-1 日或 T 日将 T-2 日持有的股份卖出，资金可用于 T 日申购新股。

1.4.3 新股申购的流程

1. 证券账户准备

通过证券公司开立证券账户，申购上海证券交易所股票需要有上海证券交易所证券账户，并做好指定交易，申购深圳证券交易所股票需要有深圳证券交易所证券账户。

2. 新股申购资金及市值准备

自2015年开始实行新股申购新规，与以往申购新股不同，新规按市值申购。投资者持有的市值指T-2日前20个交易日（含T-2日）的日均持有市值。根据投资者持有的股票市值，持有市值1万元以上股票的投资者才能参与新股申购（两市都需要满足此要求）。同一天有多只股票发行的，该可申购市值额度对投资者申购每一只股票均适用。

上海证券交易所市场规定每一申购单位为1 000股，申购数量不少于1 000股，超过1 000股的必须是1 000股的整数倍，但最高不得超过当次社会公众股上网定价发行数量的千分之一或者9 999.9万股。深圳证券交易所市场规定申购单位为500股，每一证券账户申购委托不少于500股，超过500股的必须是500股的整数倍，但不得超过本次上网定价发行数量的千分之一，且不超过999 999 500股。

上海证券交易所申购时间为9:30—11:30、13:00—15:00；深圳证券交易所申购时间为9:15—11:30、13:00—15:00。

新股申购的流程主要包括以下几步。

❶ 投资者申购（T日）。申购日（T日）按发行公告和申购办法等进行申购。

以中山证券为例，投资者打开交易软件，可在左侧股票菜单中打开【新股专区】子菜单，选择【新股申购】，即可查看当日可申购的个股，如下图所示。选中其中一只股票，系统自动显示申购上限、最大可申的股数，一般都选择最大申购数量进行申购。

> **提示**
>
> 申购新股的委托不能撤单，新股申购期间不能撤销指定交易。

在新股申购日（T日）申购成功之后，投资者在自己的交易软件中会看到申购的新股，不过这时候并不代表中签，只是表示申购成功，并且获得由系统提供的配号数据。

❷ 配号（T+1日）。在申购之后的第一个交易日公布中签率后进行摇号抽签，在当日收盘后上海证券交易所会向证券公司发送该股的中签结果。

❸ 摇号抽签、中签处理（T+2日）。申购日后的第二天（T+2日）公布确定的发行价格和中签率，并按相关规定进行摇号抽签、中签处理。这时承销的证券公司会公布股票的发行价格以及中签数据，投资者也可以通过相关网站获得结果。当然，即使这时候不查询，也会在T+3日收到证券公司发布的中签提醒短信。

❹ 新股缴款日（T+3 日）。申购日后的第三天（T+3 日）公布中签结果。如果投资者中签，需按照相关规定对新股认购进行缴款。每一个中签号码可以认购 1 000 股或 500 股新股。投资者需在新股缴款日当天 16 点之前将需要缴款的数额存入账户，若账户中存在所需要的资金可不进行此操作。扣款为系统统一扣款，扣款时间可能不完全相同，没有具体时间，投资者一定要注意提前准备好资金，不要出现缴款不及时的情况。

提示

一旦出现连续 12 个月有 3 次因为各种原因没有完成缴款的情况，就代表放弃申购，投资者在最后一次放弃日的 6 个月（按照自然日计算）之内不能再进行申购。

1.5 融资融券交易

我国融资融券业务始于 2010 年 3 月 31 日，上海证券交易所市场和深圳证券交易所市场均可接受融资融券的申报。融资融券交易具体可分为融资交易与融券交易。融资交易是指投资者向具有融资融券业务资格的证券公司提供保证金（可以是资金，也可以是所持有的股票），借入资金买入证券；融券交易是指向证券公司借入证券并卖出的过程。融资融券交易如右图所示。

1.5.1 融资融券交易的发展历程

融资融券交易的发展历程如下图所示。

1.5.2 融资交易与融券交易概述

融资交易是指投资者向证券公司交纳一定的保证金，通过融入一定数量的资金买入股票的交易行为。投资者向证券公司交纳的保证金可以是现金也可以是所持有的股票。投资者在开立信用账户之后，可以在授信额度内买入融资标的名单内的证券。如果融资买入的股票价格上涨，投资者获利，只需高价卖出股票归还欠款。如果融资买入的股票价格下跌导致投资者亏损，就需要投资者拿自己的资金来归还欠款。

融券交易是指投资者向证券公司交纳一定的保证金，融入一定数量的证券并卖出的交易行为。投资者融入的证券并不计入投资者的信用证券账户，而是在融券卖出成交当日结算时由证券公司代为支付，卖出证券所得资金除买券还券外不得作其他用途。如果投资者认为后市股价即将下跌，可以借入股票卖出，待股价下跌之后再买入还券，从中获利；或通过融券对冲已持有证券的价格下跌风险，以套期保值。

融资融券交易中的担保物是指投资者向证券公司借款买卖股票的抵押物和向证券公司借券的抵押物，担保物分别存放在客户信用交易担保证券账户和客户信用交易担保资金账户，作为对客户融资融券所产生债权的担保物。维持担保比例是指客户担保物价值与其融资融券额度之间的比例，计算公式如下。

维持担保比例 =（现金 + 信用证券账户内证券市值总和）/（融资买入金额 + 融券卖出证券数量 × 当前市价 + 利息及费用总和）×100%

由于2015年上半年的行情过热，证监会一直在收紧对证券公司的融资融券授信比例，之后证券公司的融资融券授信比例大概为1∶1.1。

融资融券交易中的标的证券应当符合下列条件。

（1）在交易所上市满3个月。

（2）融资买入标的股票的流通股本不少于1亿股或流通市值不低于5亿元，融券卖出标的股票的流通股本不少于2亿股或流通市值不低于8亿元。

（3）股东人数不少于4 000人。

（4）在过去3个月内没有出现下列情形之一。

① 日均换手率低于基准指数日均换手率的20%。

② 日均涨跌幅平均值与基准指数涨跌幅平均值的偏离值超过4%。

③ 波动幅度达到基准指数波动幅度的5倍以上。

④ 股票发行公司已完成股权分置改革。

⑤ 股票交易未被交易所实行特别处理。

⑥ 不符合交易所规定的其他条件。

提示

一般情况下，投资者融资买入较为容易，而融券卖出要查看自己开通业务的证券公司的融券库中有没有标的证券，如果没有合适的标的证券，投资者是融不到券的。融券卖出的标的证券必须在交易所公布的标的证券范围内，同时也必须在证券公司自行确定的标的证券名单上。

1.5.3 融资融券业务的开通步骤

目前，我国对投资者开通融资融券业务有明确的规范，开通融资融券业务的投资者资格详见1.2.6小节，具体的开通步骤如下。

（1）投资者应当去原普通账户所在地的证券公司开立信用账户。如果原证券公司不是证监会批准的具有融资融券业务的证券公司，则需要投资者去具有融资融券业务办理资质的证券公司先开通普通账户，交易满半年以上，再开通融资融券账户。

（2）投资者需要提供身份证，然后进行融资融券知识测验，填写信用评估报告等材料，由证券公司综合确定投资者的信用额度。

（3）投资者需要与证券公司签订《融资融券合同》《融资融券交易风险揭示书》等文件。

（4）投资者在开户营业部开立信用证券账户与信用资金账户。

（5）投资者需要开通信用账户的三方存管业务，签订三方存管协议。

高手支招

技巧 1　提高新股中签率的妙招

申购新股的收益相当诱人，下面介绍一些提高中签率的技巧和方法。

（1）刚开盘或收盘时下单申购的中签率低，10:30—11:30 和 13:00—14:00 时段的申购中签率高。

（2）资金充足的情况下，选准一只新股，并全仓进行申购，可以提高中签率。

（3）选择大盘股或冷门股，盘子大的股票发行量大，客观上中签的机会就大。

（4）几只新股接连发行，选择靠后发行的新股中签机会大。

投资者可以登录股票分析和交易软件手机客户端或者一些财经网站，查看新股频道，获取新股的资讯。例如，打开通达信手机客户端，即可看到 IPO 打新股日历，如下左图所示。投资者点击进入可以看到每日发售的不同板块的新股，也可以查看当日配号公布的新股和当日中签号公布的新股，如下右图所示。

技巧 2　把股票做成 T+0 交易的方法

所有股票都遵循 T+1 交易制度，也就是当天买入股票之后，第二个交易日才可以卖出。那投资者可能会问，如何才可以打破这种交易制度，让其变成 T+0 的交易模式呢？

首先，投资者必须对选中的股票留有底仓，也就是事先已经买入并持有某只股票，同时手中有一部分用于继续购买股票的资金。

其次，投资者根据对这只股票价格走势的判断，在交易日高位卖出原来所持有的股票，然后待股价下跌时再买进；或者先趁股价下跌时用手里的闲置资金买进，然后等股价拉升时卖出。

这样就完成了当日既买又卖的交易行为。在股价波动剧烈、振幅较大的时候，投资者做 T+0 交易甚至可能当日赚 10% 以上。

第 2 章　股票的基础知识

本章引语

千里之行，始于足下。

——《老子》

想要在资本市场实现理想，就要从眼前打基础的小事做起。基础不打牢，地动又山摇，理想再美好也终将会化作泡影。为了降低入市投资风险，投资者首先要了解股票的基础知识。

本章要点

★股票的交易单位
★股票投资的常见风险
★常见的股票术语

2.1 为什么购买股票

随着社会经济的高速发展，广大民众的收入也渐渐增加，闲置资金也越来越多。之前人们基本没有理财概念，防风险意识也非常强烈，习惯把闲置资金存入银行。近年来，人们的投资理念在不断变化，有理财观念的投资者会考虑如何更好地利用闲置资金。不同的人有不同的使用方式，有些人喜欢用闲置资金买不动产，有些人喜欢用闲置资金买黄金等贵金属，有些人喜欢用闲置资金买银行理财产品，还有一些人会用闲置资金投资股票等金融产品。

为什么会有人用闲置资金买股票？买股票的好处有哪些？

从本质上来讲，买某只股票就是投资某一公司，成为该公司的股东。与购买债券及把钱存入银行相比较，这是一种高风险行为，但与之相随的是高收益。所以一些投资者正是看中了高收益，才踏进证券市场的大门。

具体来讲，买股票的好处主要有下图所示的几点。

投资门槛较低	对于一般的小资金量投资者而言，真正投资一家非上市公司，成为其股东，有一定的门槛限制
可能获得上市公司的回报	上市公司在实现盈利的年份达到标准必须向投资者分红利、送红股
获取股价总收益	能够在股票市场上低买高卖，获取股价差收益
享有股本扩张带来的收益	在上市公司业绩增长、经营规模扩大时，投资者通过送股、资本公积金转增股本、配股获取收益
流动性较强	股票的流动性较强，投资者急需用钱时，只要股票不停牌或者跌停，都能在当天卖出股票，在下一个交易日将资金转出
抵抗通货膨胀	在通货膨胀时期，投资好的股票可以规避货币贬值的风险，从这方面来看具有保值的作用

2.2 认识股票

投资股票并不是一件简单的事情，股市并不是所有投资者的"提款机"。在投资股票之前，投资者首先要了解什么是股票及股票的特征和作用是什么，真正明白股票的含义、本质和属性。

2.2.1 什么是股票

股票是股份公司发行的所有权凭证，是股份公司为筹集资金而发行给各个股东用于取得股息和红利的一种有价证券。每股股票都代表股东对公司拥有一个基本单位的所有权。股东有权按公司章程从公司领取股息和分享公司的经营红利。

股票作为一种所有权凭证，最初采取纸面印刷的方式，如上海"老八股"[1]。时至今日，随着电子技术与信息技术的发展与应用，电子化股票应运而生。电子化股票没有纸面凭证，而是将有关事项存储于信息中心，股东只持有一张股东账户卡，通过计算机、手机等终端可查到持有的股票品种和数量，这种电子化股票又称为无纸化股票。目前，上海证券交易所和深圳证券交易所上市的股票均采取这种方式。

在证券市场中，发行股票的公司根据不同投资主体的投资需求发行不同种类的股票。人们通常所说的股票是指在上海、深圳证券交易所挂牌交易的A股，这些A股也可称为流通股、社会公众股、普通股。除此之外，还有B股[2]。

2.2.2 股票的特征和作用

1. 股票的特征

股票主要具有以下特征。

（1）不可偿还性。股票是一种无偿还期限的有价证券，投资者一旦认购了股票，就不能要求退股，只能到二级市场交易，转让给第三者。股票的转让只意味着公司股东的改变，并不减少公司股本。而其股价在转让时受到公司收益、公司前景、市场供求关系、经济形势等多种因素的影响。历史上也存在回购股票并注销的行为。例如，格力电器在2021年6月28日决定注销回购股票1亿股，格力总股本从原来的60亿股变为59亿股，相当于原来持有格力电器1股变为1.015股，对于格力电器的投资者来讲确实利好。

（2）参与性。股东有权出席股东大会、选举公司董事会、参与公司重大决策。股票持有者的投资意志和享有的经济利益通常是通过行使股东参与权来实现的。股东参与公司决策的权利大小，取决于其所持有的股份多少。从实践来看，只要股东持有的股票数量达到左右决策结果所需的多数时，就能掌握公司的决策控制权。

例如，某上市公司一共有1亿股股票，流通盘[3]7 000万股，张华持有该公司股票5 100万股，则张华持该公司51%的股份，属于相对控股，并且是第一大股东。在召开股东大会时，张华具有该公司的决策控制权。在实际中，市值较大的上市公司持有股份超过20%的可能就是第一大股东，可以干涉公司的重大决策。

（3）收益性。股东可以凭其持有的股票从公司领取股息或红利，从而获取投资收益。至于股息或红利的数量则取决于该公司的盈利水平和公司的盈利分配政策。股票的收益性还表现在投资者通过低价买入和高价卖出获得价差收入。

以北方华创公司股票为例。如果在2019年1月22日投资42.20元买入该公司股票100股，到2021年7月22日便能以352元的市场价格卖出100股，赚取超过7倍的利润。在通货膨胀时，股价会随着公司资产价格的上升而上涨，从而避免资产贬值。因此，股票被视为在高通货膨胀时期优先选择的投资对象。

（4）流通性。股票的流通性是指股票在不同投资者之间的可交易性。流通性通常以可流通的股票数量、股票成交量及股价对交易量的敏感程度来衡量。可流通股数越多、成交量越大、价格对成交量越不敏感，股票的流通性就越好；反之，可流通股数越少、成交量越小、价格对成交量越敏感，股票的流通性就越差。

---

1 上海老八股：最早在上海证券交易所上市交易的8只股票。

2 B股的正式名称是人民币特种股票。B股是以美元或者港元计价，面向境外投资者发行，但在中国境内上市的股票。现在B股的投资主体已经放开，国内的公民也可以开通B股账户。

3 流通盘是指股票能在二级市场进行交易的流通量，投资者在股票市场也只能买卖流通盘股票，描述单位为万股。

（5）价格波动性和风险性。作为证券市场上的交易对象，股票与商品一样，也有自己的市场行情和市场价格。股票价格会受到诸多因素的影响，如公司经营状况、供求关系、银行利率、大众心理等。所以股价波动有很大的不确定性，也正是这种不确定性可能会使股票投资者遭受损失。价格波动的不确定性越大，投资风险也越大。因此，股票是一种高风险的金融产品。

2. 股票的作用

对于发行股票的公司而言，股票的作用主要有以下4点。

（1）股票是筹集资金的有效手段。股票的基本作用就是筹集资金。上市的股份制公司可以通过发行流通股在二级市场进行流通，进而可以将短期资金通过股票转让的形式衔接为长期资金，为公司的进一步发展提供所需的资金。没有上市的股份制公司也可以发行股票，投资者可以在证券市场之外的场外交易市场（如银行、证券公司等）对该公司的股票进行认购。这些股份制公司发行股票的主要目的也是为企业的进一步发展筹集所需的资金。

（2）通过发行股票来分散投资风险。无论是哪一类型的企业都会存在经营风险，尤其是一些高新技术产业，由于产品的技术工艺尚未成熟和稳定，市场前景不明朗，在企业经营过程中，风险更大。这些前景难以预测的企业，当发起人不愿承担所面临的所有风险时，就会想方设法地让他人与之共担风险。发行股票组建股份制公司就是分散投资风险的好办法。即使投资失败，各个股东所承受的损失也非常有限。

（3）通过发行股票来实现创业资本的增值。在证券市场上，股票的发行价应当与企业的经营业绩相联系。当一家业绩优良的企业发行股票时，其发行价都要高出其每股净资产许多，若碰到二级市场的火爆行情，其溢价往往能达到每股净资产的2~3倍或者更多。而股票的溢价发行又使股份制公司发起人的创业资本得到增值。例如，2020年7月10日上市的葫芦娃（605199），上市开始交易之后的20个交易日均一字涨停，公司股价从发行价6.23元/股直接涨停至最高价49.73元/股，股价上涨近7倍，持有该公司股票的原始股东资产也就上涨近7倍。

（4）通过发行股票来宣传公司形象。在牛市或者结构性牛市行情中，有更多人参与股票投资。此时，股市就成为舆论的一个热点，各大媒体每天都会实时报道股市信息，无形之中提高了上市公司的知名度，起到了免费的广告宣传作用。例如，华熙生物（688363）是科创板第一批上市公司，2019年11月6日在上海证券交易所科创板上市交易，作为首批上市科创板的公司迎来了金融行业各方面的关注，上市之后股价一路上涨。作为一家以医美背景上市的公司，其生产的医美产品也渐渐被人知晓，虽然之前公司也打过广告，但是上市后被更多投资者知晓，有些投资者正是因为投资了华熙生物，才购买了该公司的产品。

2.3 股票的常见分类

股票按其投资主体、上市地点、性质、经营业绩的不同，分类也有所不同。投资者应当区别不同种类的股票，选择适合自己的投资策略组合。

2.3.1 按投资主体分类

按投资主体分类，我国上市公司的股份可以分为国有股、法人股和社会公众股，如下页图所示。

国有股 — 国有股是指有权代表国家投资部门或机构以国有资产向公司投资形成的股份，包括以公司现有国有资产折算成的股份。由于我国现有很多股份制企业都是由原国有大中型企业改制而来的。因此，国有股在公司股权中占有较大的比重

法人股 — 法人股是指公司法人或具有法人资格的事业单位和社会团体以其依法可经营的资产向公司非上市流通股权部分投资所形成的股份。目前，在我国上市公司的股权结构中，法人股平均占 20% 左右。根据法人股认购的对象，法人股可进一步分为境内发起法人股、外资法人股和募集法人股 3 类

社会公众股 — 社会公众股是指我国境内的个人和机构以其合法财产向公司可上市流通股权部分投资所形成的股份

2.3.2 按上市地点分类

按上市地点分类，股票可分为下表所示的几类。

按上市地点分类的股票

股票种类	基本信息	投资主体
A 股	人民币普通股票，由我国境内的公司发行，供境内机构、组织或个人（不含香港、澳门、台湾投资者）以人民币认购和交易的普通股股票	年满 18 周岁的个人投资者、我国境内的机构投资者、证监会规定的其他投资者
B 股	人民币特种股票，以人民币标明面值，以外币认购和买卖，在境内（上海、深圳）证券交易所上市交易	外国的自然人、法人和其他组织，我国香港、澳门、台湾地区的自然人、法人和其他组织，定居在国外的中国公民，证监会规定的其他投资者
H 股	注册地在内地、上市地在香港的股票	中国机构投资者、国际资本投资者
N 股	在美国纽约（New York）证券交易所上市的股票	在美国的证券公司开通 N 股证券账户的个人投资者和机构投资者
S 股	在新加坡（Singapore）证券交易所上市的股票	在新加坡的证券公司开通 S 股证券账户的个人投资者和机构投资者
L 股	在伦敦（London）证券交易所上市的股票	在英国的证券公司开通 L 股证券账户的个人投资者和机构投资者

2.3.3 按性质分类

1. 优先股

优先股是股份制公司发行的、在分配红利和剩余财产时比普通股具有优先权的股份，与"普通股"概念相对。优先股是无期限的有权凭证，优先股的股东一般不能在中途向公司要求退股。

优先股的主要特征如下图所示。

01 — 优先股通常预先定明股息收益率。由于优先股股息率事先固定，所以优先股的股息一般不会根据公司经营情况而增减，而且一般也不能参与公司的分红，但优先股可以先于普通股获得股息。对公司来说，优先股由于股息固定而不影响公司的利润分配

02 — 优先股的权利范围较小。优先股股东一般没有选举权与被选举权，对股份制公司的重大经营无投票权，但在某些情况下可以享有投票权

03 — 如果公司股东大会需要讨论与优先股有关的索偿权，则有这样的关系：优先股的索偿权先于普通股，而次于债权人

2. 普通股

普通股是随着企业利润变动而变动的一种股份，是股份公司资金的基础部分。

普通股的投资收益（股息和分红）在购买时不进行约定，而是事后根据股票发行公司的经营业绩来确定。公司的经营业绩好，普通股的收益就高；反之，若经营业绩差，普通股的收益就低。普通股是股份公司资本构成中最重要、最基本、最常见的一种股份，也是风险最大的一种股份。在我国证券交易所上市的股票都是普通股。

3. 后配股

后配股是利益或利息分红及剩余财产分配后于普通股的股票，一般是在普通股分配之后，对剩余利益进行再分配。如果公司盈利巨大并且后配股的发行数量很有限，则后配股的股东可以获取很高的收益。公司发行后配股，一般所筹措的资金不能立即产生收益，因此投资者的范围会受限制。

后配股一般在下图情况下发行。

公司为筹措扩充设备资金而发行新股时，为了不减少对旧股的分红，在新设备正式投用前，将新股作为后配股发行

企业兼并时，为调整合并比例，向被兼并企业的股东交付一部分后配股

在有政府投资的公司里，私人持有的股票股息达到一定水平之前，把政府持有的股票作为后配股

2.3.4 按经营业绩分类

A 股按其经营业绩是否亏损可分为普通 A 股和 ST 股以及 *ST 股。

ST（Special Treatment）股，即特别处理股。发行 ST 股的是出现财务状况或其他状况异常的上市公司。1998 年 4 月 22 日，上海、深圳证券交易所宣布，对财务状况或其他状况出现异常的上市公司股票交易进行特别处理，由于是"特别处理"，所以在简称前冠以"ST"，因此这类股票被称为 ST 股。如果某一只股票的名字前有 ST，就是警告投资者该股票存在投资风险。

*ST 意味着该股票有退市风险，需要警惕。如果上市公司向证监会递交的财务报表显示连续 3 年亏损，则该公司股票就有退市风险。投资者在投资此类股票时需要特别谨慎。但退市也并非意味着不可以交易，投资者可以到证券公司进行柜台交易。

2015 年 1 月 31 日，上海证券交易所在《上海证券交易所风险警示板股票交易管理办法》（以下简称《办法》）中增加了参与退市整理期股票交易的投资者适当性的要求。《办法》规定，个人投资者参与退市整理股票交易的，应当具备 2 年以上的股票交易经历，并且以本人名义开立的证券账户和资金账户内的资产（不含通过融资融券交易融入的证券和资金）在人民币 50 万元以上。不符合以上规定的个人投资者不得买入 ST 股票和 *ST 股票。

深圳证券交易所则规定，参与退市整理期股票买入交易的投资者必须具备 2 年以上的交易经验和人民币 50 万元以上的证券资产规模。

提示

长期看，ST 股票的波动率比市场基准的波动率要低；除了有业绩扭亏为盈能摘帽的 ST 股票值得投资者关注，其余的 ST 个股的投资风险很大，盈亏比太低，不值得投资。

2.4 股票市场与股票发行

投资者一般熟知的股票交易市场实际上是股票流通的二级市场，而股票的发行市场被称为一级市场。投资者想要认购新股或者买卖股票必须在股票市场进行。

2.4.1 了解股票市场

股票市场是指已经发行的股票转让、买卖和流通的场所，包括交易所市场和交易所外交易市场两大类。由于股票流通市场是建立在发行市场基础上的，因此又称为二级市场。股票流通市场的结构和交易活动比发行市场（一级市场）更为复杂，其作用和影响力也更大。

股票市场最早起源于荷兰的阿姆斯特丹，后来在美国成立了第一家正规的股票市场。股票市场是一个国家或地区经济和金融活动的晴雨表，如果一国的经济发展处于良好态势，股票市场也会是一派生机盎然的景象，如果股票市场走弱，也预示着实体经济可能会受其影响增速放缓。

2.4.2 证券机构

证券机构是指依法设立的、从事证券服务业务的法人机构。在我国，证券机构主要包括证券交易所、证券公司、证券业协会、证券登记结算机构、证券监督管理机构等，如下图所示。

证券交易所	是依据国家有关法律，经政府证券主管机关批准设立的集中进行证券交易的有形场所。证券交易所本身不持有证券，也不参与证券的买卖
证券公司	既是为投资者提供代理证券买卖的中介服务机构，也是依法成立的经营证券业务的有限责任公司或股份有限公司。证券公司在证券交易活动中发挥着重要的作用。有些证券公司不只是提供代理证券买卖的中介机构，还是市场上的机构投资者
证券业协会	既是证券业的自律性组织，也是不以营利为目的的社会团体法人
证券登记结算机构	是为证券交易提供集中登记、存管和结算服务，不以营利为目的的法人。我国的证券登记结算机构是中国证券登记结算有限责任公司
证券监督管理机构	既是国家行政管理机构，也是由国家或政府组建的对证券市场实施监督管理的主管机构。我国的证券监督管理机构是中华人民共和国证券监督管理委员会及其派出机构

2.4.3 股票的发行与上市

股票发行是指符合条件的发行人以筹资或实施股利分配为目的，按照法定的程序，向投资者、原股东发行股份或无偿提供股份的行为。股票在上市发行前，上市公司与股票的代理发行证券公司签订代理发行合同，确定股票发行的方式，明确各方面的责任。股票代理发行的方式按发行承担的风险不同，一般分为包销发行方式和代销发行方式，如下图所示。

包销发行 →	由代理股票发行的证券公司一次性将上市公司新发行的全部或部分股票承购下来，并垫支与股票发行价格相当的全部资本
代销发行 →	由上市公司自己发行，中间只委托证券公司代为推销，证券公司代销证券只向上市公司收取一定的代理手续费

股份公司如果需要资金为公司谋发展，有两种融资途径：一种是向银行或他人借贷，这属于间接融资；另一种是上市发行股票，寻找投资者入股，这属于直接融资。对国家来说，投资者进行直接投资更为有利，因为这样既可以由整个社会来分担经营风险，国家又能从中得到一部分税收收入。此

外，发行股票还能够起到筹集资金的作用，一方面，可以将社会上的闲置零散资金用合理合法的方式集中起来发挥作用，如用在国家鼓励发展的行业上；另一方面，股份公司通过发行股票可以圈定资金，因为不管股东持有多少股票，只能将其转让，而不能退股。通过发行股票募集到的资金就成为公司的资本，而不受股东的影响。总的来说，发行股票使企业获得直接投资，降低了融资成本。

股票发行与股票上市并不是一个概念，股票上市是指已经发行的股票经证券交易所批准后，在交易所公开挂牌交易的法律行为。股票上市是连接股票发行和股票交易的"桥梁"。在我国，股票公开发行后即获得上市资格。上市后，公司将能圈定资金获得资金保障，有利于公司研发新产品、拓展新业务。新的股票上市规则主要对信息披露和停牌制度等进行了修改，增强了信息披露的透明性，有很大的进步，尤其是重大事件要求公司细化、持续披露，有利于普通投资者了解公司的最新信息，抵消部分信息不对称的影响。上市的股份公司通过发行股票把企业、大股东、小股东紧密联结在一起，其要对全体股东负责，并且要受到社会和股东的监督。这样有助于促进上市公司加强经营管理、提高企业效益。

股份公司上市发行股票为人们闲置的社会资金找到了一条更易于广大投资者参与的投资途径，它把人们手中零散的资金都集中起来，整合成有效的生产资金，让闲置资金也有用武之地，在提高资金使用率的同时也推动了社会生产力的发展。从其他发达经济体的经验来看，股份公司是市场经济的重要组成部分。虽然现在世界上各大公司和企业各有特色，但是大型企业基本上都采用股份公司的模式。

股票上市不仅有利于公司本身，也有利于投资者。具体的有利因素主要有以下几点。

（1）上市股票的流通性较好。股票的流通性越好，投资者的购买意愿就越强。如果股份公司的股票没有上市，知晓该公司的投资者就很有限，该公司股票的流通性将受限，不利于通过买卖该公司股票获取股价差收益。

（2）增强公司信息的透明度。股票上市有利于投资者获取上市公司的经营及财务方面的信息，了解公司的真实状况，从而有助于其做出正确的投资决策。

（3）成交价格更透明。上市股票的买卖需经买卖双方的"讨价还价"，只有在买进与卖出报价基本一致时方能成交，所以证券交易所里的成交价格远比场外市场的成交价格更加公平合理。

（4）有助于投资者了解趋势信息。目前，投资者可以通过网络直接查询股票的即时信息，及时获取上市公司的公告，这为投资者提供了决策参考的依据。

（5）交易成本透明。证券交易所对证券经纪人所收取的佣金有统一的标准。投资者和证券经纪人可以谈判，降低其交易成本。

2.4.4　股票的价值与价格

从政治经济学原理可知，任何商品的价格都要围绕其价值上下波动，股票也不例外，但是股票不同于普通商品，股票的价格还反映投资者对公司未来发展的预期。

1. 股票价值

由于股票是虚拟资本的一种形式，因此它本身并没有价值。股票仅是一个拥有某种所有权的凭证。股票能够有价，主要有两方面的原因：一方面是持有股票的股东可以行使股东权利、参加股东大会并且对股份公司的经营决策施加影响；另一方面是投资者享有参与分红派息的权利，可以从中获得相应的经济利益。综上所述，股票的价值主要取决于公司本身的盈利能力和未来发展前景。上市公司盈利能力越强，相应的股票价值就越高；上市公司盈利能力越弱，相应的股票价值就越低。如果公司发展前景非常好，不断开发新市场，研发新产品，投资规模不断扩大，效益不断提高，就能够有足够的利润不断分红，股价也会上涨，形成戴维斯双击（指在低市盈率买入股票，待成长潜力显现后，以高市盈率卖出的投资策略），那么股票自身的价值就会提高；反之则会降低，形成戴维斯双杀（指估值和每股净利润的下滑导致的股价暴跌）。

2. 股票价格

虽然股票本身不具有价值，但它可以作为商品买卖，并且有一定的价格。股票价格又称为股票行市，是指股票在证券市场上买卖的价格。股票价格主要分为理论价格与市场价格。股票的理论价格就是为获得股息、红利收入的请求权而付出的代价，是股息资本化的表现。股票的市场价格即股票在股票市场上买卖的价格。股票的理论价格并不等于股票的市场价格，二者之间有相当大的差距。股票的理论价格为预测股票市场价格的变动趋势提供了重要的依据，这也是股票市场价格形成的一个基础性因素。

2.5 股票的交易单位

不同股票市场的股票交易规则不同，我国 A 股市场对股票的最小报价单位及最小交易单位都有明确的规定，投资者要按照规定进行交易。

2.5.1 最小报价单位

最小报价单位是指证券买卖申报价格的最小变动单位。上海、深圳证券交易所各品种的价格最小变动单位分别如下表所示。

上海证券交易所各品种价格最小变动单位

品种	价格最小变动单位
A 股、债券、债券买断式回购交易	0.01 元人民币
基金、权证	0.001 元人民币
B 股	0.001 美元
债券质押式回购交易	0.005 元人民币

深圳证券交易所各品种价格最小变动单位

品种	价格最小变动单位
A 股	0.01 元人民币
基金、债券、债券质押式回购交易	0.001 元人民币
B 股	0.01 港元

例如，A 股票现价 5.01 元，李菲想要马上买入 A 股票，可以提高一个申报价格，以 5.02 元提交申报买入。按照价格优先原则，如果没有比李菲申报的价格更高的申报，将优先成交李菲的申报。

2.5.2 最小交易单位

上海、深圳证券交易所股票买卖申报的最小交易单位均为一手，一手即 100 股。账户因为送股等原因而出现不到 100 股的零散股数可以一次卖出。但是在买入时只可以按手数委托。

如果下单时遇到对方卖出股票数不够买入数，比如某投资者 A 下单买入 300 股，卖出方 B 因某些原因少出 70 股而一次卖出 230 股，若无其他报价时，投资者 A 就买入成交 230 股，另外 70 股没有成交。当然，这只属于个别案例。

2.6 股票指数

股票市场除了有股票的价格走势外，也会根据所有股票或者具有代表性的股票编制不同的股票指数。股票指数反映的是某一市场或者某一类股票的整体趋势。投资者在投资股票的时候，可以结合股票指数的走势调整相应的投资策略。

2.6.1 什么是股票指数

股票指数即股票价格指数，是描述股票市场总的价格水平变化的指标。它是选取有代表性的一组股票，把它们的价格进行加权平均，通过一定计算得到的。不同指数选取的股票和计算方法是不同的。

2.6.2 国内证券指数

1. 上证指数

在我国，上证指数是最重要的股票指数之一。上海证券综合指数简称"上证指数"，其样本股全部是在上海证券交易所上市的股票，包括 A 股和 B 股。但是自 2020 年 6 月 20 日，上海证券交易所调整了指数样本，所有 ST 股和 *ST 股从被挂 ST 的次月的第二个星期五的下一交易日起从指数样本中剔除。摘帽的 ST 股从被摘除 ST 的次月的第二个星期五的下一交易日起将被计入指数。日均总市值排名在上海证券交易所前 10 位的新上市证券于上市满 3 个月后计入指数，其他新上市证券于上市满 1 年后计入指数。上海证券交易所上市的红筹企业发行的存托凭证、科创板上市证券将依据修订后的编制方案计入上证指数，调整后的上证指数将更加健康。

上证指数等以样本股的发行股本为权数进行加权计算，计算公式为报告期指数 =（报告期成分股的总市值 / 基期）× 基期指数。其中，总市值 = Σ（股价 × 发行股数）。成分股中的 B 股在计算上证 B 股指数时，价格采用美元计算。成分股中的 B 股在计算其他指数时，价格按适用汇率（中国外汇交易中心每周最后一个交易日的人民币兑美元的中间价）折算成人民币计算。

上证指数的指数代码为 000001，投资者也可以使用快捷键，在股票软件中输入数字"03"（见下左图），快速查看上证指数的行情走势。上证指数如下右图所示。

上证指数本身不可以交易，它是我国股市大趋势的"晴雨表"，对于投资者而言意义重大；也有一些 ETF 跟踪上证指数的走势，如上证指数 ETF（510210）、上证综指 ETF（510760），其价格涨跌主要跟踪上证指数。投资者如果不想买股票，投资对应的 ETF 或者投资宽基指数（指覆盖股票面广泛，具有相当代表性的指数基金）组合也是不错的选择。

2. 深证指数

深证指数是指由深圳证券交易所编制的股票指数，该股票指数的计算方法基本与上证指数的相同，其样本为所有在深圳证券交易所挂牌上市的股票，权数为股票的总股本。由于深证指数以所有挂牌的上市公司为样本，所以其代表性非常广泛，与深圳股市的行情同步发布，是投资者和专业人员研判深圳股市股票价格变化趋势必不可少的参考依据。

深证指数包括深证 A 指、深证成指、深证 B 指、深证综指，如下图所示。

对投资者最具有参考价值的一般为深证成指，其指数代码为 399001。投资者也可以按快捷键，在股票软件中输入数字"04"（见下左图），快速查找深证成指查看行情。深证成指如下右图所示。

除此之外，深证 A 指的指数代码为 399107，深证 B 指的指数代码为 399108，深证综指的指数代码为 399106。跟踪深证成指的 ETF 是深证成指 ETF（159943），其价格涨跌主要跟踪深证指数。投资者如果不想买股票，也可以考虑投资深证成指 ETF。

3. 上证 180 指数

上证 180 指数（又称上证成分指数）自 2002 年 7 月 1 日起正式发布，是上海证券交易所对原上证 30 指数进行调整并更名而成的，其样本股是在所有 A 股股票中抽取的最具市场代表性的 180 种样本股票。作为上证指数系列核心的上证 180 指数的编制方案，其目的在于建立一个反映上海证券市场的概貌和运行状况、具有可操作性和投资性、能够作为投资评价尺度及金融衍生产品基础的基准指数。

上证 180 指数与通常计算的上证指数之间的最大区别在于，它属于成分指数而不是综合指数。成分指数是根据科学客观的选样方法挑选出的样本股形成的指数，所以能更准确地认识和评价市场。上证 180 指数的推出将将有利于推出指数化投资，引导投资者理性投资，并促进市场对蓝筹股的关注。

投资者可以在股票软件中输入指数代码 "000010" 或者大写的双语拼音首字母加数字 "SZ180"，快速查找上证 180 指数来查看行情。跟踪该指数的 ETF 有上证 180ETF（510180）。

4. 上证 50 指数

上证 50 指数是根据科学客观的方法，挑选上海证券市场规模大、流动性好的最具代表性的 50 只股票组成样本股形成的指数，以综合反映上海证券市场最具市场影响力的一批优质龙头企业的整体状况。上证 50 指数可以作为价值蓝筹股的代名词，是反映主流机构持仓情况的风向标。上证 50 指数代码为 000016。跟踪该指数的 ETF 有上证 50ETF（510050）和上证 50ETF 博时（510710）。

5. 沪深 300 指数

沪深 300 指数由上海、深圳证券交易所于 2005 年 4 月 8 日联合发布，反映沪深 300 指数编制目标和运行状况，并能够作为投资业绩的评价标准，为指数化投资和指数衍生产品创新提供基础条件。目前，沪深 300 指数是我国股指期货的标的物，这也就意味着股指期货的走势紧紧跟随沪深 300 指数的走势。

虽然上海、深圳两个市场各自均有独立的综合指数和成分指数，并且这些指数在投资者中有较高的认同度，但市场缺乏反映上海、深圳两个市场整体走势的跨市场指数。因此沪深 300 指数的推出切合了市场需求，适应了投资者结构的变化，为市场增加了一项用于观察市场走势的指标，也进一步为市场产品创新提供了条件。沪深 300 指数代码为 399300。跟踪该指数的 ETF 有沪深 300ETF（510300）、300ETF 基金（510330）、沪深 300ETF 易方达（510310）、沪深 300ETF 基金（510360）、沪深 300ETF（159919）、沪深 300ETF 南方（159925）。

6. 创业板指数

创业板是专为暂时无法在主板上市的创业型企业、中小企业和高科技产业企业等需要进行融资和发展的企业提供融资途径和成长空间的证券交易市场，是对主板市场的重要补充。在创业板市场上市的公司大多从事高科技业务，具有较高的成长性，往往成立时间较短、规模较小、业绩也不突出，但有很大的成长空间。可以说，创业板是一个门槛低、风险大、监管严格的股票市场，也是一个孵化科技型、成长型企业的摇篮。

创业板指数，也称为加权平均指数，就是以起始日为一个基准点，按照创业板所有股票的流通市值，一个一个计算当天的股价，再加权平均，与开板之日的基准点比较。创业板指数是整个创业板股票的风向标，投资者可以结合创业板指数判断其中的个股趋势行情。创业板指数代码为 399006。跟踪该指数的 ETF 有创业板 ETF 易方达（159915）、创业板 ETF 建信（159956）、创业板 50ETF（159949）、创 50ETF（588380）、深创 100ETF（159716）。

7. 中证 500 指数

中证 500 指数是中证指数有限公司开发的一种指数，其样本空间内股票由 A 股中剔除沪深 300 指数成分股及总市值排名前 300 名的股票后，总市值排名靠前的 500 只股票组成，综合反映我国 A 股市场中一批中小市值公司的股票价格表现。中证 500 指数代码为 399905。跟踪该指数的 ETF 有 500 沪市 ETF（510440）、中证 500ETF（510500）、中证 500ETF 基金（510510）、500ETF 基金（512500）、中证 500 指数 ETF（512510）、中证 500ETF 易方达（510580）、国寿 500ETF（510560）。

8. 恒生指数

恒生指数是香港股市价格的重要指标，该指数由香港恒生银行全资附属的恒生指数有限公司编制，是以香港股票市场中的 50 只上市股票为成分股样本，以其发行量为权数的加权平均股价指数，是反映香港股市价幅趋势最有影响力的一种股价指数。恒生指数由恒生银行下属恒生指数有限公司负责计算并按季检讨，公布成分股调整。跟踪该指数的 ETF 有恒生 ETF（159920）、恒生 ETF（513660）、恒生指数 ETF（513600），跟踪恒生互联网板块（包括港股腾讯控股、阿里巴巴、美团、快手、京东、中芯国际、联想、小米等公司）的 ETF 有恒生互联网 ETF（513330）。需要提醒投资者的是，恒生 ETF 是 T+0 交易，当天可以买卖，这一点与跟踪上证指数和深证指数的 ETF 有所不同。

2.6.3　国外证券指数

1. 日经指数

日经指数是由日本经济新闻社编制公布的反映日本东京证券交易所股票价格变动的股票价格平均指数。该指数的前身为 1950 年 9 月开始编制的"东证修正平均股价"。1975 年 5 月 1 日，日本经济新闻社向美国道琼斯公司买进商标，采用修正的美国道琼斯公司股票价格平均数的计算方式编制。

2. 纳斯达克综合指数

纳斯达克综合指数是反映纳斯达克证券市场行情变化的股票价格平均指数，基本指数为 100。纳斯达克的上市公司涵盖所有新技术行业，包括软件和计算机、电信、生物技术、零售和批发贸易等，主要由美国的数百家发展快速的拥有先进技术的公司、电信公司和生物公司组成，包括微软、英特尔、美国在线、雅虎等家喻户晓的高科技公司，因而成为美国"新经济"的代名词。

3. 道琼斯指数

道琼斯指数是世界上历史悠久的股票指数，它的全称为股票价格平均指数。通常人们所说的道琼斯指数是指道琼斯指数四组中的第一组道琼斯工业平均指数。如果说纳斯达克指数反映的是美国的高科技、高成长性股票的综合指数，那么道琼斯工业平均指数反映的是美国股票市场上工业构成的发展情况。

2.7　股票常见代码意义

用数字表示的股票代码有不同的含义。股票代码除了区分各种股票，也有其潜在的意义。例如 600×× 是上海证券交易所上市的股票代码，6006×× 是最早上市的股票。一个公司的股票代码跟车牌号差不多，能够显示出这个公司的实力以及知名度。

上海证券交易所"证券编码实施方案"规定股票代码采用 6 位数编制方法，前 3 位数用于区别证券品种，具体如下表所示（表中的沪市指上海证券交易所、深市指深圳证券交易所）。

股票代码及含义

代码	含义
600×××、601×××、603×××、605×××	沪市 A 股
000×××、001×××、002×××、003×××	深市 A 股、深市新股申购
300×××、301×××	深市创业板股票
688×××	科创板
200×××	深市 B 股

代码	含义
580××	沪市权证
031×××	深市权证
150×××、151×××	股票型指数基金
001×××	国债现货
110×××、120×××	企业债券
129×××、100×××、733×××	可转换债券
201×××	国债回购
310×××	国债期货
500×××、550×××	基金
700×××	配股
710×××	转配股
701×××	转配股再配股
711×××	转配股再转配股
720×××	红利
730×××、740×××	新股申购
735×××	新基金申购
737×××	新股配售

2.8 股票投资的常见风险

投资者买入股票后在预定的时间内不能以高于买入价的价格将股票卖出将导致浮动亏损,如果以低于买入价的现价卖出股票,将造成实际损失。股市风险主要分为两类:系统性风险和非系统性风险。本节主要介绍系统性风险,股票投资的常见系统性风险有以下几种。

1. 购买力风险

物价的变化导致资金实际购买力的不确定性称为购买力风险,或通货膨胀风险。一般理论认为,轻微通货膨胀会刺激投资需求的增长,从而带动股市的活跃;当通货膨胀超过一定比例时,未来的投资回报将大幅减少,货币的购买力将下降,也就是投资的实际收益将下降,将给投资者带来损失。

2. 宏观经济风险

宏观经济风险主要是宏观经济因素的变化、经济政策变化、经济的周期性波动以及国际经济因素的变化给股票投资者可能带来的意外收益或损失。宏观经济因素的变动会给证券市场的运作以及股份公司的经营带来重大影响,如经济体制的转轨、企业制度的改革、加入世界贸易组织等。

3. 政策风险

经济政策和管理措施可能会造成股票收益的损失,这在新兴股市中表现得尤为突出,如财税政策的变化,可以影响到公司的利润;股市的交易政策变化,也可以直接影响到股票的价格。此外还有一些看似无关的政策,如房改政策,也可能会影响到股票市场的资金供求关系。

4.市场风险

市场风险是股票投资活动中最普通、最常见的风险之一，是股票价格的涨跌直接引起的。尤其在新兴市场上，造成股市波动的因素更为复杂，价格波动大，市场风险也大。

5.利率风险

在股票市场上，股票的交易价格是按市场价格进行，而不是按其票面价值进行交易的。市场价格的变化也随时受市场利率水平的影响。当利率向上调整时，股票的相对投资价值将会下降，从而导致整个市场的股价下滑。

2.9 常见的股票术语

2.9.1 利空、利好

利空是指能够促使股价下跌的信息，如股票上市公司经营业绩恶化、银行贷款收紧、银行利率调高、经济衰退、通货膨胀严重、出现海外政策风险、出现天灾人祸等，以及其他经济、外交等方面促使股价下跌的不利消息。

利好又被称为利多，泛指刺激股价上涨的信息，如股票上市公司经营业绩大幅增加、公司订单饱满、银行利率降低、存款准备金率降低、社会资金充足、银行信贷资金放宽、行业受到国家扶持、市场繁荣等，以及其他经济、外交等方面对股价上涨有利的信息。利好消息大部分来自公司内部，如营业收入创新高、接获某超大订单等。

2.9.2 洗盘、做多、做空

洗盘是常见的股票术语。洗盘可以出现在主力任何一个区域内，基本目的是清理市场多余的浮动筹码，抬高市场整体持仓成本。主力为达到炒作目的，会尽量让途中低价买进、意志不坚定的个人投资者抛出股票，以减轻上涨压力，同时让持股者的平均价位升高，以利于达到股价上涨并可以稳住的目的。

做多是股票、外汇或期货等金融市场术语，即看好股票、外汇或期货等未来的上涨前景而买入持有等待上涨获利的操作。做多就是做多头，多头对市场判断是上涨，就会立即买入股票，所以做多就是买入股票、外汇或期货等。

做空又称为空头，是一种股票、期货等的投资术语，也是股票、期货等市场的一种操作模式。空头与多头相对，在理论上是先借货卖出，再买进归还。在境内证券市场，只允许先买后卖，但是卖出的这个动作就是做空，越跌越卖就会导致股价连续下跌。在股指期货[1]市场做空是指预期未来行情下跌，将手中股票按目前价格先卖出，待行情跌后再买进，获取差价利润。其交易行为特点为先卖后买。实际上有点像商业中的赊货交易模式，这种模式在价格下跌的波段中能够获利，即先在高位借货卖出，等跌了之后再买进归还。例如，预计某一只股票的价格未来会跌，就在当期价位高时将此股票（实际交易是买入看跌的合约）卖出，再到股价跌到一定程度时买进，以现价还给卖方，产生的差价就是利润。

2.9.3 主力

证券市场的投资者按投资者的身份可以分为机构投资者和个人投资者两大类。由于机构投资者资金力量雄厚、收集分析信息能力强、交易员专业素养高，所以主力大部分情况下是指机构投资者。机构投资者主要有公募基金公司、私募基金公司、社保基金、养老基金、共同基金、国家产业扶持基金、外资基金公司、保险机构等。由于资金力量雄厚，主力对股价的影响会比较大，因此，正是由于

---

1 股指期货：以股价指数为标的物的标准化期货合约，双方约定在未来的某个特定日期，可以按照事先确定的股价指数的大小进行标的指数的买卖，到期后通过现金结算差价来进行交割。

机构投资者的参与度高，业绩优良的公司的股价才能那么坚挺。例如，贵州茅台（600519）就是被各大机构青睐的龙头股，由于股价昂贵（2021年7月27日，买一手贵州茅台股票需要17万多元），所以持有贵州茅台股票的个人投资者数量相对其他股票的少很多，机构抱团取暖，股价就能够抗住外围的各种利空，在上涨的波段，也不容易意见过于分散导致一上涨就有人卖出，对股价拉升造成压力。

2.9.4 分红、配股

分红是股份公司在实现盈利的年份，按股票份额的一定比例支付给投资者的红利，是上市公司对股东的投资回报。分红前需要按规定提取法定公积金、公益金等项目。通常股东得到分红后会继续投资该公司股票达到复利的目的。

配股是上市公司向原股东发行新股、筹集资金的行为。按照惯例，公司配股时新股的认购权按照原有股权比例在原股东之间分配，即原股东拥有优先认购权。

2.9.5 除权、除息、填权、贴权

除权指的是股票的发行公司依一定比例分配股票给股东作为股票股利，除权会增加上市公司的总股本数。例如，配股比率为20/100，表示原持有100股的股东在除权后，股东持有股数会增加为120股。此时，公司总股数增加了20%。除权的股票会在除权当日暂时更改股票名称为"XR××"。

除了股票股利之外，上市公司也可分配现金股利给股东，此时则称为除息。当上市公司宣布上年度分红派息方案并获董事会及证监会批准后，即可确定股权登记日。在股权登记日次日交易后，手中仍持有这种股票的投资者均有享受分红派息的权力。除息的股票会在除息当日暂时更改股票名称为"DR××"。

在除权、除息后的一段时间里，如果多数人对该股看好，该只股票交易市价高于除权（除息）基准价，这种行情称为填权。例如，移为通信（300590）在2021年5月31日至7月19日不到两个月的时间已经将原来的除权缺口完全填满，如下图所示。

贴权是指在除权、除息后的一段时间里，交易市价低于除权（除息）基准价，即股价比除权、除息日的收盘价有所下降。例如，国投资本（600061）在2021年6月18日至8月2日的股票价格在除权之后一路下跌，属于明显的贴权行情，如下页图所示。

2.9.6 股权登记日

持股时间不同的投资者，所要上缴的个人所得税也有所不同。

打开通达信软件，选择【功能】➤【沪深权息查询】命令，即可查询即将除权、除息的股票信息，如下图所示。

2.9.7 市盈率、市净率

市盈率是某种股票每股市价与每股收益的比率。市场广泛谈及的市盈率通常指的是静态市盈率，通常用作比较不同价格的股票是否被高估或者低估的指标。用市盈率衡量一家公司股票的质地时，并不总是准确的。一般认为，如果一家公司股票的市盈率过高，那么该股票的价格具有泡沫，价值被高估。当一家公司发展迅速以及未来的业绩增长非常被看好时，利用市盈率比较不同股票的投资价值时，这些股票必须属于同一个行业，因为此时公司的每股收益比较接近才有可比性。

市净率指的是每股股价与每股净资产的比率。市净率可用于投资分析，一般来说市净率较低的股票，投资价值较高；相反，则投资价值较低。在判断投资价值时，还要考虑当时的市场环境以及公司的经营情况、盈利能力等因素。

2.9.8 一级市场、二级市场

在金融市场方面的一级市场是指筹集资金的公司或政府机构将其新发行的股票或债券等销售给最初购买者的金融市场。对于证券市场来讲，一级市场是证券发行的市场，销售证券的收入属于发行该证券的股份公司。

二级市场又称为证券交易市场、次级市场，是指对已经发行的证券进行买卖、转让和流通的市场。在二级市场上销售证券的收入属于出售证券的投资者，而不属于发行该证券的公司。

2.9.9 基本面、技术面

基本面分析是指对宏观经济、行业以及上市公司基本情况等各种指标进行的综合性分析，既包括对宏观经济运行态势、上市公司所处行业地位的分析，又包括上市公司基本情况、公司经营、公司财务等的分析。宏观经济运行态势反映出上市公司整体经营业绩，也为上市公司进一步的发展确定了背景，因此宏观经济与上市公司及相应的股票价格有密切的关系。上市公司的基本面包括财务状况、盈利状况、市场占有率、经营管理体制、股东构成、人才构成等方面。

技术面是指反映股价变化的技术指标、走势形态以及K线组合等。技术面分析有3个前提假设：①市场行为包含一切信息；②价格变化有一定的趋势或规律；③历史会重演。

2.9.10 牛市、熊市

牛市一般指多头市场，是指股价的基本趋势持续上升时形成的投机者不断买进股票、需求大于供给的市场现象。例如，境内股市在2014年7月底至2015年6月这段时间就属于牛市，如下图所示。

熊市一般指空头市场，证券市场总体的运行趋势向下，其间虽有反弹，但一波比一波低，属于价格持续走低的市场。部分投资者开始恐慌，纷纷卖出手中持股，都保持空仓观望状态。此时，空方在市场中占主导地位，看好后市的氛围严重不足。在这样的市场中，绝大多数人是亏损的，所以说在熊市中的操作尤其困难。境内股市在2015年7月至2016年2月这段时间就属于熊市，如下页图所示。

2.9.11　涨停板、跌停板

目前，我国的证券市场实行涨、跌停板限制制度，普通 A 股、B 股、ETF、LOF 等均有上涨和下跌的限制。

涨停板是指证券市场中交易当天股价的最高限度。涨停板时的股价叫涨停板价。境内证券市场主板的涨跌幅以 10% 为限，当日涨幅达到 10% 则称为涨停板，创业板和科创板的涨跌幅以 20% 为限，当日涨幅达到 20% 则称为涨停板。ST 和 *ST 类股的涨跌幅设定为 5%，上涨达到 5% 为涨停板。达到涨停板后，股票当日价格停止上涨，但非停止交易，成交价为涨停板价格。

涨停板又分为一般涨停和一字涨停。一般涨停是指开盘价不是涨停价格，经过一天的交易，在收盘之前涨至涨停板价。一字涨停是开市即封涨停的股票，势头较猛，只要当天涨停板不被打开，第二日就仍然有上冲动力。下图为新洁能（605111）2020 年 9 月 28 日至 10 月底的行情，该股票在上市之后就一路一字涨停。

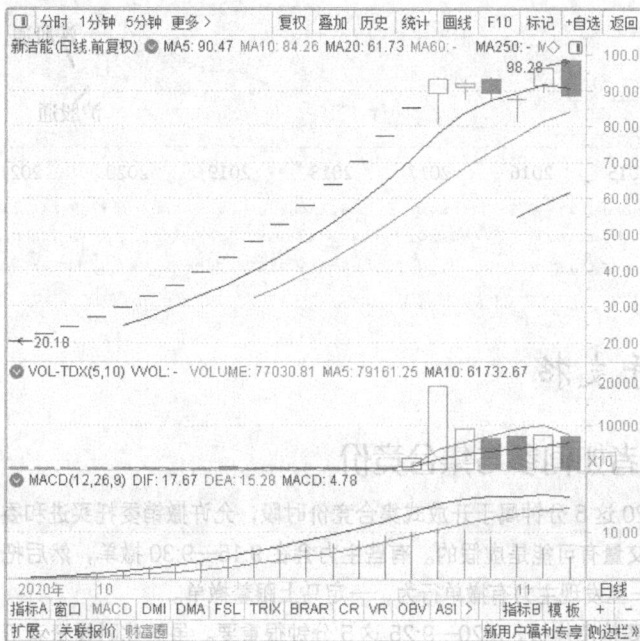

跌停板是与涨停板相对的概念，是指股价在一天中相对前一日收盘价的最大跌幅。目前规定主板当日最大跌幅为10%，创业板和科创板当日最大跌幅为20%，ST和*ST类股当日最大跌幅为5%。与涨停板相似，跌停板也有一般跌停和一字跌停之分。

2.9.12　北上资金

由于国家外汇管理局（简称外汇管理局）和证监会的监管政策，外资不能直接投资境内的A股，想要投资境内的股票市场，只能用外资投资B股。但是，B股股票总数较少，尤其是高新技术产业股票，大部分没有B股，这导致很多外资虽然看好境内股票市场，但是苦于没有投资渠道而被拒之门外。2014年5月8日，沪港通业务开启，其中的沪股通给外资开放了投资上证A股的渠道，合格的境外投资者可在香港证券公司开户，委托香港证券经纪商，经由香港联合交易所设立的证券交易服务公司向上海证券交易所进行申报（买卖盘传递），买卖规定范围内的上海证券交易所上市的股票。2016年12月5日，深港通正式启动，证券市场迈出了互联互通的第二步，合格的境外投资者可以委托香港证券经纪商向深圳证券交易所进行申报（买卖盘传递），买卖规定范围内的深证A股。通过沪股通和深股通交易的A股资金被称为北上资金。外资用沪股通和深股通当日买入成交总额减去卖出成交总额就是北上资金当日净流入。

下图为北上资金从2014年12月至2021年8月的累计净流入。从图中不难看出，北上资金对A股的投资从2014年底的764亿元左右增加为2021年8月的26 252亿元左右。北上资金在2018年A股去杠杆的这一年持续逆向买入，并在后期持续加码，可见北上资金对A股市场的认可度越来越高，对我国证券市场持续良好的发展有信心，认可我国上市企业的经营能力。当然，任何事情都有正反面，如北上资金大规模撤离A股市场，也将对A股市场带来沉重的打击。

高手支招

技巧1　投资者如何参与集合竞价

由于9:15—9:20这5分钟属于开放式集合竞价时段，允许撤销委托买进和委托卖出的申报，因此投资者看到的成交量有可能是虚假的。有些主力会在9:15—9:30撤单，然后把筹码成功地卖给投资者。因此投资者一旦发现主力有撤单行为，一定马上跟着撤单。

如果投资者想要抢涨停板，9:20—9:25这5分钟很重要。虽然此时投资者可以委托买卖，但是这 5 分钟撤单是无效的，买进委托都是真实的。投资者可以在股票软件中输入"61"查看上海 A 股涨幅排名，输入"63"查看深圳 A 股涨幅排名。

投资者在 9:25—9:30 这 5 分钟可以委托买卖，也可以撤单，只是这 5 分钟主机不处理，如果投资者对自己手中股票的成交有把握，资金在 9:25 就可以使用。投资者此时可以调仓换股，在 9:26 买进另一只看好的股票。

技巧 2　ETF 的投资方法

ETF 是指交易所交易基金，它可以在交易所上市交易，并且基金份额可变。根据投资方法的不同，ETF 可以分为被动跟踪指数基金和积极管理型基金。国内推出的 ETF 绝大部分是被动跟踪指数基金，那么基金的走势就和跟踪的指数基本一致，投资者所取得的收益也与指数涨跌密切相关。投资 ETF 的一个好处是可以规避个股由于经营不善、政策影响等利空导致的股价断崖式下跌的风险，个股可能出现连续跌停，而指数从未出现连续跌停的情况，所以 ETF 也不会出现连续跌停的情况。

许多个人投资者的交易习惯是股价越跌越买，越跌越补仓，其实这是一个非常不好的交易习惯，但是这个交易习惯对投资 ETF 来说是适用的。纵观上证指数、创业板指数和深证指数，整体来说指数在缓慢上行，所以指数越跌越买在后期的行情当中可以实现盈利。另外，也可以采取定投的方式购买 ETF，在长期看来，定投 ETF 也是会实现盈利的。

在通达信软件中，选择【市场】▶【基金理财】命令，再通过基金理财界面上方的【基金类型】进行筛选，单击下拉箭头 ▼，选择【ETF】（见下左图）即可查询到下右图所示的所有 ETF 的信息。

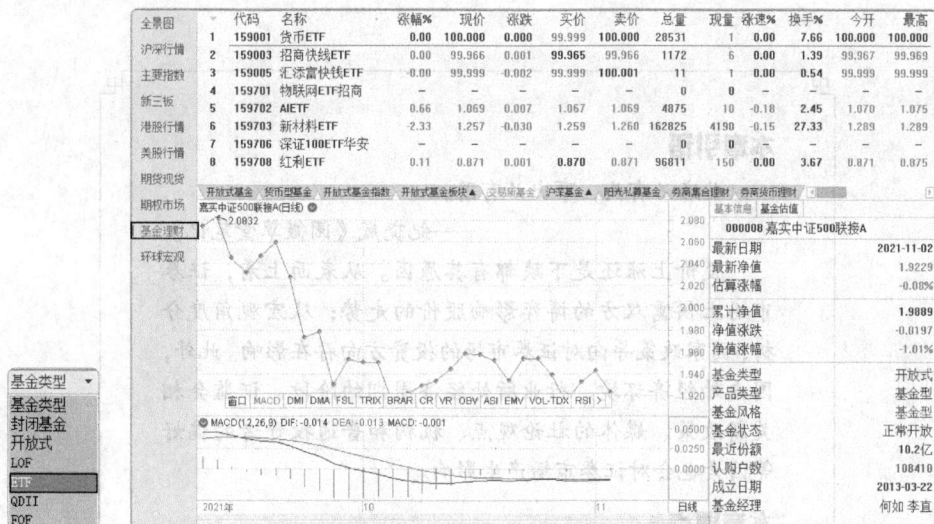

第 3 章 影响股市的主要因素

本章引语

乱麻必有头，事出必有因。

——纪晓岚《阅微草堂笔记》

股价上涨还是下跌都有其原因。从表面上看，证券市场上供需双方的博弈影响股价的走势；从宏观角度分析，国家政策导向对证券市场的投资方向亦在影响。此外，国内外经济环境、行业所处经济周期的阶段、证监会相关新政策、媒体的社论观点、机构和普通投资者的偏好等因素也会对证券市场产生影响。

本章要点

★宏观因素对股市的影响

★分红、企业价值、市盈率、年报对股价的影响

★新股发行与资金监管对股市的影响

3.1 宏观因素对股市的影响

对于股市走向的分析，投资者首先要从国际层面、国家层面等宏观视角对经济形势有个初步的判断；在对经济大环境有预判之后，再对个股进行筛选。

3.1.1 国家政策对股市的影响

国家政策主要包括财政政策、货币政策等。投资者必须对国家政策的动向保持关注，才能捕捉到市场热点。在了解国家政策影响的同时关注国家政策变化就能及时规避政策风险，捕捉到大的投资机会。

1. 财政政策对股市的影响

财政政策也是政府调节宏观经济的有效手段。财政政策对股市影响很大，其主要通过税收影响股市。一般来讲，税负越重，企业用于生产、发展和发放股利的盈余资金就越少。如果提高个人所得税税负，投资者的工资收入则会减少，用于投资股票的闲置资金也会减少。因此提高税率会增加企业的生产成本，减少投资者的可支配收入，进而导致投资者没有更多钱投资股票，股价也可能会下跌，股票指数也会受到影响。反之，宽松的财政政策会给企业减轻负担，进而促进企业的生产和发展，间接引导股价的上涨。

在2020年2月，我国出台了一系列减税降费的政策，助力疫情防控、支持企业复工复产。2020年前两个月全国减税降费共计4 027亿元。其中，新出台的税费优惠政策增加减税降费额1 589亿元。这样持续有效的财政政策也缓和了后面A股证券市场股价下跌的态势，A股股价没有像美股股价一样跌幅过大。下图与下页图分别为疫情后的上证指数走势和道琼斯工业ETF走势。

2. 货币政策对股市的影响

货币政策是中央银行（以下简称央行，我国的中央银行为中国人民银行）调控宏观经济的基本手段之一。由于社会总供给和总需求的平衡与货币供给总量及货币需求总量的平衡密切相关，因此宏观经济调控的重点一般会立足于货币供给量。

货币政策对股价的影响很大。紧缩的货币政策会减少社会上的货币供给总量，不利于经济发展，不利于证券市场的活跃，会增加企业的成本负担，并减少市场中的活跃资金总量，对股价上涨很不利。与之相反，宽松的货币政策会增加社会上的货币供给总量，对经济发展和证券市场交易有着积极影响，企业融资成本相对较低，也会为市场提供相对充裕的资金，为市场行情的开展提供充足的"弹药"。除此之外，货币政策对人们的心理影响非常大，这种影响对股价的涨跌又将产生极大的作用。

2013 年 6 月 4 日至 6 月 25 日，A 股开始一轮急跌行情，如下图所示。当时上证指数位于 2 300 点附近，这一轮杀跌下探到了 1 849.65 点，下跌将近 500 点，让原本就处于低位的 A 股雪上加霜。个股更是惨烈。造成这一次指数低位下跌的主要原因就是市场货币流动性不足，银根紧缩，7 天回购利率报 6.24%，成为当年新高，中国工商银行等多家金融机构均出现货币流动性不足的情况。

在市场经济条件下，央行调节市场上货币供给的方法主要有以下3种。

（1）公开市场操作。这是指央行在公开市场上买入或卖出财政部或政府的债券或证券，以增加或减少市场上的基础货币量，影响市场货币供给的操作。央行在市场上卖出证券时，将从金融机构或居民手中回收货币，减少市场上的货币量；央行买入证券时，会向市场上增加货币供给，增加市场上的货币量。货币增加，流动性宽松，证券市场也受益；反之，货币减少，流动性紧缩，证券市场就有可能遭受损失。

（2）调节金融机构的存款准备金率。这是指通过上调或者下调存款准备金率，以增加或者减少货币供应量。存款准备金是指金融机构为保证客户提取存款和资金清算需要而准备的缴存在央行的存款，央行要求的存款准备金占其存款总额的比例就是存款准备金率。降低存款准备金率俗称降准，是增加货币供给的信号，投资者可以将其看作是央行释放的一种利好。

例如，2015年2月5日起，央行下调金融机构人民币存款准备金率0.5个百分点。同年4月央行第二次降准，各类存款类金融机构人民币存款准备金率下调1个百分点。下图圈内为上证指数2015年2月至4月的走势，可以看到，在宽松的货币政策下，上证指数维持着持续上涨的态势。

提示

　　并非每一次降准都会带来市场行情的上涨，投资者也要结合当时的市场环境等因素来判断。熊市中的降准是出逃的时机，牛市中的降准有可能会带来一轮新的上涨。所以投资者不可一味地认为降准就能带动市场行情上涨，仍需结合多维度信息进行判断。

（3）调节再贴现率。这是央行调节货币供应量的手段之一。当市场上的货币供应量过多时，央行可提高再贴现率，以促进市场一般利率的提升，减少市场上的货币供应量。反之，降低再贴现率使市场利率下跌，增加市场上的货币供应量。大多数情况下，调节再贴现率没有降准和公开市场操作对货币供应量的影响大。

利率的变动对证券市场的行情走向也有一定的影响。通常当利率下降时，除了对银行股是利空外，对其他股票均是一种利好，有助于刺激股价上涨；反之，利率上升时，企业贷款的资金成本增加，股价就会受其影响下跌。

为什么利率的升降与股价的变化会呈上述负相关关系呢？主要有以下3个方面的原因。

（1）我国上市公司平均资产负债率较高，利率上升将直接增加公司的成本或财务费用，并且还会增加公司贷款的难度。由此一来，上市公司有可能因为没有足够的流动资金扩大生产规模，从而阻碍公司的发展，进而减少未来可能创造的利润，因此，股价就会下降；反之，利率下降，企业贷款更容易，流动资金充足，能够促进生产和扩大规模，股价就会上涨。

（2）利率上升时，投资者以此评估股票投资价值的折现率也会上升，股票价值因此会下降，从而导致股价相应下跌；反之，利率下降时，股价就会上涨。

（3）利率上升时，一部分资金从股市转向银行储蓄和债券，从而减少市场上的投资需求，使股价下跌；反之，利率下降时，储蓄的盈利能力降低，资金就要寻找更能带来收益的投资，就有可能投入股市中，从而增加对股票的投资需求，促使股价上涨。

例如，央行决定自 2020 年 2 月起下调金融机构人民币贷款和存款基准利率，金融机构 1 年期贷款基准利率从原来的 4.15% 下调至 4.05%，5 年期以上贷款基准利率从 4.80% 下调至 4.75%。紧接着 2020 年 4 月，央行将 1 年期贷款基准利率又下调至 3.85%，将 5 年期以上贷款基准利率下调至 4.65%。这两次降息是央行应对疫情的冲击和国内外经济形势做出的审时度势的调整，如下图所示。

这对于证券市场来说是个很大的利好，上证指数从 2020 年 4 月 20 日第二次公布降息消息时的 2 852.55 点（图中箭头处）一路上扬至 7 月的阶段性高点 3 458.79 点，如下图所示。

既然一般情况下利率与股价有一定的负相关关系，那么投资者就应该密切关注利率的升降，并对利率的走向做出预判，以便在利率变动之前，制定股票买卖策略。如果投资者想要了解市场上货币政策的宽松程度，可以登录上海银行间同业拆放利率网站进行查看，如下图所示。

提示

对股市影响较大的国家机关单位主要有国务院、财政部、央行、证监会、国家发展和改革委员会、工业和信息化部、商务部、国务院国有资产监督管理委员会。投资者平时可以多关注这些机构的网站，了解最新政策。

3.1.2 经济形势对股市的影响

证券市场的波动总是与国家经济形势的变化联系在一起。证券市场素来有宏观经济"晴雨表"之称，甚至可以说，证券市场长期趋势是由宏观经济发展状况决定的，其他因素可以暂时改变证券市场的中期和短期趋势，但改变不了其长期趋势。所谓长期趋势，就是指股价受经济形势的影响，以及股份公司的经营能力、盈利状况、产业结构变化等稳定的、渐变的因素而形成的发展趋势，这是一种相对长期的变化趋势。长期保持上升趋势的股价遇到短期不利因素也会下跌，但不久就会止跌回升，保持其总体的上升态势。

从这个意义上说，分析证券市场时有必要了解各种宏观经济数据，以助于对证券市场未来大方向走势的研判。这些宏观经济数据甚至成为了解股价走势不可或缺的一部分。主要的宏观经济数据有国内生产总值（gross domestic product，GDP）、消费者物价指数（consumer price index，CPI）、生产价格指数（producer price index，PPI）、采购经理人指数（purchasing managers' index，PMI）等。

以 GDP 对股市的影响为例。投资者可以看到，基本上 GDP 增长率和股市呈现正相关关系。也就是说，当 GDP 增长率高的时候，股市往往处于牛市，当 GDP 增长率回落的时候，股市行情也会回落。

我国 2006 年—2020 年的 GDP 与其增长率见下表[1]。

我国 2006 年—2020 年的 GDP 与其增长率

年份 / 年	GDP / 亿元	增长率（%）
2006	219 438.5	12.72
2007	270 092.3	14.23
2008	319 244.6	9.65
2009	348 517.7	9.40
2010	412 119.3	10.64
2011	487 940.2	9.55
2012	538 580	7.86
2013	592 963.2	7.77
2014	643 563.1	7.43
2015	688 858.2	7.04
2016	743 585.5	6.85
2017	820 754.3	6.95
2018	919 281.1	6.75
2019	986 515.2	5.95
2020	1 015 986.2	2.30

我国 2006 年—2020 年的上证指数月 K 线图如下图所示。

---

1 数据来源：国家数据网。

参照 GDP 的历年增长率和上证指数月 K 线图，不难发现当 GDP 增长率逐年增长的时候，上证指数处于上涨态势；当 GDP 增长趋于平缓时，上证指数走势也多处于震荡行情或者缓慢下跌行情。只有 2015 年，GDP 增长率并没有比 2014 年的高，却迎来了一波牛市，当时助推此轮牛市的主要因素是资金杠杆，与 GDP 增长率相关性不大。但是整体来看，GDP 增长率对股市是有正相关影响的。当然，随着 GDP 基数的增大，增长会放缓，增长率会下降，但是上证指数的中位数还是在缓慢上升。

3.2 分红、企业价值、市盈率、年报对股价的影响

如果说宏观经济环境对大盘有较大影响，那么对于个股来说，除了受宏观的国家政策和经济形势的影响之外，还受企业本身的业绩影响。分红、企业价值、市盈率等财务指标均会影响个股价格的走势。

3.2.1 分红对股价的影响

上市公司每年都要公布年报，如果公布的年报中显示盈利大幅增长，则企业会有分红计划。上市公司常见的分红方式为送红股和股息分红。

从表面上看，送红股后股东持股数量增加了，但实际上，股东权益在公司中的份额和价值并没有改变。例如，一家上市公司共有 1 亿股股本，净资产 4 亿元，净利润 8 000 万元，则每股净资产是 4 元，每股收益是 0.8 元，净资产收益率是 20%。假设公司进行 "10 送 10" 的分红，则总股本从 1 亿股增加为 2 亿股，净资产还是 4 亿元，净利润依旧是 8 000 万元，每股净资产则从 4 元变为 2 元，每股收益从 0.8 元变为 0.4 元，净资产收益率是 20%。这就相当于原来上市公司有一张 100 元的钞票，现在变成了两张 50 元的钞票。

送红股对上市公司并没有影响，但对二级市场的股价可能会造成一定影响。这主要取决于以下两个因素。

1. 投资者心理因素

由于股票进行除权之后，股价会按比例下降，这让原本很贵的股票变得便宜。原本 60 元的股票，"10 送 10" 之后变成了 30 元，股价下跌了，降低了投资门槛，有些投资者就会考虑购买。

2. 投资者购买力因素

由于投资者的构成不同，我国上海、深圳证券交易所均规定每次交易的最小单位是 1 手，就是 100 股。如果投资者想要购买股价为 2 000 元的贵州茅台（600519），那么就必须至少有 2 000×100=200 000（元）才可以购买。对于投资资金有限的广大中小投资者来说，20 万元是很高的投资门槛。

除权对股票短期和长期走势的影响是不同的。在牛市当中，股票除权之后往往价格上涨的概率较大，这被称为填权。当然，也有些主力利用除权出货。从长线角度来看，除权对股价的影响不是很大。但是，对于绩优股来讲，每一次除权都是下一次上涨的低点。下面以格力电器为例进行讲解。

前复权形态中的格力电器基本上从 2006 年开始就处于单边上涨的行情，如下页上图所示。

除权形态中的格力电器每一次除权基本都是下一轮上涨的低点。下页下图中的符号 "s" 就表示除权除息。

每到年初，各大公司纷纷开始发布自己上一年的年报。有些公司本年财务报表盈利增长较大，将会对这些盈利进行现金股息分红。

　　由于大家更加认可的是按照市盈率对股票进行定价，而现金分红虽然降低了公司的净资产，但是对每股净收益没有任何影响。因此，一般进行现金分红时对应的走势都是填权走势。因为分红的比例都不会很大，所以除息的缺口一般也不会很大，基本不存在可套利的空间。对于上市公司而言，现金分红并不是越多越好。

　　公司的生命周期可以分为导入期、成长期、成熟期和衰退期4个阶段。在不同的阶段，公司对现金的需求也是不同的。公司在导入期和成长期需要大量的投资，用于购买生产线、增建厂房等，此时，上市公司不应该大比例分派现金。而在成熟期公司现金流较稳定的时候可以依据自身的发展方向，选择是否进行派现。当公司进入衰退期后，如果没有较好的项目进行投资，则应把现金分派给股东，由股东自行选择。

3.2.2 企业价值对股价的影响

大家对股票的价格都有一定的认识，但是对上市公司本身的价值却难以直观地了解。企业本身的价值有账面价值、内在价值等。最常见的是采用 PE、PB 估值的方法来判断上市公司的价值。从理论上说，股票价格应该等于股票价值，但是股票的价格往往与其价值并不一致。

由于上市公司自身的未来有不确定性，因此其股票在资本市场上会出现阶段性波动。2012 年至 2019 年，国内医美市场规模由 298 亿元增至 1 769 亿元，年复合增速为 29%，已成为仅次于美国的全球医美第二大市场。但是，医美板块的股票在 2020 年才渐渐被投资者了解，真正被追捧买入的时间段是 2021 年上半年，医美板块热火朝天的行情吸引投资者不论什么价格都敢于疯狂买入。然而，随着时间的推移，投资者开始真正了解医美概念股票的价值，也才渐渐明白其上涨的幅度远超出了投资的价值，到最后就是情绪的作用。因此这些股票的价格就出现了回归价值的"泡沫破灭之旅"。例如，金发拉比（002762）曾因为收购了两家整形医院，从母婴概念转变为医美概念，股价一度从 2021 年 3 月 25 日的 5.26 元（图中箭头处）涨到最高价 22.18 元，股价大幅上涨 3 倍，冲顶之后就出现大幅回落，如下图所示。

投资者可能会问，那企业自身价值高的股票和炒作概念的股票能不能区分开？答案是能。投资者可以通过多种方式区分出业绩优良的股票。首先，投资者可以搜索各个行业、各个领域的龙头企业，尤其是具有品牌效应的绩优股。例如，贵州茅台、格力电器、云南白药、双汇发展、宇通客车、中国中免等知名企业。其次，参考上市公司的市盈率，如果市盈率过高，则不适合长期投资。最后，在上证指数处于阶段性调整时，考虑上市公司的技术走势是否抗跌，如果抗跌，则往往是上市公司有业绩支撑。题材股在股市大跌行情中往往也下跌，而绩优股则表现得特别坚挺。白马股抱团现象在熊市行情中的表现尤为明显。以 2015 年行情为例，上证指数（000001）从 5 178 点一路下跌至最低

3 373.54 点，18 个交易日，跌幅高达 34.8%，如下方第一张图所示。而贵州茅台（600519）在 2015 年 6 月 18 日大盘最高点时最高股价为 272 元，到大盘最低点的前一天跌至最低价 219.75 元，跌幅为 19.2%，如下方第二图所示，并且贵州茅台基本处于箱体震荡而不是单边下跌走势，这充分体现了绩优股抗跌的优点。

2018 年 A 股市场也经历了长达一年的熊市，上证指数从 2018 年 1 月的 3 587.03 点一路下跌至 2019 年 1 月的 2 440.91 点，如下方第一张图所示。所有均线呈空头排列的形态，这是典型的熊市特征。而同时期的中国中免（601888）先经历了长达 7 个月的上涨，后进行横盘震荡调整，股价与 2018 年 1 月的相比，还有所上涨，如下方第二张图所示。所以在单边下跌的慢熊市环境中，选择白马股是最佳策略。同时期的科技股和中小盘股的估值基本是原值的一半。

3.2.3　市盈率对股价的影响

市盈率（price earning ratio，PE）又称为本益比，是衡量股价和企业盈利能力的一个重要指标。具体来讲，市盈率反映了每股盈利不变和所得股息没有进行再投资的情况下，经过多少年投资者可以通过股息全部收回成本。计算公式为市盈率＝普通股每股市场价格÷普通股每年每股盈利。

一般来说，某只股票的市盈率越低，说明投资回收期越短，投资风险越小，股票投资价值越大；反之，则说明投资回收期越长，投资风险越大，股票投资价值越小。例如，股价同为100元的两只股票，其每股收益分别为10元和2元，则其市盈率分别是100÷10=10和100÷2=50。也就是说，若企业盈利能力不变，投资者以同样100元购买的两只股票，要分别在10年和50年以后才能从企业盈利中收回投资。

但是，由于企业的盈利能力是会不断改变的，投资者购买股票更看重企业的未来。因此，一些发展前景很好的企业即使当前的市盈率较高，投资者也愿意购买。预期利润增长率高的企业，其股票的市盈率也会比较高。例如，对两家上年每股盈利同为10元的企业来讲，甲企业市盈率是30，乙企业市盈率为20。如果甲企业今后每年保持20%的利润增长率，乙企业每年只能保持10%的增长率，那么到第10年时，甲企业的每股盈利将达到61.9元，乙企业只有25.9元。因此尽管甲企业当前的市盈率高于乙企业，投资者若以同样价格购买这两家企业的股票，对甲企业的投资能更早收回成本。

投资者在通达信软件中，可在分时图或K线图界面的报价栏下方看到动态PE值，也就是动态市盈率数值。仍以贵州茅台（600519）为例，投资者进入该股的分时图或者K线图界面，在盘口信息栏即可看到"PE（动）"指标，如下图所示。

3.2.4 年报对股价的影响

上市公司每年第一季度必须公布上一年度的财务报表。如果当年的各项财务指标好于上一年度的财务指标，股价就会上涨。一般运营正常的情况下，公司的效益会一年比一年好。所以出现了一个规律：在上市公司公布财务报表之前，投资者因预期上市公司会有好的表现而买入股票，供求关系使股价有一定的上涨空间。时间段一般为当年的12月底至第二年的三四月。投资者将上市公司披露的财务报表作为依据来买卖股票，这就是所谓的年报行情。

当然，并非所有年报预增的公司都会得到市场的追捧而股价上涨。年报披露前有预披露，如果预披露的年报经营业绩有大幅度增长，此时股价可能会被炒作，等到正式年报披露的时候，股价已经上涨很多，这时会出现盈利盘兑现，引发股价下跌。一般受追捧的股票是业绩大幅度上升，或者预期有高分红、高送配的股票，因此投资者需要辨别利润增长的原因。最好的利润增长的原因是其原有主营业务的销售额增长，在提高技术含量的同时降低成本，从而扩大毛利率。其他因素也会引起利润的急剧变化，如出让资产、股权改变引发的会计记账的变化等。因此，投资者还需要注意年报中的其他项目变化，如投资利润、主营业务利润、政府补贴、负债率等。投资者可以在巨潮资讯网（证监会指定信息披露网站）对所有上市公司的年报、季报信息进行查询，如下图所示。

3.3 节日对股市的影响

节日，如每年的春节、国庆节、元旦和其他节日等对股市也有特殊的影响。由于假期需要备货对资金的需求增大，节前节后股价走势可能会发生转折。根据放假时间长短和节日对资金需求量的不同，春节对股市的影响最大，其次是国庆节和元旦。

3.3.1 春节对股市的影响

根据江恩理论，在国外所有节日因素的影响中，最应当注意圣诞节前后的市场变化，市场经常会在圣诞节前后发生变盘。而这一理论套用在我国证券市场，就是我国的股市往往会在春节前后发生变盘。因为年关将至，投资者对持股过年还是持币过年看法不一，因此股市容易发生变盘。据统计，自 1999 年起，几乎每一年春节都会对股市产生非常大的影响，使股市多次产生了重要的拐点，如下页表所示。

春节前后股市走势变化

节日	时间（春节前后）	走势变化
1999 年春节	2 月 9 日—3 月 1 日	中期趋势转折
2000 年春节	1 月 28 日—2 月 14 日	中期趋势转折
2001 年春节	1 月 19 日—2 月 5 日	短期趋势转折
2002 年春节	2 月 8 日—2 月 25 日	短期趋势转折
2004 年春节	1 月 16 日—1 月 29 日	短期趋势转折
2007 年春节	2 月 16 日—2 月 22 日	短期趋势转折
2008 年春节	2 月 5 日—2 月 18 日	短期趋势反弹
2009 年春节	1 月 23 日—2 月 2 日	短期趋势加速
2010 年春节	2 月 12 日—2 月 22 日	短期趋势回调
2011 年春节	1 月 25 日—2 月 16 日	短期趋势回调
2012 年春节	2 月 1 日—2 月 28 日	短期趋势回调
2013 年春节	2 月 18 日—2 月 28 日	中期趋势转折
2014 年春节	1 月 27 日—2 月 9 日	短期趋势回调
2015 年春节	2 月 25 日—3 月 9 日	中期趋势上涨
2016 年春节	2 月 15 日—2 月 24 日	短期趋势反弹
2017 年春节	2 月 7 日—2 月 23 日	短期趋势反弹
2018 年春节	2 月 22 日—3 月 12 日	短期趋势反弹
2019 年春节	2 月 11 日—3 月 7 日	中期趋势上涨
2020 年春节	2 月 4 日—3 月 5 日	短期趋势反弹
2021 年春节	2 月 18 日—3 月 9 日	短期趋势回调

3.3.2　国庆节对股市的影响

　　国庆节的放假时长与春节的一样，再结合国庆节节日因素，其对市场的影响也是有目共睹的，仅次于春节对股市的影响。不过相对于春节而言，国庆节对市场的影响多为短期趋势转折。据统计，2000 年、2003 年、2005 年、2006 年、2008 年、2009 年、2010 年、2015 年和 2016 年的国庆节，均引发了市场不同程度的转折。

　　例如，2016 年国庆节前后上证指数均出现较为明显的趋势转折。2016 年 9 月 30 日，上证指数收盘价为 3 004.7 点。由于受到国庆节的影响，上证指数在假期结束的第一个交易日就放量上涨，收出一根大阳线。在之后的第二个交易日又高开高走，收出一根跳空缺口的小阳线，并且成交量进一步增加。之后上证指数的走势发生转变，一路上扬，并于 11 月 29 日最高涨至 3 301.21 点，如下页图所示。

3.3.3　元旦对股市的影响

　　每年的 12 月是各大银行争夺资金的月份，如央行经常会在 12 月检查储备金是否充足，而银行对员工也要进行年末考核。为了完成吸储任务，各大银行会通过各种方法与市场"抢夺"资金。因此元旦作为阳历新年的开始，对市场的影响也不容小觑，如下表所示。

元旦期间股市走势变化

节日	走势变化
2002 年元旦	短期趋势转折
2003 年元旦	中期趋势转折
2007 年元旦	短期趋势转折
2008 年元旦	长期趋势转折
2009 年元旦	中期趋势转折
2010 年元旦	短期趋势转折
2011 年元旦	短期趋势转折
2012 年元旦	短期趋势回调
2014 年元旦	短期趋势转折
2016 年元旦	中期趋势下跌
2017 年元旦	短期趋势反弹
2018 年元旦	中期趋势反弹
2019 年元旦	中期趋势上涨
2021 年元旦	短期趋势反弹

　　例如，2019 年元旦之后上证指数出现较为明显的"熊转牛"趋势转折。2018 年全年股市都处于下跌趋势中，2018 年 12 月 28 日上证指数收盘价为 2 493.9 点。由于前期受到金融去杠杆因素的

影响，市场经历了一整年的金融去杠杆过程，已挤压出大量的资产泡沫。因此在元旦后的一周，股价走势探底回升发生了趋势的转变，如下图所示。2019年1月4日的大阳线自下而上刺穿5日、10日均线，从此开始了4个月的阶段性牛市，于2019年4月8日上涨至3 244.81点。

除春节、国庆节、元旦等节日以外，其他节日，如五一国际劳动节也会导致股市出现转折点。五一国际劳动节前后股市出现拐点的年份分别有2000年、2002年、2003年、2006年、2008年和2009年。此外，2015年的端午节也是股市"牛转熊"的拐点。投资者可以在通达信等股票软件中进行查看，发现其中的规律。

3.4 新股发行与资金监管对股市的影响

资本市场上的表现在很大程度上是由资金流动情况决定的，换言之，资金对资本市场有着很大的影响，新股发行、证监会的资金监督管理是比较常见的影响资金流动情况的因素。

3.4.1 新股发行对股市的影响

新股发行上市又称首次公开募股（initial public offering，IPO），是指一家企业或公司（股份有限公司）第一次将它的股份向公众出售，增加股票的供给量。因此，IPO会分流股市资金，增加股市供给。因为市场上的资金只有那么多，如果股票数量变多，平摊在每一只股票上的资金就会相应减少，因此短期内对股市造成利空已是确定无疑。不过从长期的角度来看，增加新鲜血液，让更多优质公司上市，对股市长久健康发展是有利的，对于上市公司的发展也是有利的。

所以，在资本市场低迷的时候，证监会一般会减少甚至暂停新股发行，稳定市场的信心。一旦股市活跃，新股发行就会增多，所以新股发行的节奏跟市场所处的阶段和环境有很大关系。

3.4.2 资金监管对股市的影响

证监会除了对上市公司增发新股进行强有力的监督管理外，对于市场上的资金也有严格的监督管理措施。证监会对股市的资金监管主要有两个方面：一方面是对境内资金进行监管，另一方面是对境外资金进行监管。

证监会对境内资金进行监管主要包括对券商融资融券开通资格的限定、融资融券担保品比例的调控、上市公司高管减持股票的限定、公募基金的审批与资金限定、私募基金的资金管理等。这些强有力的资金监管有助于调控证券市场行情的过度上涨和过度下跌，在有效维护证券市场秩序的同时也保障了投资者的合法权益。

证监会监管境外资金有助于保证我国金融市场的安全和稳定。证监会对境外资金的监管主要包括对合格境外机构投资者（qualified foreign institutional investor，QFII）、沪股通以及外资对基金公司的持股比例等进行监管。QFII制度是指合格的境外投资者制度，是有限度地引进外资、开放资本市场的过渡性制度。证监会对其限制的内容主要有资格条件、投资登记、投资额度、投资方向、投资范围、资金的汇入和汇出限制等。沪股通是指中国香港或国外投资者通过香港联合交易所有限公司向上海证券交易所进行申报，买卖的规定范围内的上海证券交易所市场的股票。目前沪股通的总额度为3 000亿元人民币，每日额度为130亿元人民币。

3.5 机构投资者和个人投资者对股市的影响

股市上的投资者分为两类：一类是机构投资者；另一类是个人投资者。机构投资者的性质与个人投资者不同，在投资来源、投资目标、投资方向等方面都与个人投资者有很大差别，因此二者对股市的影响也有很大不同。

3.5.1 机构投资者对股市的影响

在股市发展初期，市场参与者主要是个人投资者。然而自20世纪70年代以来，西方各国股市出现了证券投资机构化的趋势。有关统计数据表明，在20世纪70年代机构投资者市场份额为30%，20世纪90年代初发展到70%，机构投资者已成为股市的主要力量。由此可见，当市场发展趋于成熟时，市场中的机构投资者应当占大多数。

机构投资者主要是指一些金融机构，包括银行、保险公司、投资信托公司、信用合作社、政府或社会团体设立的退休基金等组织。对于股市而言，机构投资者的参与度增加对股市产生的影响是非常大的。

1. 正面影响

（1）机构投资者丰富了投资品种，扩大了市场容量。

（2）机构投资者的投资策略有助于股市的稳定。大部分机构投资者都采取价值投资策略，采用长期持股、不断低价吸筹的方法获利。这种方法在很大程度上降低了交易成本，并且避免了市场价格的短期波动，着眼于长期投资。此外，机构投资者还会以成长型股票作为其主要投资目标，借助自身的判定标准评估上市公司的成长潜力，从而挖掘并长期持有能够获利的成长型股票。

（3）机构投资者参与申购占优势。机构投资者拥有积聚社会个人投资者闲置资金的优势。因此，当机构投资者新股申购时，可以大大提高中签率，从而使整个机构获得一定的稳定收益，降低了风险。

（4）机构投资者积极参与上市公司治理，提高上市公司质量。

2. 负面影响

（1）机构出现踩踏行为对股价影响更大。由于信息不对称，机构投资者比个人投资者占据明显的信息优势，因此也在股市占据主导地位，引导股价走势。如果机构投资者提前获取到上市公司的利空消息，会提前抢跑，引发踩踏。随着机构投资者占比越来越多，机构投资者砍仓也是绝不手软。例如，2022年年初的高估值股票的踩踏，包括医药、新能源、储能、锂电、半导体等高估值个股的股价同时大幅度下跌，给市场增加了极大的不稳定性。面对机构投资者毫不留情的砍仓，个人投资者势单力薄难以抵抗，如果没能及时卖出将面临严重的亏损。

（2）机构投资者的短视行为。并非所有的机构投资者的策略组合都是长线策略，其中不乏专门做短线套利的机构投资者，这些机构投资者一旦短线获利就会抛出手中的筹码。机构投资者的资金量很大，因此会给市场带来不小的抛压。此外，一只股票中会有若干个机构投资者，持有同一股票的机构投资者之间存在竞争压力，如果短线出货，机构投资者之间会竞相出货。

（3）机构投资者的流动性压力为市场增加了不稳定性。当市场出现特殊情况时，如爆发金融危机、公布重大利好或机构投资者的资金链出现问题时，机构投资者都会竞相卖出或买入股票，或者频繁更换股票，此时会导致股市价格的不稳定性和"雪崩效应"。尤其是近两年发展迅猛的量化投资机构，通过市场的加剧波动才能有赚钱效应，所以在量化资金的参与下，小盘子的个股波动会更加剧烈，给市场增加了不稳定性。

机构投资者与个人投资者相比主要有以下几个方面的优势。

（1）机构投资者具有专业化投资管理模式。机构投资者资金实力较为雄厚，在对上市公司进行信息搜集分析与研究等方面都配备有专门部门，由证券投资专家对投资决策运作和投资理财方式进行管理。现在我国国内大部分证券公司都有自己的证券研究所。大部分个人投资者投入的资金量较小，并且缺乏足够的时间搜集信息、分析行情、判断走势，也缺少足够的资料分析上市公司经营情况，容易受股市波动的影响，追涨杀跌。因此，从理论上讲，机构投资者的投资行为相对理性，投资规模相对较大，投资周期相对较长，从而有利于股市的健康稳定发展。

（2）机构投资者的投资组合策略更稳定。由于股市的风险较高，并且机构投资者的入市资金比个人投资者的多，因此其承受的风险就较大。为了尽可能地规避非系统性风险，机构投资者会设计投资组合策略，并按照策略执行。个人投资者由于资金较少，很难进行投资组合，因此要面临的非系统性风险也较大。

（3）机构投资者的投资行为更规范。机构投资者是具有独立法人身份的经济实体，因此会有相应的监管部门对其进行监管，其投资行为也更为规范。机构投资者既遵守了证券交易的"公开、公平、公正"原则，又维护了市场的相对稳定。此外，机构投资者可以通过自律管理，从各个方面规范自己的投资行为。而监管部门一般不监管个人投资者，因此个人投资者的投资行为相对自由，也更不规范。

3.5.2 个人投资者对股市的影响

个人投资者俗称散户，因其资金量散而得名。与机构投资者不同，个人投资者资金量小，难以形成规模效应，不能有效左右股价，且其投资行动散乱不一，难以形成规模。因此个人投资者的资金对整个股市的影响不大。

金融市场较发达地区的主要证券市场的交易所和券商的数据表明，个人投资者在股市的平均投资业绩明显低于大市。整个盘面处于下跌态势当中，个人投资者往往亏损最多。事实上，由于资本市场的发展阶段和监管制度不完全一致，各国的个人投资者在资本市场中的表现也都不同。大多是因为个人投资者对自己的投资能力缺乏正确的认识，对于股市行情规律缺乏起码的了解。

但值得指出的是，个人投资者在市场中的重要地位并不局限于他们自己的投资回报，而是直接影响到市场监管层推进"公开、公平、公正"原则的进度。股市是自由度较高的市场，允许不同资金规模的投资者参与。而监管层主要是保证所有的投资者在同一市场按照相同的规则进行交易。在股市，机构投资者和个人投资者之间的博弈，从某种程度上讲，更像是大鱼和小鱼之间的竞争，大鱼胜在体格大实力强，小鱼虽体轻，但更灵活。只有达到大鱼和小鱼的一种平衡，股市才能保持稳定。

如果股市中没有个人投资者存在，机构投资者之间短兵相接，一旦引发信心的崩塌，股价同样会暴跌。个人投资者并没有真正地离开股市，他们可能会从股民变成基民。当股价下跌引发投资者信心缺失的时候，投资者就会赎回手中的基金，导致机构不得不持续卖出持有的股票，进一步引发股价踩踏。

只有当空头得到足够的释放，才能慢慢让广大投资者对股市恢复信心，基金规模才能再一次不断扩大，也才能为市场注入新的活力。

高手支招

技巧 大股东减持对股价有哪些影响

其实股市中最大的主力不是机构投资者，更不是个人投资者，而是以很低的成本获取非流通股的大股东。这些非流通股在规定的时间之后可以解禁，转化为可流通股。大股东并不能一下子把股票全部卖光，而是看在规定的时间内最多减持多少股票，分批减持。当大股东减持股票的时候，股价就面临抛压，因此可能会引起股价下跌。

一般情况下，这些非流通股可以减持之后，大股东不会马上减持，而是等股价上涨到一定的高度之后再抛出手中的股票。一般在非流通股解禁之前，上市公司必须要发布公告。投资者在获取上市公司股东要减持股票的消息之后就应当对所持有的股票保持警惕，一旦发现股价上涨乏力，应马上卖出。

第2篇
技术篇

第4章 基本面分析

本章引语

投资的目标是寻找那些未来20年具有持续竞争优势而且价格上具有安全边际的优秀公司。

——巴菲特

价值投资是巴菲特一直奉行的投资原则，而价值投资的基础就是企业基本面分析。他也曾说，如果不能根据企业基本面分析进行估值，就根本不会关注这家企业。所以，要想成为一名优秀的投资者，掌握基本面分析至关重要。

本章要点

★宏观层面的基本面分析

★行业层面的基本面分析

★企业层面的基本面分析

4.1 宏观层面的基本面分析

宏观层面的因素能够对股市的整体走势产生很大影响，其中主要的影响因素有经济因素、政治因素和国内外重大事件等。说到底，股市最终是为经济发展服务的。因此，本节重点对经济因素进行详细介绍。

4.1.1 经济政策

股市是社会经济的一个重要组成部分，股市的发展受国家经济政策的影响。经济政策是国家经济发展意志和目标的集中体现。国家大力发展和扶植的产业往往能在配套资金、资源上获得很大的支持，这也给投资者提供了很好的投资指引。普通投资者如果没有行业研究的能力，多关注国家政策也可以发掘好板块。

因此，投资者要想投资成功，需要深入理解国家经济政策，密切关注国家经济政策的动向，选择具有发展前景的行业，这样才能把握好投资方向。

例如，包括上游、中游、下游三部分的芯片领域，其上游为半导体装备及材料领域，主要包括光刻机、蚀刻机、大硅片、光刻胶、靶材等；中游主要包括分立器件、光电子、传感器、集成电路等；下游主要包括通信及智能手机、平板电脑、工业医疗、消费电子等。2019年10月22日，国家集成电路产业投资基金二期股份有限公司（以下简称为国家大基金二期）注册成立，注册资本为2 041.5亿元。国家大基金二期主要投资上游和中游领域。如果对经济政策敏感的投资者，会紧跟政策导向，早早在有上涨潜力的板块和个股布局。国家大基金一期与二期明确了投资的具体公司：南大光电（光刻胶）、北方华创（光刻机）、兆易创新（芯片存储）、长电科技（封测）、华天科技（封测）、通富微电（封测）、晶方科技（封测）、国科微（芯片设计）、景嘉微（AI芯片）、士兰微（OLED芯片）等。

以通达信软件为例，投资者可以在该软件查找芯片领域的个股。具体操作步骤如下。

❶ 打开通达信软件，进入主界面。选择【功能】➤【报表分析】➤【板块分析】命令（见下图），即可查看各个板块。

❷ 滚动鼠标滚轮或者拖曳界面右侧滑块，可查看光刻机、半导体 50、国证芯片等芯片相关概念
板块的当日涨幅、龙头股、总成交等信息，如下图所示。

	板块名称	均涨幅%↓	加权涨幅%	涨股比	涨5%数	龙头股		龙头涨幅%	总成交	市场
329	工业互联	0.42	0.57	51/82	0	鼎捷软件	R	4.38	210.0亿	
330	300非周	0.42	-0.43	109/195	8	英科医疗	R	14.16	2061亿	
331	碳纤维	0.42	0.27	15/33	3	海源复材		10.00	114.2亿	
332	高贝塔值	0.41	-0.37	60/100	7	溢安环能	R	6.08	559.8亿	
333	充电桩	0.41	-0.84	96/166	11	鹏辉能源		10.24	731.7亿	
334	智能穿戴	0.41	0.25	51/90	3	香山股份		10.00	373.9亿	
335	创业板50	0.40	-0.80	31/50	2	英科医疗	R	14.16	568.4亿	
336	国证治理	0.40	0.02	28/50	1	保利发展		5.56	539.6亿	
337	吉林板块	0.40	0.33	29/46	0	亚泰集团		3.89	72.7亿	
338	台资背景	0.40	-0.36	15/28	1	鼎捷软件	R	4.38	47.5亿	
339	汽车类	0.39	-1.18	122/225	10	国机汽车		10.03	407.5亿	
340	光刻机	0.39	0.31	33/54	1	宝通科技		5.14	129.7亿	
341	黑龙江	0.39	0.29	21/38	2	中国一重		5.54	40.3亿	
342	燃料电池	0.39	-0.92	97/168	9	鹏辉能源		10.24	440.0亿	
343	无线耳机	0.39	1.22	47/85	3	鹏辉能源		10.24	470.1亿	
344	央企改革	0.38	0.22	225/379	9	国机汽车		10.03	1210亿	
345	地热能	0.38	0.44	11/20	0	盾安环境	R	2.58	27.1亿	
346	近期强势	0.38	-1.76	41/95	17	宏微科技	K	14.66	758.8亿	

所有板块 自定义板块 地区板块 行业板块 概念板块 风格板块 指数板块 组合板块 证监会行业

通达信金融终端 行情 市场 资讯 ▼ 功能 画面 公式 选项 13522156916 16:51:03 周三 ‹ ─ □ ✕

板块分析-所有板块 今日:2021-11-03,三 点右键操作

	板块名称	均涨幅%↓	加权涨幅%	涨股比	涨5%数	龙头股		龙头涨幅%	总成交	市场
419	保险新进	0.04	0.69	59/104	3	宏微科技	K	14.66	469.7亿	
420	密集调研	0.03	-0.19	18/30	0	开立医疗		3.85	165.7亿	
421	国开持股	0.03	0.23	7/10	0	泰坦科技	K	3.22	57.2亿	
422	涉矿概念	0.01	-0.28	34/66	2	金石资源	R	5.55	411.0亿	
423	中证800	0.00	0.00	–					0.0	
424	业绩预降	0.00	0.00		0				0.0	
425	临时条件股	0.00	0.00		0				0.0	
426	11	0.00	0.00	–	0				0.0	
427	股东减持	-0.01	-0.92	27/50	1	东方生物	K	5.14	149.1亿	
428	新能源车	-0.02	-1.55	143/289	12	万马股份		10.04	1210亿	
429	工业母机	-0.02	0.42	21/44	0	万讯自控		4.27	93.6亿	
430	中华A80	-0.03	-0.53	31/80	1	保利发展		5.56	1212亿	
431	半导体50	-0.05	-0.89	22/50	1	景嘉微		5.02	456.9亿	
432	重点沪指	-0.07	-0.43	4/10	0	上证150			9669亿	
433	户数增加	-0.08	-0.48	49/100	5	科华数据		10.01	552.4亿	
434	商贸代理	-0.08	-0.29	14/24	1	东方银星		3.72	24.1亿	
435	近期新高	-0.08	-2.69	64/141	15	光库科技		10.95	1090亿	
436	多晶硅	-0.08	0.16	9/18	0	盾安环境	R	2.58	150.0亿	

所有板块 自定义板块 地区板块 行业板块 概念板块 风格板块 指数板块 组合板块 证监会行业

板块分析-所有板块 今日:2021-11-03,三 点右键操作

	板块名称	均涨幅%↓	加权涨幅%	涨股比	涨5%数	龙头股		龙头涨幅%	总成交	市场
437	风能	-0.08	-0.75	77/173	11	禾望电气		10.02	768.6亿	
438	中证100	-0.10	-0.61	40/100	2	新希望	R	10.01	1390亿	
439	陕西板块	-0.10	-3.56	33/63	9	博通股份		10.01	309.1亿	
440	日用化工	-0.11	1.27	7/12	2	贝泰妮		4.36	14.9亿	
441	昨曾跌停	-0.12	0.31	15/32	3	一心堂		9.99	115.6亿	
442	黄金概念	-0.12	-0.06	21/55	0	晓程科技		3.51	181.0亿	
443	社保重仓	-0.12	-0.46	45/100	1	八方股份		10.00	804.3亿	
444	电气设备	-0.12	-2.07	108/237	15	鹏辉能源		10.24	1346亿	
445	国证芯片	-0.13	-0.86	13/30	1	景嘉微		5.02	404.4亿	
446	化纤	-0.13	-0.78	16/30	0	海利得		2.64	69.8亿	
447	卫星导航	-0.13	-0.46	45/89	0	飞利信		4.95	186.8亿	
448	高负债率	-0.14	-0.92	17/29	1	友好集团		3.84	39.2亿	
449	光伏	-0.15	-1.32	124/242	12	禾望电气		10.02	1594亿	
450	特斯拉	-0.16	-1.55	97/204	7	国机汽车		10.03	947.0亿	
451	无人机	-0.17	-0.56	47/105	2	金通灵	R	7.89	268.7亿	
452	钴金属	-0.18	-0.58	17/29	0	合纵科技		2.03	227.7亿	
453	特高压	-0.19	-0.22	46/90	3	尚纬股份		4.07	328.6亿	
454	昨收活跃	-0.20	-0.08	4/6	0	三峡旅游		0.74	3.37亿	

所有板块 自定义板块 地区板块 行业板块 概念板块 风格板块 指数板块 组合板块 证监会行业

❸ 双击【国证芯片】可进入国证芯片板块的行情列表，其中包括纳入该指数的所有个股，默认
按照涨幅降序排列，如下页图所示。

❹ 输入国证芯片大写的汉语拼音首字母"GZXP"，可查看通达信软件编制的国证芯片板块指数，如下图所示，在该界面不但可以查看指数的分时图走势，还可以看不同周期的K线图走势。

除了利用炒股软件获取经济资讯外，投资者也可以浏览各大官方财经网站获取信息。例如，《中国证券报》官方网站——中证网就汇集了最新的经济政策信息。此外，由《上海证券报》主办的中国证券网是证监会指定的信息披露媒体，也可用于投资者了解最新的国家经济政策。

4.1.2 经济指标

投资者在新闻中常常会接触一些经济指标，如GDP、利率、通货膨胀等。这些指标由国家统计局定期公布，对判断宏观经济形势具有重要作用。

1. GDP 与经济增长率

GDP 是指在一定时期（一般按年统计），在一个国家或地区范围内生产的产品和劳务的总值。这些产品和劳务的界定以在这个国家或地区范围内的生产为标准。例如，中国的制造企业在俄罗斯设厂，其生产产品的产值不计入中国的GDP；但是，俄罗斯公司在中国设厂，它的产值计入中国当年的GDP。

经济增长率反映了一定时期内一个国家或地区经济发展水平的变化程度。自2000年到2007年，经济增长率从8.49%连续增长到14.23%，2007年至2008年股市"牛转熊"，经济增长率也在2008年下降为9.65%。之后由于GDP的基数不断增大，经济增长率也连续下降。2020年，受新冠肺炎疫情的影响，我国前两个季度的GDP增速为负值，但是在第三、第四季度，随着国内经济的复苏，

GDP 也实现当年正增长，我国成为全世界经济复苏最强劲的经济体。

在宏观经济分析中，GDP 指标举足轻重。当 GDP 连续、稳定增长，经济发展势头良好时，企业盈利能力不断提升，股票的内在价值提高；同时，经济增长带来了人们生活水平的改善和收入的提高，增加了投资者对投资股票的需求。所以，股价开始慢慢上涨，形成牛市。相反，当 GDP 持续下跌，经济发展动力不足时，企业自身的盈利能力下降，股票的内在价值有所降低，而人们收入的增速缓慢，投资者就会减少对股票的投资，进而造成股价下跌，形成熊市。

2. 利率

利率是影响股市最为敏感的因素之一。通俗来说，利率就是货币的价格。利率降低，货币供给量增加；利率升高，货币供给量减少。进一步思考，如果利率降低会增加货币供给量，流动性相对宽松，投资者持有货币的收益下降，转而会投资房地产或股票。例如，2006 年至 2007 年，货币市场流动性较强，投资者既有投资房地产的，也有投资股市的。而用大量资金来买股票，将会使股价上涨。所以，开启了 2006 年至 2007 年股市的大牛市。由于当时财政政策扶植房地产及相关配套行业，所以在 2007 年股市"牛转熊"，而房地产市场持续火热，产生资金的虹吸效应。到了 2020 年，利率水平一降再降，股市产生结构性牛市，但是房地产市场由于受财政政策的限制，并没有上涨趋势。相信在现有的财政政策和货币政策的引导下，未来股市将成为投资者主要的投资领域。

3. 通货膨胀

通货膨胀是由纸币超发使货币供给大于货币实际需求，导致货币贬值，进而引起一段时间内物价持续而普遍上涨的现象。通货膨胀的实质就是货币超发。

> **提示**
>
> CPI 是一个反映居民家庭所购买的消费商品和服务价格水平变动情况的宏观经济指标。

有关通货膨胀对股市的影响，是仁者见仁，智者见智。其实，通货膨胀对股市的影响有两个方面，分别是对股价的影响和对股市发展的影响。这里仅介绍通货膨胀对股价的影响。

通货膨胀在初期对股价起推动作用，主要表现如下。

（1）通货膨胀初期，货币供应量有所增加，个人、企业会掌握较多货币资金。投资者如果看好股市或者预测股市行情上涨，会将多余的资金投入股市。买的人多了，股价就会上涨。

（2）随着货币供应量的增加，市场产品的价格也会上涨，而通常情况下投资品的价格上涨更快。这样，以生产投资品为主的上市公司的账面盈利将会大幅提升。因此，投资者看好这些上市公司的前景，纷纷买入股票，从而促使股价上涨。

不过，持续的通货膨胀会使股价下跌，主要表现如下。

（1）当通货膨胀趋于高峰时，将会造成经济秩序混乱、消费者抱怨、各阶层不满等现象。这时，决策者应采取措施抑制通货膨胀。个人、企业手中的货币资金减少，导致资金流出股市，从而使股价下跌。

（2）持续的通货膨胀会使市场产品的价格持续上涨，造成实际生产成本的大幅上升，物资供应紧张，导致一些上市公司账面盈利减少，投资者相应地不看好其前景，再加上严重的通货膨胀，投资者的信心减弱，更倾向于投资有形资产，因此纷纷退出股市，进而导致股价下跌。

总的来说，短期温和的通货膨胀会促使股价上涨，长期恶性的通货膨胀最终会导致股价下跌。

在通达信软件中可以查看 CPI、PPI 等经济指标的走势，具体操作步骤如下。

❶ 打开通达信软件，进入主界面。输入"CPI"，选择居民消费价格指数，按【Enter】键确认，进入CPI居民消费价格指数走势图，如下图所示。

❷ 输入"PPI"，选择工业出厂价格指数，按【Enter】键确认，即可进入PPI工业出厂价格指数走势图，如下图所示。

4.1.3 经济周期

宏观经济呈现复苏期、高峰期、衰退期和谷底期反复循环的周期性波动。

1. 复苏期

否极泰来，经济已经处在底部无法再低，只能向上。随着经济形势的好转，消费需求逐步增加，企业投资增加，产品生产量、销售量、利润都稳步上升，呈现出蓬勃发展的态势。在复苏期，投资者可以进入股市分批建仓，股市也会同步复苏。

2. 高峰期

经过复苏期，经济发展步入正常轨道，进入高峰期，生产、投资、消费水平都快速提高，企业利润稳步上升，投资者看好的预期不变，所以该时期股市活跃，易形成牛市。

3. 衰退期

盛极而衰，这是客观规律，股市也不例外。在高峰期，企业本身的潜能基本上得到充分挖掘，股价处在相对高位，如果没有新的经济增长点，回调在所难免。此时，投资者获利出货的心态更加迫切，市场稍有风吹草动，投资者就会纷纷出货。在衰退期买入动力不足，卖出压力增大，股价开始下跌。

4. 谷底期

谷底期经济发展速度迅速下降，出现倒退、企业产能萎缩、大面积亏损，甚至倒闭的现象。消费需求严重不足，缺乏促使经济上涨的动力因素，企业和投资者情绪普遍悲观。此时，股价一跌再跌，投资者争相出货，又进一步加剧了股价的下跌。

"选股更需选时"。根据经济周期，投资者最佳的获利时间是从复苏期到高峰期，在衰退期、谷底期，投资者应该以保本为主。此外，不同行业的股票在整个经济周期中的表现大不相同。通常情况下，消费类、基建类、制造类企业的股票在复苏期表现比较强势，而科技股、中小盘股则在高峰期开始发力。投资者在具体操作时，要特别注意不同企业的投资组合。

综上所述，在经济周期的不同阶段，投资者应该有不同的投资策略，如下图所示。

4.1.4 其他因素

股价的波动，除受经济、社会和技术因素影响外，还受政治因素的影响。

政治因素主要是指国内外的政治形势变化，如政局的动荡、国家领导人的更迭，以及国家或地区间的战争、冲突等。这些因素中，政局的动荡，国家或地区间的战争、冲突会对股市造成巨大影响。

投资者能够经常遇到的是国家经济政策和方针措施的调整。这么重要的外部环境发生变化，自然会影响上市公司的经营环境、经营方向及战略，从而使股价发生变化。

具体来说，能够对股价产生影响的政治因素包括以下几点。

1. 战争

战争是政治的集中体现，因而对股市的影响很大。目前，我国的周边环境相对稳定，发生大规模战争的可能性比较小，投资者可以安心投资。

2. 国际重大政治活动

随着世界政治多极化、经济一体化进程的加快，以及现代通信技术的飞速发展，国际上重大政治事件对股市的影响越来越大。

3. 重大战略和政策

国家重大社会经济发展战略的选择和重大政策的出台实施都会对股市产生重要影响。例如，我国提出"一带一路"倡议后，上证指数便开启了连续上涨模式。又如，2020年9月，我国宣布力争于2030年前实现碳达峰，努力争取2060年前实现碳中和。碳达峰和碳中和概念的提出，助推了我国新能源行业相关股价的上涨，比如阳光电源（300274）在2020年9月之后就开启了一轮超级牛市行情，如下图所示。

提示

投资者还需要考虑自然灾害（如台风、海啸、地震等）对股市的影响。

总体来说，宏观层面的基本面分析要考虑的因素可以用下图表示。

4.2 行业层面的基本面分析

行业分析是指运用多种分析工具对行业经济的运行状况、产品生产、销售、消费、技术、行业竞争力、市场竞争格局、行业政策等要素进行深入分析，进而发现行业运行的内在经济规律，从而预测未来行业的发展趋势。行业分析是介于宏观经济分析与微观经济分析之间的中观层次的分析，是发现和掌握行业运行规律的必经之路，是行业内企业发展的大脑，对指导行业内企业的经营规划和发展具有决定性的意义。

4.2.1 行业特征

行业的经济结构不同、变动规律不同，其盈利水平及经营的稳定状况也不同。行业特征是投资者在进行行业分析时要着重考虑的因素。

根据不同的特征，行业有很多种分类情况。根据行业竞争结构的不同，行业可分为 4 种市场类型：完全竞争型、垄断竞争型、寡头垄断型、完全垄断型。

> **提示**
>
> 行业的竞争结构主要包括该行业中企业的数量、产品的性质、价格的制定等。

1. 完全竞争型

完全竞争型是指一个行业中有众多生产者，其以相同的方式向市场提供同质产品。其主要特点如下。

（1）企业只能接受价格，不能影响价格。

（2）所有企业向市场提供的产品都是同质的、无差别的。

（3）生产者众多，所有资源都可以自由流动。

（4）市场信息完全透明，可随意进入或退出此行业。

完全竞争型行业的条件比较苛刻，现实中只有部分农产品生产行业比较接近其要求。

2. 垄断竞争型

垄断竞争型是指行业中有许多企业生产同一类产品，但相互之间是有差别的。其主要特点如下。

（1）生产同一类产品，但不同企业的产品之间是有差别的，其差别主要表现在质量、商标、尺寸、售后服务等方面。

（2）企业对产品的价格有一定的影响力。

（3）由于生产者众多，所有资源可以流动，进入该行业比较容易。

现实经济结构中，大部分行业属于此类行业，如服装行业、家电行业等。

3. 寡头垄断型

寡头垄断型是指一个行业中的少数几家大企业（称为"寡头"）控制了整个行业当中绝大部分产品的生产和销售。其主要特点如下。

（1）企业数量不多，而且彼此之间相互联系。每个企业的战略选择和变动都会给其他企业造成影响。

（2）企业对产品的价格具有很强的控制力。

（3）由于进入该行业十分困难，所以企业数量有限。

寡头垄断型行业在现实中是普遍存在的，如汽车行业和石化行业等。

4. 完全垄断型

完全垄断型是指一个行业中只有一家企业，全部的产品需求都由这一家企业满足。根据主体的不同，完全垄断型可分为政府垄断和私人垄断两种类型。完全垄断型的特点如下。

（1）一个行业仅有一家企业，其他企业根本无法进入该行业。

（2）产品没有替代性，所以企业能够完全控制产品的价格，是产品价格的制定者。

在现实经济生活中，公用事业（如铁路、煤气、自来水和邮电通信等），某些资本、技术高度密集型行业，以及稀有金属矿藏的开采等行业都属于完全垄断型行业。

对不同类型的行业，投资者应当采取不同的投资策略。对于完全竞争型行业，由于行业中的企业同质化较严重，很难形成自己的核心竞争力，投资者应以短线波段投资为主；对于垄断竞争型行业，由于行业中的企业存在一定的差异性，投资者应选择具有核心竞争力的企业，进行中长线操作；对于寡头垄断型行业，由于行业中企业数目不多，核心竞争力各不相同，投资者在选择标的后，应进行长线操作；对于完全垄断型行业，投资者应密切关注政策变化进行操作。不同类型行业应当采取的投资策略具体如下图所示。

完全竞争型	垄断竞争型	寡头垄断型	完全垄断型
•企业同质化较严重，很难形成核心竞争力，投资者应以短线波段投资为主	•企业存在差异性，投资者应选择具有核心竞争力的企业，进行中长线操作	•企业数量不多，核心竞争力各不相同，选择标的后，投资者应进行长线操作	•投资者应密切关注政策变化进行操作

根据行业与国民经济总体周期变动关系的密切程度，可以将行业分为以下3类。

（1）发展型行业。发展型行业主要是指通过技术的突破和产品的研发，推出全新的产品引领消费需求的增长，或者通过不同的组合模式和全新的服务方法，增加产品销售量的行业。此类行业的投资回报率会比较高。投资者要想把握此类行业，除了要具备丰富的行业知识和经验外，更要具备敏锐的眼光，能够及时捕捉到新的投资机会。

（2）周期型行业。周期型行业与经济周期存在密切的关系。当周期型行业处在上升阶段时，发展迅猛，股价随之上涨；而一旦周期型行业出现下滑态势，其生存环境马上恶化，股价应声下跌。投资者要把握对应的经济周期，适时投资该类行业。周期性行业主要有煤炭、有色金属、贵金属、猪肉等行业。

（3）稳定型行业。稳定型行业主要是指消费需求相对固定，不会随着经济周期的波动而产生剧烈波动的行业，如食品行业等。通常情况下，由于此类行业变化不大，因此股价相对稳定，在经济处于下行状态时，此类股票将成为保值的标的。

行业的分类有很多种，这里不赘述。总之，投资者只有对行业进行全面、彻底的分析，才能更加清晰地了解某个行业的发展状况，以及它所处的行业生命周期阶段，并据此做出正确的投资决策。

4.2.2 行业生命周期

任何一个行业都有其生命周期。行业生命周期指行业从萌芽阶段到最终衰落与退出社会经济活动的动态过程。行业生命周期主要包括4个阶段：幼稚期、成长期、成熟期、衰退期。识别行业生命周期所处阶段的主要指标有市场增长率、需求增长率、产品品种、竞争者数量、进入壁垒及退出壁垒、技术变革、用户购买行为等。下面分别介绍行业生命周期各阶段的特征。

1. 幼稚期

在行业的幼稚期，产品设计尚未成熟，行业利润率较低，市场增长率较高，需求增长较快，技术变动较大，行业中的用户主要致力于开辟新用户、占领市场。此时，行业在技术上有很大的不确定性，在产品、市场、服务等策略上有很大的余地，对行业特点、行业竞争状况、用户特点等方面的信息掌握不多，行业进入壁垒较低。这一时期，行业处于萌芽阶段，技术发展不够稳定，投资回报率不高，同时伴随着巨大的风险，所以行业内企业的股价往往会大起大落。

2. 成长期

在行业的成长期，产品设计基本成熟，市场增长率很高，需求高速增长，技术渐趋定型，行业特点、行业竞争状况及用户特点已比较明朗，行业进入壁垒提高，产品品种及竞争者数量增多。这一时期是投资者进行投资的较好时期，行业加速发展，投资回报率较高，收益会随着行业效益的增长而增加。

3. 成熟期

在行业的成熟期，市场增长率不高，需求增长率不高，技术已经成熟，行业特点、行业竞争状况及用户特点非常清楚和稳定，买方市场形成，行业盈利能力下降，新产品和产品的新用途开发更为困难，行业进入壁垒很高。这一时期的投资回报率不高，不是最佳投资时期，而且很容易在顶点买入。

4. 衰退期

在行业的衰退期，市场开始趋向饱和，行业生产能力会出现过剩现象，技术被模仿后出现的替代品充斥市场，市场增长率严重下降，行业的生产规模甚至会出现收缩现象，需求下降，产品品种及竞争者数目减少，利润下降。投资者应在此时售出股票，并将资金投向处于成长期的行业。

通达信软件当中的【板块热点】是查看热点行业信息的板块。投资者可以在热门板块中挑选理想的个股。挑选的具体步骤如下。

❶ 选择【功能】➤【报表分析】➤【板块分析】命令，如下左图所示，进入热点板块界面。

❷ 昨日连板板块是当日涨幅最大的板块，如下右图所示。双击该板块则进入该板块的行情列表，其中包括个股在当天的涨跌情况，按照涨幅由大到小依次排列，双击【吉鑫科技】，即可进入该股的分时图界面。

❸ 该股开盘就高开高走，上涨强劲，开盘一小时内就触及涨停，如下图所示。该股票当日封单较大，属于强势涨停，但是对于前面连续涨停的个股，即使参与也不能大单搏杀，打板的激进派可以小单参与。

4.3 企业层面的基本面分析

通过分析企业的财务等因素，投资者可以更确切地把握企业目前的运营状况，并对企业未来的发展做出预测和判断，然后做出相应的投资决策。

4.3.1 客户和供应商

客户对企业的影响，主要表现在对产品的压价和要求企业提供更好的产品或更好的服务质量的能力，该能力通常被称为客户的议价能力。影响客户议价能力的主要因素有以下3个。

（1）客户数量。客户数量越多，单个客户的议价能力就越弱；客户数量越少，单个客户的议价能力就越强。

（2）客户购买产品的数量。客户购买产品的数量占据企业销量的比例越大，议价能力越强；反之，议价能力越弱。

（3）企业产品的可替代程度。企业产品的可替代程度越高，客户的议价能力越强；反之，客户的议价能力越弱。

例如，在进货方面，沃尔玛采取中央采购制降低成本，实行统一进货，并且沃尔玛一般将其在全球范围内销售的高知名度商品，如可口可乐、索尼相机等一次性签订采购合同。由于商品数量巨大，其价格优惠远远高于同行，具有独特的优势。所以，沃尔玛能够连续多年稳居零售业冠军的宝座。

同理，供应商对企业的盈利和产品竞争力的影响，主要表现在提高投入要素价格与降低单位价值质量的能力，该能力通常被称为供应商的议价能力。影响供应商议价能力的因素主要有供应商数量、供应商提供量所占份额，以及其提供要素的可替代性。

总之，对于一家企业来说，客户和供应商的议价能力越弱，企业的市场主导权就越强，进而就有能力获得比其他企业更丰厚的回报。这样的企业通常都是优质企业，投资者可适当关注。

4.3.2 竞争者和潜在竞争者

为了获取有限的生产资料和客户资源，同行业的生产企业之间必然存在相当激烈的竞争。这些竞争通常表现为价格战、广告战、营销战等。通常来说，影响行业竞争激烈程度的因素有以下3个。

（1）竞争者的数量。整个行业中竞争者数量越多，竞争就越激烈，这是生存法则。

（2）进入行业的门槛。进入行业的门槛越低，就意味着将会有更多竞争者加入；进入行业的门槛越高，就会形成一个天然过滤器，过滤有想法但无条件的潜在竞争者。

（3）行业的发展程度。如果行业处在幼稚期，由于存在太多未知因素，竞争者数量不会太多，基本上不存在同业竞争；而行业进入成长期时，局外人纷纷加入，竞争自然会加剧。

潜在竞争者是指目前没有介入，但将来有可能会介入的非本行业企业。通常，企业比较重视本行业中的竞争者，对其信息掌握得比较全面，而对可能跨行业的潜在竞争者关注不够。但是，这些跨行业的潜在竞争者不仅能影响原来行业中企业的经营，甚至能够给原行业带来致命打击。

例如，苏宁和国美是两家大型的家电卖场，其经营业务几乎完全重叠，所以这两家企业都会密切注意对方的最新动态，而对局外人缺乏关注。为了获得更多市场份额，两家企业大打价格战，曾经多次成为社会的热点话题。然而，随着电子商务的迅猛发展，淘宝的线上购物模式颠覆了这两家企业的竞争格局，线上商家迅速占领大部分市场份额，倒逼着两家企业纷纷改变营销模式。

总之，对于一家企业来说，竞争者和潜在竞争者的能力不强或数量很少，企业就有更强的市场主导权，进而就有能力获得比其他企业更丰厚的回报。这样的企业通常都是优质企业，投资者可适当关注。

4.3.3 管理层和战略

战略观念是指管理主体在管理实践中从全局和长远出发，对管理客体和管理过程进行总体谋划的管理观念体系。管理主体的战略观念、战略思考和研究的能力，是管理者素质与才能产生差异的重要因素。因此，一个优秀的管理者必须始终坚持从全局和长远看问题，树立牢固的战略观念，研究发展战略问题，使战术服从于战略，近期服从于未来。必须指出的是，强调从战略角度看问题，并不是不干实事，恰恰是为了求得全面均衡发展，才使各种短期措施与长远目标有机地衔接起来。

例如，苹果公司成立3年就上市，公司发展很顺利。然而好景不长，不久后乔布斯因与公司董事会意见不一，被董事会挤出公司管理层。接下来因产品开发思路不能适应投资者的需求，苹果公司的业绩逐步走下坡路。1996年乔布斯重返苹果公司时，苹果公司已经濒临破产。受命于危难之际的乔布斯开始大刀阔斧地改革，首先与以前的"宿敌"微软结成战略联盟，进行交叉授权。然后他凭借当年修习美术课的功底和对消费者心理的洞察，推出了炫目的iMac——半透明的外观、发光的鼠标、丰富的色彩、标新立异的构思和出色的工艺设计，使得iMac和随后的iMac二代、iBook等产品获得了一系列最佳称号，成为时尚的代名词。

一位优秀的企业家给企业带来的发展潜力是无限的。从某种角度来说，投资者投资企业，实际上是投资企业家以及他的企业发展战略。因此，充分了解企业的管理层和企业战略，投资者才能做出明智的决策。

4.3.4 企业经营状况

企业经营状况分析主要是指以企业公开的财务报表和其他相关资料为依据，并结合搜集到的各种与企业决策相关的信息进行分析的方法。企业经营状况指标通常包括以下几个方面。

1. 盈利能力

盈利能力（也称收益能力）是指企业获取利润的能力，也被称为企业的资金或资本增值能力，通常表现为一定时期内企业收益额的多少及其水平的高低。盈利能力指标主要包括营业利润率、成本费用利润率、盈余现金保障倍数、总资产报酬率、净资产收益率和资本收益率6项。实务中，上市公司经常采用每股收益、每股股利、市盈率、每股净资产等指标评价其盈利能力。反映企业盈利能力的指标很多，通常使用的主要有销售净利率、销售毛利率、资产净利率、净资产收益率等。

2. 偿债能力

偿债能力是指企业用其资产偿还长期债务与短期债务的能力。企业有无支付现金的能力和偿还债务的能力，是企业能否健康生存和发展的关键。企业偿债能力是反映企业财务状况和经营能力的重要指标。偿债能力是企业偿还到期债务的承受能力或保证程度。企业偿债能力，静态地讲，就是用企业资产清偿企业债务的能力；动态地讲，就是用企业资产和经营过程创造的收益偿还债务的能力。

3. 营运能力

营运能力是指企业的经营运行能力，即企业运用各项资产以赚取利润的能力。企业营运能力的财务分析比率包括存货周转率、应收账款周转率、营业周期、流动资产周转率和总资产周转率等。这些比率揭示了企业资金周转的情况，反映了企业对经济资源管理和运用的效率。企业资金周转速度越快，流动性越高，企业的营运能力就越强，资产获取利润的速度就越快。

通达信软件为投资者提供了多种分析企业的功能，其中的【基本资料】板块列出了股票的各项基本财务数据，帮助投资者更方便、直接地了解企业的财务状况。下面以长电科技（600584）为例进行说明。

❶ 打开通达信软件，输入长电科技的大写汉语拼音首字母"CDKJ"，如下左图所示。

❷ 按【Enter】键确认，进入长电科技的分时图界面，如下右图所示。

❸ 单击功能树中的 F10 按钮，进入长电科技的【基本资料】界面，如下页上图所示，该界面包括【1.基本资料】【2.发行上市】【3.参股控股】共3个维度的数据和信息。投资者也可单击界面上方的其他基本资料页签，查看该股的其他基本信息。

❹ 切换至【财务分析】界面，投资者可以看到公司的财务指标三大表的基本情况，如下页中图所示。不同的财务指标从不同的角度反映企业的财务现状，这为投资者分析个股提供了数据支撑。

通过选择【1.主要财务指标】【2.偿债能力指标】【3.营运能力指标】【4.盈利能力指标】【5.成长能力指标】【6.指标变动说明】【7.资产负债表摘要】【8.利润表摘要】【9.现金流量表摘要】【10.环比分析】，查看不同维度的财务分析。

下图为【6.指标变动说明】界面，投资者可以看到本期与上期相比财务指标的变化。首先，看营收情况，如果营收增加、成本降低，对企业是利好；相反，如果营收减少，同时成本增加，对企业就是利空。其次，看企业偿债能力和现金流，如果一家上市公司的偿债能力强，现金流充裕，但是有较多借贷，往往说明企业存在问题，这不符合正常的逻辑。例如，之前的康得新（002450）就存在大借大贷的情况，在最后审计时，发现账面上没有钱，财务出现巨大亏损，最后股价一落千丈，不得不退市。再次，看企业利润情况，若未分配利润高，则说明企业的盈利能力很强，值得投资；反之则说明企业经营不善，不值得投资。

企业的资产负债表是会计上相当重要的财务报表，最重要的功用在于反映企业整体的经营状况。下图为长电科技的【7.资产负债表摘要】界面。

4.4 基本面分析误区

基本面分析是市场分析方法中最科学实用的方法之一，但很多投资者不能真正理解基本面分析的应用条件和应用环境，盲目崇尚基本面分析，导致陷入基本面分析误区。

4.4.1 舆论误导

舆论误导主要指主力或者机构利用信息传播手段，故意吹捧某一个行业或形势，使投资者盲目跟风进入。

股价过快上涨时，投资者情绪通常会过分高涨，到最后会造成股价虚高，出现大量泡沫的情况。然后情绪回落，股价也像泡沫破碎一样回归正常的估值水平，这种情况在股市中屡见不鲜。其实，会出现此类问题，除投资者本身有一定的错误判断之外，舆论宣传也不能完全脱离干系。因为在股价上涨的过程中，舆论一般会侧重报道利好因素，以此来吸引更多投资者加入，而更多新资金的投入会引来更加猛烈的报道，如此循环。之前的庄股时代，庄家就是利用投资者这种跟风的特性，通过舆论造势，进而达到建仓、出货的目的，收获暴利。

例如，2008年世界金融危机爆发后，媒体报道说对我国影响不大，我国只要扩大内需就能解决问题，因此 A 股可以说是 "一枝独秀"。为了避免打击投资者的信心，舆论也有意无意地对 A 股存在的问题视而不见，甚至反过来给投资者打气。由于上述偏差，投资者获取了错误的市场信息，以为股价又将开启新一轮上涨，于是盲目乐观，当股价突然暴跌时便被打了个措手不及。这是给投资者的提醒：不应盲目跟风，应该形成自主的价值判断。

4.4.2 简单类比

简单类比主要是指没有逻辑的分析和对比，片面地认为热门行业的企业股价普遍比较高，价格偏低的股票肯定存在补涨的机会，于是大举买入。

事实上，股票不应简单类比，这个领域的某只股票价格上涨，不表明其他股票价格也会上涨。不同企业的内部管理水平、产品结构、市场环境以及客户群体都存在差异，甚至管理层的一些偏好也会影响股价，如有的企业管理层只想利用股票套现，并没有真正经营企业，其目的就是让个人投资者接盘。还有的投资者在收集了行业中不同的个股资料之后，选择买行业内价格低的股票，认为可以多买一些。殊不知便宜的股票有便宜的道理，贵的股票有贵的价值。单价贵的股票其实自带投资门槛，如贵州茅台（600519）最贵的时候，买一手需要 262 788 元，这直接就形成了很高的投资门槛，高昂的单价直接把部分个人投资者挡在了门外。确实，贵州茅台的投资者大部分都是机构投资者，而它们在熊市当中就互相抱团得以让股价坚挺。

4.4.3　以偏概全

以偏概全主要体现在发现企业有优点，就把企业当成优质投资标的，把财务指标分析当成企业的整体价值分析。

投资者通过财务数据来评估股票价值实际上是从 1996 年开始的。1996 年年初，市场逐渐活跃起来，为了进一步激活股市，引导市场注重"绩优"的理念，深圳证券交易所举办了"20 家绩优企业"的评选，主要依据就是财务指标，如每股收益、每股净资产、净资产收益率、资产负债率、流动比率等。应该说，上述指标都是对上市公司及其价值研究的结果。但是，如果把这些指标用到股票投资上，就会发现这些指标对股票投资几乎没有直接用途。例如，按照上述方法选出的企业且不论能否保证今后仍然"绩优"，即便可以，由于没有和股价直接联系，无从判断其股价是否被市场高估或低估，因此这些指标对股票投资就没有直接作用。当然，上述研究可能纯粹是就企业的某一方面研究而言的，并非针对具体选股，但在股市上，这些指标很容易被人理解为"价值评估"。

在此要特别提醒投资者，企业的财务数据是为了更加科学地反映企业某一方面的特质，并不代表企业的实际价值。因为，企业的很多内在价值是无法通过数据表现的。所以，投资者在判断一个企业是否具有投资价值时，财务数据是很重要的一方面，但不是全部。如果想更加全面地了解一个企业，投资者需要了解财务数据以外的综合信息，这样才不会被财务数据蒙蔽双眼。因为，个别企业为了获得投资者的青睐，会通过财务造假的方法来骗取投资。

投资者需要做的是，综合多种财务指标进行多种层面的分析，尽可能了解企业的全部资料，在此基础上做出综合判断，这样才能有效避免损失，取得相对合理的投资收益。

高手支招

技巧　如何高效读懂企业年报

查看企业的年报，投资者需重点关注财务报告、会计资料和业务资料、董事会报告三大部分。

财务报告由审计报告、资产负债表、损益表、现金流量表等组成。这些资料是企业日常经营活动的记录形式。投资者充分了解这些资料，不仅能有效提高阅读年报的效率，也能对企业有更深层次的认识。

会计资料和业务资料主要给投资者提供企业盈利能力、偿债能力、营运能力等技术指标数据，让投资者对企业的竞争力有直观感受，并最终有效地指导投资者的投资行为。

董事会报告能够透露出企业的战略布局或战略谋划，以助于投资者对企业未来发展有更加清楚的认识。

第5章 单K线分析

本章引语

以目而视，得形之粗者也；以智而视，得形之微者也。

——刘禹锡《天论中》

用眼睛去看事物，只能看到事物粗略的概貌；以智慧去看事物，才能看到事物的细小精微之处，看到事物的本质。投资者在投资股票时，不仅要注意K线的形状，更应该分析K线背后的买卖信息，这样才能更精准地预测股价的未来趋势，把握合理的买卖时机。

K线，作为一种记录价格的工具，在股票市场和期货市场中被广泛采用。因此，投资者要入市炒股，第一步就要认识K线。

本章要点

★常见K线

★K线图与分时图

5.1 认识 K 线

日用消费品的价格变动，通常用价格变动表反映。同样，股市的股价每天都不一样，有涨有跌，通常用 K 线反映股价的历史变动情况。

5.1.1 K 线与 K 线图的概念

K 线又称日本线、阴阳线、棒线等。K 线起源于日本 18 世纪德川幕府时代（1603—1867）的米市交易，用来计算米价每天的涨跌。因其标画方法独到，人们把它引入股票市场价格走势的分析中。经过发展，K 线已经被广泛应用于股票、期货、外汇、期权等证券市场。

K 线是技术分析的一种工具，在日本早期的米市用于记录开盘价、收盘价、最高价及最低价，阳烛代表当日升市，阴烛代表跌市。由于用这种方法绘制出来的图形颇似蜡烛，加上这些蜡烛有黑白之分，因而 K 线也叫阴阳线。

开盘价和收盘价之间是 K 线实体。K 线实体的上下方各有一条竖线，上方的是上影线，表示当天股价曾达到的最高价；下方的是下影线，表示当天股价曾达到的最低价。如果收盘价高于开盘价，K 线就用红色或者空心显示，称为阳线；反之，如果收盘价低于开盘价，K 线就用绿色或实心显示，称为阴线。K 线如下图所示。

股市的 K 线包含 4 个数据，即开盘价、当日最高价、当日最低价、收盘价。所有 K 线都围绕这 4 个数据展开，来反映大势的状况和价格信息。如果把每日的 K 线图放在一张纸上，就能得到日 K 线图，同样也可画出周 K 线图、月 K 线图。

根据形态的不同，K 线可以分为光头光脚 K 线、大阳或大阴 K 线、十字星 K 线、螺旋桨 K 线、T 字 K 线、锤子 K 线、一字 K 线等，后面会详细介绍。

根据时间周期的不同，K 线图可以分为 1 分钟 K 线图、5 分钟 K 线图、15 分钟 K 线图、30 分钟 K 线图、60 分钟 K 线图、日 K 线图、周 K 线图、月 K 线图等。其中，周 K 线图、月 K 线图为长期 K 线图，其他都为短期 K 线图。每一种 K 线的使用范围都是不同的，投资者根据操盘时间的不同，可以选择不同的 K 线进行参考。下面对同一只股票的月 K 线图、周 K 线图和日 K 线图进行介绍。

> **提示**
>
> 　　同样的 K 线组合，周期越长，其反映的行情越真实，所以月 K 线图反映的行情最真实，周 K 线图其次，日 K 线图最次。因此，投资者通过日 K 线图预测后市时，最好结合周 K 线图和月 K 线图进行分析。

月 K 线图以当月第一个交易日的开盘价为开盘价，以当月最后一个交易日的收盘价为收盘价，上影线的顶点代表当月最高价，下影线的最低点代表当月最低价。如果是光头光脚的阳线，则 K 线的开盘价就是最低价，K 线的收盘价为最高价；如果是光头光脚的阴线，则开盘价为最高价，收盘价为最低价。月K线图可以全面、清晰地反映股票的长期走势，每一根K线都表示这一个月的所有投资者进行交易的股价区间。投资者可以通过月K线图对个股和各种指数的长期走势进行分析。下图为朗姿股份（002612）的月K线图。

周K线图是以当周周一的开盘价为开盘价，以当周周五的收盘价为收盘价。周K线上影线的顶点代表当周最高价，下影线的最低点代表当周最低价。如果是光头光脚的阳线，则周K线的开盘价为最低价，周K线的收盘价为最高价；如果是光头光脚的阴线，则周K线的开盘价为最高价，周K线的收盘价为最低价。周K线图准确、客观地反映了股票中长期的走势情况，投资者据此可以把握股票的中期走势，进行中长期投资分析。下图为朗姿股份（002612）的周K线图。

日K线图是以当天的开盘价为开盘价，以当天的收盘价为收盘价，上影线的顶点代表当日最高价，下影线的最低点代表当日最低价。日K线图准确、客观地反映了股票短期的变动情况，投资者据此可以把握股票的短期变化趋势，进行短期投资分析。下页图为朗姿股份（002612）的日K线图。

5.1.2 K线图的作用

K线图的基本作用就是寻找"买卖点"。K线图可以把每日或某一周期的市况表现完全记录下来，展现某些蛛丝马迹。股价经过一段时间的波动后，这期间多根K线的组合形成不同的走势和形态，而不同的K线形态表示的意义也不同。投资者可以从不同的K线形态中，摸索出其中的规律，进而为自己的投资决策提供技术支撑。

通常情况下，投资者判断股市大体趋势需要关注中长期K线图，如周K线图和月K线图。如果周K线图和月K线图处在相对较高的位置，表明股价已经处在相对高位，下跌风险比较大。因此，投资者要注意控制仓位，重仓时尽早减仓止盈，轻仓时以观望为主。如果周K线图和月K线图处在相对较低的位置，表明股价相对较低，但是低位并不能表示继续下探的风险较小，只能表明下跌空间没有那么大。此时投资者不应盲目卖出，如果空仓，可以先小资金买入股票，等走出转向的趋势之后再加仓。这就需要投资者运用短期K线图找到适合的买点介入，这样才能使利润最大化。卖出股票的道理也是一样的。

投资者虽然面对的是同样的K线图，但由于不同投资者自身的阅历和思维分析方法不同，从其中得到的领悟各有不同。要想提升分析K线的能力，就必须长期认真观察，主动积极思考。对于别人的投资技巧和经验，初学者不要盲目相信，要辩证地看，暂时不懂也没关系，随着投资者看盘时间的增加，领悟自然会越来越深刻，投资判断的准确率也会提升。建议投资者选择几只感兴趣的股票和每日的涨停股票坚持进行复盘训练，这是提升盘感和技术分析能力的很好的方法。

5.1.3 K线图的分析技巧

分析K线图主要是分析K线的阴阳、实体的长短以及影线的长短。这些因素不同，K线反映的信息也就不同。投资者应该根据不同的信息采取不同的投资策略。

1. 看阴阳

分析K线图最先分析的维度是K线的阴阳。阴和阳是相对的，阴线和阳线对应的含义也是相对的。当日开盘价低于收盘价，就会形成阳线；反之，就会形成阴线。但是这只是从当日的开盘价和收盘价这个维度分析得到的结论。如果结合前一交易日的收盘价进行分析，就会发现存在两种特殊情况：①当日收盘价高于开盘价，走出阳线，但是当日收盘价低于前一交易日的收盘价，这样的阳线被称为假阳线；②当日收盘价低于开盘价，走出阴线，但是当日收盘价高于前一交易日的收盘价，这样的阴线被称为假阴线。

下图是兴业矿业（000426）2023年1月至3月的日K线图。2023年1月13日是一根阴线，但是当日股价是上涨的，涨幅为0.48%，所以是一根假阴线。2023年3月14日，是一根跳空高开的阴线，但是当日涨幅为7.07%，也是一根假阴线。2023年3月17日的K线是一根阳线，但是当日股价是下跌的，跌幅为0.13%，所以是一根假阳线。

K线的阴阳就是涨跌，由市场的供求关系决定，是多、空双方博弈的结果。通常，股价的涨跌都具有一定的趋势，就像高速行驶的汽车不会马上停或马上转向一样。所以，如果出现大量阳线，尤其是多个交易日出现小阳线，就说明多头力量强，通常会沿着上涨趋势上行，在后期涨幅可能会进一步增大；反之，如果出现大量小阴线，则很可能会沿着下跌趋势进一步下跌。投资者应该顺势而为，卖出手中的股票。

下面以英威腾（002334）为例进行说明。

❶ 打开通达信软件，输入英威腾的股票代码"002334"，按【Enter】键确认，如下左图所示。

❷ 下右图为英威腾（002334）2021年6月至8月的日K线图。从图中不难看出6月至7月，小阳线居多，小阳线攒多了就容易出现大阳线。果不其然，在2021年7月20日，走出一根大阳线。总体来看左边阳线占优，股价处于上升阶段；右边阴线占优，股价短线回调。但是股价在上升阶段会出现阴线，是股价回调的正常现象。若出现的阴线数量很少，且成交量不大，就不会改变股价原来的走势。不过，当股价处于顶部或底部的时候，投资者需要特别注意，因为这时候出现不一样的K线可能就是股价开始反转的信号。

2. 看实体

实体长短可以更精确地表现出多、空双方的力量对比。K线实体越大，显示出多方或空方当天占据的优势越大，对于后续股价上涨或下跌的支撑也越大。而实体越短，显示出多、空双方基本上势均力敌，不能对后续股价的走势指明方向，所以小阴线和小阳线不足以带动股价走势。换句话说，阳线实体的长短与股价上涨的动力成正比，阴线实体的长短与股价下跌的动力成正比。

下面以国民技术（300077）为例进行说明。

❶ 打开通达信软件，输入国民技术的股票代码"300077"，按【Enter】键确认，如下页左图所示。

❷ 下页右图为国民技术（300077）2021年5月下旬至8月的日K线图。从图中可以看到，出现大实体阳线之后，股价开始接连上涨。当出现大实体阴线之后，股价开始下跌，并开始进入调整趋势，

在横盘了几日之后再次出现大阴线，这就大大浇灭了多头的热情，让回调的周期延长。

3. 看影线

K线的影线可以体现出股价多、空哪一方的力量更强。出现长上影线，是因为上涨的阻力较大；反之，是因为上涨的动力较大。不管K线是阳线还是阴线，K线上的影线越长，越不利于股价朝影线的方向变动。上影线较长，说明空头阻力较大，多头不能有效突破，股价继续上涨的可能性较小；下影线较长，说明多头阻力较大，空头不能形成有效跌破，股价继续下跌将出现抵抗。投资者可利用这些信息识顶逃顶、识底抄底。

> **提示**
> 主力出货不可能做到毫无预兆，如果一只股票的价格前期已经大涨，突然出现带长上影线的K线，成交量放大，很可能是主力出货留下来的痕迹，投资者此时应该谨慎操作。

下面以丰乐种业（000713）为例进行说明。

❶ 打开通达信软件，输入丰乐种业的股票代码"000713"，按【Enter】键确认，如下左图所示。

❷ 下右图为丰乐种业（000713）2021年2月至6月的日K线图。该股票股价经历了一波上涨之后，在2月26日至3月3日K线接连3天出现长上影线，这说明多头上攻受阻，阶段顶部形成，突破起来相当困难，可能会进入短期调整态势。随后出现一根大阴线，标志着前期上涨告一段落，上涨趋势被打破，紧接着后面出现两根大阴线，这标志着股价开始调整，上涨趋势彻底改变。而且K线快速跌破均线，从原来的由均线支撑转变为受均线压制，形成熊市形态。

5.2 常见K线

K线存在各种各样的类型，根据其形态特征可以将其大致分为6种形态，同一种形态的K线，在不同趋势下的含义有所不同。本节将按照 K 线出现的频率以及大概率对后市走势的影响，介绍常见 K 线。

5.2.1 一字线

一字线是指以涨停板或跌停板开盘，全天直到收盘始终在涨停板或跌停板价格成交，即当日的开盘价、收盘价、最低价、最高价是同一个价格。因此其形态为"一"字，形象地称其为一字线，如右图所示。

A 股市场在未形成涨、跌停板制度之前，一字线是交易冷清的表现。在实行了涨、跌停板制度之后，一字线受到了投资者的格外关注。在上涨初期出现一字线，投资者可以理解为股票出现了重大利好，应该积极跟进买入，第一个交易日没有买入，第二个交易日还可以继续跟进买入。因为出现一字线通常表明该股上涨动力很强，持续上涨的可能性非常大。但是，如果已经连续出现了多个一字线，股价上涨幅度过大、风险较大，建议投资者不要继续跟进，规避短期风险。下跌初期出现一字线，投资者应果断平仓出货，如果担心后面接着大涨可以先卖出一半仓位，等待股价跌破 5 日均线再卖出另一半仓位。如果出现跌停的一字线，投资者一定要积极挂单卖出，因为主力第二天很有可能接着出货。如果连续出现多个下跌的一字线，并且企业并没有出现类似于财务造假、重大信用风险等严重的可能直接导致企业倒闭的利空，投资者如果在前几个一字跌停交易日没有顺利卖出，也可以等股价反弹后再卖出。

下面以金发拉比（002762）为例进行说明。

❶ 打开通达信软件，输入金发拉比的股票代码"002762"，按【Enter】键确认，如下左图所示。

❷ 下右图为金发拉比（002762）2021 年 2 月至 5 月的日 K 线图。金发拉比日 K 线图出现 6 个一字线之后的两天，打破一字涨停形态，虽然前期已经出现了 6 个涨停板，但是也不建议投资者贸然介入。如果想买入，也只能小单量买入。由于该公司收购了两家整形医院，从原来的母婴概念转变为医美概念，而且正值医美概念大火，因此该股后市连续出现了 2 个涨停板。如果不是因为恰逢时机，后面可能不会上涨，投资者容易高位被套。

5.2.2 光头光脚阳线和光头光脚阴线

光头光脚阳线是指开盘价为当日最低价，收盘价为当日最高价的 K 线；光头光脚阴线是指开盘价为当日最高价，收盘价为当日最低价的 K 线。所以，严格意义上的光头光脚阳线和光头光脚阴线都没有上、下影线，如右图所示。有时，如果影线很短，也可以认为没有影线，近似看作光头光脚线。通常，把当日涨跌幅在 1.5% 以内的 K 线定义为小阳线、小阴线，把涨跌幅在 1.5%～5% 的 K 线定义为中阳线、中阴线，把涨幅大于 5% 的 K 线定义为大阳线、大阴线。

光头光脚的中、大阳线、阴线具有极强的传递信号作用。如果股价处在底部,此时出现光头光脚的中、大阳线,表示股价逐步企稳、准备拉升,如果再加上成交量的配合,将大概率出现反转行情。如果在横盘整理期间出现中、大阳线,很可能是主力进行突破的明确信号,后市看涨,投资者可果断跟进。如果中、大阴线出现在顶部,极有可能是转势信号,出现在横盘整理期间是突破下行的信号。

下面以包钢股份(600010)为例进行说明。

❶ 打开通达信软件,输入包钢股份的股票代码"600010",按【Enter】键确认,如下图所示。

❷ 下图为包钢股份(600010)2021年6月中旬至8月的日K线图。可以看到,光脚大阳线出现在底部区域,这预示着股价将触底反弹,是反转信号,因为光头光脚阳线出现在底部区域或者刚启动的位置,后市上涨的概率较大。

5.2.3 T字线和倒T字线

T字线是指当日开盘价、收盘价、最高价相同的K线,K线上只留下影线,如果有上影线,也很短,如右图所示。T字线信号的强弱与下影线的长短成正比,下影线越长,信号越强。

T字线出现的位置不同,所表示的意义也不一样。T字线在一字线大涨之后出现或股价大幅上涨之后出现,通常意味着股价上涨动能被打破,表示着有主力已经出货,多头的队伍已经出现了抢跑者;T字线在股价大幅下跌之后出现,通常意味着空头力量衰竭,遇到了多头抵抗,股价有见底的可能;T字线在股价上涨初期出现,通常是继续上涨的信号;T字线在股价下跌初期出现,通常是继续下跌的信号。投资者要根据具体的K线位置和相关信息进行综合判断。

下面以咸亨国际(605056)为例进行说明。

❶ 打开通达信软件,输入咸亨国际的股票代码"605056",按【Enter】键确认,如下页左图所示。

❷ 下页右图是咸亨国际(605056)2021年7月至8月的日K线图。可以看到,该股股价在上升途中出现了两次T字线,并且在每次出现T字线之后股价都开始下跌,预示着空头力量已经介入,多头队伍已经有人离场,是见顶的信号,投资者此时不可贸然介入。

倒 T 字线是指开盘价、收盘价、最低价为同一价格，形成"一"字，但最高价与之有相当距离，因而留下一根上影线的 K 线，构成倒"T"字图形，如右下图所示。倒 T 字线的上影线越长，说明空头试探的力度越大，趋势反转的信号越可靠。

在上升趋势中出现倒 T 字线，通常称为上档倒 T 字线或下跌转折线。开盘时股价趁着上涨趋势继续走高，在空方的打压下，股价跌至开盘价，表明多方力量衰竭，上涨动力不足。此时，投资者应该以轻仓或观望为主。如果在一轮下跌趋势的末期出现倒 T 字线，通常视为股价止跌信号。

下面以 *ST 宝德（300023）为例进行说明。

❶ 打开通达信软件，输入 *ST 宝德的股票代码"300023"，按【Enter】键确认，如下左图所示。

❷ 下右图为 *ST 宝德（300023）2021 年 4 月至 6 月的日 K 线图。可以看到，该股在横盘调整之后突然遭遇利空，股价开始下跌，在下跌期间出现了倒 T 字线，说明已经有资金开始介入接盘，可以看作股价止跌的信号，结合后面的 K 线走势也不难看出，股价开启反弹并恢复到前期的震荡区间。

5.2.4　大阳线和大阴线

大阳线是指最高价与收盘价相同（或略高于收盘价），最低价与开盘价相同（或略低于开盘价），上下没有影线或影线很短的 K 线。大阴线是指最高价与开盘价相同（或略高于开盘价），最低价与收盘价相同（或略低于收盘价），上下没有影线或影线很短的 K 线。大阳线如右上图所示，大阴线如右下图所示。

从多、空力量角度分析，大阳线表明从开盘到收盘，多方始终占据着优势，基本上没有给空方任何机会。这是一种强势的信号，也表现出投资者的情绪高涨。但是，大阳线出现的位置不同，对未来股价的走势判断也会不同。如果大阳线出现在长期横盘处或底部，毫无疑问是上涨信号，投资者可果断买入，等待上涨；如果大阳线出现在股价上涨过程中，这是涨势的强化，投资者可继续持有；如果大阳线出现在股价大幅上涨之后，这可能是主力为了更好地出货，故意拉高股价，投资者最好尽早落袋为安。大阴线的信号则刚好与大阳线相反。

下面以华鹏飞（300350）为例进行说明。

❶ 打开通达信软件，输入华鹏飞的股票代码"300350"，按【Enter】键确认，如下左图所示。

❷ 下右图为华鹏飞（300350）2021 年 6 月至 8 月的日 K 线图。可以看到，图中出现了多根大阳线，但是在不同的位置表示的含义不同。在上涨初期的第一根大阳线表示横盘震荡结束，这一时期的特点是大阳线刚刚在均线的上方。在上涨中期出现大阳线表示多头的动力强劲，但是这时已错失了好买点，胆大的投资者可轻仓跟进。在上涨末期出现大阳线大概率是见顶信号，这需要结合后面的 K 线进行判断。果然，上涨末期的大阳线后面紧跟了一根中阴线，并且后面 3 个交易日均跌破了 5 日均线，构成顶部特征，投资者应该及时止盈，不再买入。

5.2.5 十字星

十字星是指开盘价和收盘价相同，没有实体，只有上下影线的 K 线，如右图所示。上影线长，表示空方力量占优；下影线长，表示多方力量占优。

十字星表现的是多、空双方力量基本平衡的状态。分析十字星，主要不是分析阴阳，而是分析十字星出现的位置。通常情况下，在股价高位或大幅上涨过后出现十字星，是见顶信号，行情反转下跌的可能性较大；在股价低位或大幅下跌过后出现十字星，是见底信号，行情反转上升的可能性较大；在涨势、跌势或横盘过程中出现十字星，基本上不能改变原有走势，继续维持原来的趋势发展。总体来说，十字星往往预示着市场到了一个转折点，投资者需要密切关注，及时调整操盘的策略，做好应变的准备。

下面以中国天楹（000035）为例进行说明。

❶ 打开通达信软件，输入中国天楹的股票代码"000035"，按【Enter】键确认，如下左图所示。

❷ 下右图是中国天楹（000035）2021 年 1 月至 3 月的日 K 线图。可以看到，当股价长期下跌之后，在底部开始放量并且出现十字星，表示空头动能衰竭，多头开始反击，股价后市开始上涨。如果是股价上涨途中或横盘时出现十字星，则不改变股价原有走势。

5.2.6 其他常见 K 线

除了以上几个常见的单根 K 线形状外，K 线还有其他的特殊形状。

1. 锤子线和上吊线

锤子线和上吊线的共同特征是实体位于整个价格区间的上端，下影线的长度至少达到实体长度的 2 倍，没有上影线或上影线极短，如下图所示。锤子线是变盘信号，在下跌趋势当中，出现锤子线是见底信号。上吊线是变盘信号，在上涨的趋势当中，出现上吊线是见顶信号。

锤子线和上吊线的主要区别是锤子线位于股价下行阶段的低位，而上吊线则位于股价上行阶段的高位，两者的出现是很强的股价反转信号。

锤子线　　　　　　　　　　　上吊线

2. 倒锤子线和射击之星

倒锤子线和射击之星的共同特征是实体位于整个价格区间的底部，上影线的长度至少达到实体长度的 2 倍，没有下影线或下影线极短，如下图所示。

倒锤子线和射击之星的主要区别是倒锤子线位于股价下行阶段的低位，而射击之星则位于股价上行阶段的高位，两者的出现是股价反转信号。

值得注意的是，射击之星比上吊线展现出更强的空头力量，高位出现长上影线，后市看跌的信号更强。

倒锤子线　　　　　　　　　　射击之星

3. 螺旋桨线

螺旋桨线是指实体较短、上下影线较长的 K 线，如右图所示。出现螺旋桨线往往是见顶或见底的信号之一，螺旋桨线还有可能出现在上涨行情或下跌行情当中成为上涨中继或者下跌中继。在上涨的趋势中，如果前期股价大涨，出现螺旋桨线就预示着股价见顶；在下跌的趋势中，如果前期股价大幅下跌，螺旋桨线就预示着股价见底。

5.3 K 线图与分时图

单根日 K 线只能表达开盘价、收盘价、最高价、最低价这几个信息，而分时图一天的价格走势不能完全体现在单根日 K 线中。因此，投资者研究 K 线也需要参考分时图的走势，将二者结合起来才能更好地把握主力的意图。

5.3.1 K 线图和分时图的相互作用

股票分析过程中经常要看 K 线，K 线能够直观地表现出股价走势，这是 K 线真正的价值所在。但

K线也具有一定的不确定性，这是因为K线是由4个股价，即开盘价、最低价、最高价和收盘价的不同组合所决定和形成的。这4个价格的不同组合就形成了不同的K线，很显然仅通过4个价格就完全真实地表现出全天的运行状态确实有些不太现实，因此就更不能完全准确地表现主力的操作计划和目的。也就是说，主力完全可以通过操控这4个价格做出想要的K线形态，这就是K线的不确定性。

在分析股票的时候，还应该重视分时图走势，分时图走势更完整地记录了股价每一分钟的走势，能清晰地体现出主力的操作计划和目的。主力的操作动作必然要通过分时图走势体现出来。从这个意义上来说，分时图走势具有更高的确定性和准确性。那么在实战分析过程中要多看分时图而不是K线。

无论是分时图走势还是K线形态，都有其形成的原因，都能体现出主力的操作计划和目的，这才是分析股票的真正意义。只有理解了分时图走势和K线形态背后的含义，才能真正地把握它们。

K线相对于分时图走势来说，具有相当的不确定性。分时图走势之所以能比较完全地反映出股价走势和主力的操作计划和目的，是因为主力的操作计划和目的是通过交易完成的。而主力的操作计划和目的是分析的重要内容。分析股票时，首先要分析分时图走势和分时图走势形成的原因，以及所体现出的主力的操作计划和目的，然后结合相关的K线形态做进一步的确认。如果二者能相辅相成，那么投资者分析结果的准确性将大幅提高。

5.3.2 分时图形成的K线图形态

每一种分时图走势的出现必然对应不同的股价交易情况，而不同的股价交易情况能体现出不同的K线图形态。下面就介绍几种特殊的单根K线所对应的分时图。

1. 光头光脚阳线对应的分时图

光头光脚阳线说明开盘价是全天的最低价，收盘价是全天的最高价。从下左图鞍重股份的分时图可以看出，全天的股价是一直上升的，表明多方的力量明显占优。如果是光头光脚大阳线或中阳线，那么表示多方实力强劲，第二天继续看涨；如果是光头光脚小阳线，则需要根据其他信息进行判断。

2. 带下影线的大阳线对应的分时图

下右图的股价的分时图表现的是有下影线的大阳线。首先，从开盘到收盘，股价基本上涨了7%，属于大阳线。其次，上午的一段时间，股价跌破了当天的开盘价，随后又涨了上去，所以，最低价低于当日的开盘价，表现为下影线。再次，从分时图可以看出下影线比较短。这种带短下影线的大阳线表明当天多方势力很强，后市看涨。

3. T字线对应的分时图

下左图所示的分时图表现的是一根T字线。当日股价以涨停价高开之后，在10点左右成交量放大，股价跌破涨停价并下探至最低价8.5元，10点10分之后该股再度放量，股价迅速拉升至涨停价直至收盘。开盘价与收盘价相同，最低价低于开盘价，这是一个典型的T字线，表明虽然多方占优势，但是空方也具备了一定的反击能力。

4. 十字星对应的分时图

下右图所示的分时图表现的是股价当天高开之后迅速下探并稍微跌破开盘价，随后股价开始企稳拉升，在10点左右见顶，然后又震荡回落，最终收盘价和开盘价一致。这是典型的十字星，开盘价和收盘价相等，有上影线和下影线。这表明多、空双方博弈激烈，势均力敌。

5. 锤子线对应的分时图

下图所示的分时图表现的是一根锤子线，同时又是一根阳线。该股以63.47元开盘，以64.19元收盘，收盘价略高于开盘价，所以是根阳线。当日最高价为65.44元，最低价为60.63元，表明该K线的实体部分较小，下影线部分较长，是典型的锤子线的形态。

5.4 综合运用不同形态的K线

下面通过一些具体案例介绍K线分析的整个过程。

5.4.1 下影线长、实体短的上吊线形态

上吊线是实体位于整个价格区间的上端，下影线的长度至少达到实体长度的2倍，没有上影线或上影线极短，如右图所示。下影线长、实体短的上吊线通常出现在阶段顶部，投资者如果能熟练掌握K线形态，就能够利用该形态识顶逃顶，避免损失。

下面以雅克科技（002409）为例进行说明。

❶ 打开通达信软件，输入雅克科技的股票代码"002409"，按【Enter】键确认，如下左图所示。

❷ 进入雅克科技的日K线图。通过缩放，可以看到雅克科技2021年6月至7月的日K线图，如下右图所示。其股价经过一轮上涨之后，阶段高点基本已经形成，此时出现了高位的上吊线，这是行情即将反转的信号，投资者应尽早出货。

5.4.2 快速上涨后的螺旋桨线形态

螺旋桨线是指实体较短、上下影线较长的一种K线形态，如右图所示。出现高位螺旋桨线往往表明行情即将反转。

螺旋桨线通常是多、空双方互相拉锯、不分伯仲时的一种特殊形态，出现时是很好的行情反转信号，投资者应该熟练掌握。

下面以广联达（002410）为例进行说明。

❶ 打开通达信软件，输入广联达的股票代码"002410"，按【Enter】键确认，如下左图所示。

❷ 进入广联达的日K线图。通过缩放，可以看到广联达2021年1月至2月的日K线图，如下右图所示。其股价在经历前期多轮大涨之后，在顶部出现螺旋桨线，之后又出现了多根上吊线和螺旋桨线，在下跌初期还出现了一根放量的十字星，说明此时主力基本上已经完成了出货，后面的螺旋桨线是下跌中继的信号。因此，投资者需要及时卖出，避免造成更大的亏损或盈利回撤。

5.4.3　长阴线后的探底十字星形态

长期探底后的十字星代表了股市多、空力量平衡，特别是长阴线后出现右图所示的下影线较长的十字星，表示多方力量占优，行情即将反转。

十字星是具有很强反转信号的K线形态。通常来讲，股价大幅下跌过后出现十字星，多半是行情反转的开始，投资者应格外关注。

下面以中芯国际（688981）为例进行说明。

❶ 打开通达信软件，输入中芯国际的股票代码"688981"，按【Enter】键确认，如下左图所示。

❷ 进入中芯国际的日K线图。通过缩放，可以看到中芯国际2020年9月至11月的日K线图，如下右图所示。经过前期的几轮下跌，股价已经有了见底迹象，小幅反弹之后，又出现了急跌，虽然底部阴线的实体较短，但是因为是跳空低开，所以当日跌幅依旧较大。之后出现了两根小十字星，并且股价呈缓慢上涨态势，这说明空头力量衰竭，多头试探性买入。之后的一个交易日出现一根大阳线，同时配合成交量的巨幅放大，说明底部确立。

高手支招

技巧1　如何看待向上跳空缺口

通常情况下，向上跳空缺口的产生是主力资金大规模集中造成的。因此，向上突破缺口的出现就意味着多方资金大规模积聚，新一轮的上涨即将开始。判断该形态时，投资者需要注意两个因素。

（1）缺口位置。如果缺口处在低位，很可能是上涨信号；如果缺口处在上涨途中，则后市继续看涨；如果缺口出现在顶部，可能是主力拉高出货，后市看跌。

（2）成交量。如果低位产生向上跳空缺口，并伴随成交量的明显放大，可以确信此为上涨信号。

技巧2　谨慎看待日K线的见顶下跌

多数投资者都有这样的经历：分析日K线图，感觉股价已经开始见顶下跌，于是赶紧卖出，但没过多久股价就迅速拉升，创出新高。究其原因，自然是投资者被日K线图中的"假顶部"迷惑。因为日K线图期限相对较短，主力常常创造假K线欺骗投资者，而在期限长的周K线图中，出现假K线的概率大大减小。所以，投资者在卖出时，眼光应放长远，等到周K线筑顶之后再操作。

第6章 多K线组合形态识别

本章引语

善弈者谋势，不善弈者谋子。善谋势者必成大事。

——孙武

善于下棋的人注重整个局势，不善于下棋的人只看到单个棋子的得失。而善于从整个局势考虑问题的人大概率会成就一番大事业。投资者在买股票时，除关注单根K线外，更应该关注多根K线所构成的组合形态，进而发现变动趋势，顺势而为。

本章要点

★见顶信号K线组合

★见底信号K线组合

★上升形态K线组合

★下降形态K线组合

单根 K 线代表的是多、空双方一个时间周期之内的博弈结果，不足以反映连续的市场变化，多根 K 线的组合才可能更详尽地表现多、空双方一段时间内"势"的转化。研究 K 线组合的目的，就是通过观察多、空势力强弱盛衰的变化，感受双方"势"的转化，顺势而为，进而果断抄底、选中牛股、安全逃顶。

6.1 见顶信号 K 线组合

K 线组合多种多样，不同的组合反映出不同的信号，常见的有见顶信号、见底信号、上升信号和下降信号等。在股市中，如果没有抓住卖出股票的机会，就有可能会亏钱。因此，掌握见顶信号的 K 线组合很重要。投资者要熟练掌握，活学活用，从而成为识顶和逃顶的高手。

见顶信号 K 线组合的出现并不能百分之百地确认顶部，只能提醒投资者，上涨的动能不足，遇到了空头打压，后市可能出现盘整和下跌。投资者需要再结合其他的指标和后续的 K 线走势进一步确认是否已经形成顶部结构。投资者可以在出现顶部结构或者变盘 K 线的时候，先卖出一部分股票止盈，如果后期跌破了投资者交易模型的价位，再卖出剩余股票。

6.1.1 黄昏十字星

黄昏十字星是重要的见顶信号。

黄昏十字星的标准图形如右图所示。

• 黄昏十字星的主要特征：①出现在涨势中；②由 3 根 K 线组成，第一根为阳线，第二根为十字星，第三根为跳空阴线；③第三根阴线的实体深入第一根 K 线的内部。

• 黄昏十字星的指示信号：股价已经见顶或离顶部不远，趋势可能会反转，由涨转跌，后市看跌。投资者应尽早出货或轻仓。

• 注意事项：①黄昏十字星中的阴线和阳线不一定是光头光脚的阴线和阳线，带上、下影线亦可；②十字星也可以为多根。

下面以中集集团（000039）为例进行说明。

❶ 在通达信软件中输入中集集团的股票代码"000039"（见下左图）或其大写的汉语拼音首字母"ZJJT"，按【Enter】键，进入中集集团的日 K 线图。

❷ 通过缩放，可以看到中集集团 2020 年 12 月至 2021 年 2 月的日 K 线图，如下右图所示。股价经过前期的横盘震荡，开启小幅上涨。2021 年 1 月 25 日中集集团的股价处在相对高位，在一根大阳线之后出现顶部十字星，随后出现中阴线，此时出现黄昏十字星的 K 线组合，表明股价见顶，行情要反转，投资者如果有持仓应尽早出货，避免损失；如果没有持仓，则建议空仓观望。

6.1.2 黄昏之星

黄昏之星的标准图形如右图所示。

• 黄昏之星的主要特征：①出现在前期多轮上涨趋势的顶部；②由3根K线组成，第一根为阳线，第二根为小阳线或小阴线，第三根为跳空阴线；③第三根阴线的实体深入第一根K线的内部。

• 黄昏之星的指示信号：股价已经见顶或离顶部不远，趋势可能会反转，由涨转跌，后市看跌。投资者应尽早出货或轻仓。

• 注意事项：①黄昏之星中的阴线和阳线不一定是光头光脚的阴线和阳线，带上、下影线亦可；②小阴线、小阳线不限于一根；③见顶信号不如黄昏十字星的强。

> **提示**
> 　　把3天的成交量加在一起就可计算出3日换手率。换手率越高，主力出货的可能性就越大。

下面以江南高纤（600527）为例进行说明。

❶ 在通达信软件中输入江南高纤的股票代码"600527"（见下左图）或其大写的汉语拼音首字母"JNGX"，按【Enter】键，进入江南高纤的日K线图。

❷ 通过缩放，可以看到江南高纤2020年3月至5月的日K线图，如下右图所示。当时受疫情影响，熔喷布紧缺，熔喷布概念股价格经历了一轮大涨。经过前期的上涨，江南高纤的股价从原来的1.71元上涨至最高4.33元，上涨不止一倍。大涨之后在顶部出现一组黄昏之星的K线组合，同时配合巨大的成交量，更加确定股价见顶，行情要反转。投资者应尽早出货，避免损失。

6.1.3 淡友反攻

淡友反攻的标准图形如右图所示。

• 淡友反攻的主要特征：①出现在反弹行情中；②由2根K线组成，第一根为阳线，第二根为阴线；③第二根阴线高开低走，收盘价在前一根K线收盘价相同或相近的位置。

• 淡友反攻的指示信号：股价已经见顶或离顶部不远，趋势随时会反转，由涨转跌，后市看跌。投资者应尽早出货或轻仓。

• 注意事项：淡友反攻中的阴线和阳线不一定是光头光脚的阴线和阳线，带上、下影线亦可。

下面以康缘药业（600557）为例进行说明。

❶ 在通达信软件中输入康缘药业的股票代码"600557"（见下页左图）或其大写的汉语拼音首字母"KYYY"，按【Enter】键，进入康缘药业的日K线图。

❷ 通过缩放，可以看到康缘药业 2017 年 1 月至 5 月的日 K 线图，如下右图所示。股价经过前期的横盘震荡，开始反弹，在突破均线之后，突然拉出一根大阳线，但是第二个交易日股价就高开低走，收出一根大阴线，出现淡友反攻的 K 线组合，并且这两日的成交量是之前的五六倍。此时股价处在相对高位，有见顶的迹象，之后行情反转，股价日渐走低。在反弹行情中，投资者看到这种 K 线组合形态应谨慎，不要盲目买入，如果之前有持仓应尽早出货，避免损失。

6.1.4　乌云压顶

乌云压顶的标准图形如右图所示。

• 乌云压顶的主要特征：①出现在涨势中；②由 2 根 K 线组成，第一根为阳线，第二根为阴线；③第二根阴线高开低走，收盘价深入第一根阳线的内部。

• 乌云压顶的指示信号：股价已经见顶或离顶部不远，趋势随时会反转，由涨转跌，后市看跌。投资者应尽早出货或轻仓。

• 注意事项：①乌云压顶中的阴线和阳线不一定是光头光脚的阴线和阳线，带上、下影线亦可；②反转信号强度比淡友反攻的大。

下面以 ST 三五（300051）为例进行说明。

❶ 在通达信软件中输入 ST 三五的股票代码 "300051"（见下左图）或其大写的汉语拼音首字母 "STSW"，按【Enter】键，进入 ST 三五的日 K 线图。

❷ 通过缩放，可以看到 ST 三五 2020 年 1 月至 3 月的日 K 线图，如下右图所示。经过前期连续的一字上涨，股价处在相对高位，并放出巨大成交量。此时出现乌云压顶的 K 线组合，表明股价见顶，第二个交易日股价下跌，但成交量没有超越前一日的成交量，说明主力已经完成了出货，后面股价将难以获得支撑，行情要反转。投资者应尽早出货，避免损失。

6.1.5 倾盆大雨

倾盆大雨的标准图形如右图所示。

• 倾盆大雨的主要特征：①出现在涨势中；②由2根K线组成，第一根为阳线，第二根为阴线；③第二根阴线低开低走，收盘价低于第一根阳线的开盘价。

• 倾盆大雨的指示信号：股价已经见顶或离顶部不远，趋势随时会反转，由涨转跌，后市看跌。投资者应尽早出货或轻仓。

• 注意事项：①倾盆大雨中的阴线和阳线不一定是光头光脚的阴线和阳线，带上、下影线亦可；②阴线收盘价离阳线开盘价越远，信号越强；③反转信号比淡友反攻和乌云压顶的强。

下面以山鹰国际（600567）为例进行说明。

❶ 在通达信软件中输入山鹰国际的股票代码"600567"（见下左图）或其大写的汉语拼音首字母"SYGJ"，【Enter】键，进入山鹰国际的日K线图。

❷ 通过缩放，可以看到山鹰国际2021年5月至7月的日K线图，如下右图所示。股价经过前期的上涨，出现了放量滞涨的情况，虽然股价处在相对高位，但是成交量没有超过前面上涨时的成交量，并且出现了倾盆大雨的K线组合，表明股价见顶，行情要反转。投资者应尽早出货，避免损失。

6.1.6 高位平顶

高位平顶的标准图形如右图所示。

• 高位平顶的主要特征：①出现在涨势中；②由2根或2根以上的K线组成；③K线的最高价相等。

• 高位平顶的指示信号：股价已经见顶或离顶部不远，趋势可能会反转，由涨转跌，后市看跌。投资者应尽早出货或轻仓。

• 注意事项：K线的最高价非常接近或近似相等亦可。

下面以海油工程（600583）为例进行说明。

❶ 在通达信软件中输入海油工程的股票代码"600583"（见下页左图）或其大写的汉语拼音首字母"HYGC"，按【Enter】键，进入海油工程的日K线图。

❷ 通过缩放，可以看到海油工程2020年1月至3月的日K线图，如下页右图所示。股价经过前期的上涨，出现了缩量滞涨的情况，此时的股价处在相对高位并且出现了高位平顶的K线组合，表明股价见顶，行情要反转。在下跌了一个波段之后又出现了高位平顶的K线组合，此时投资者应尽早出货，避免损失。高位平顶的K线组合也会出现在反弹行情当中。

6.1.7　高位圆顶

高位圆顶的标准图形如右图所示。

• 高位圆顶的主要特征：①出现在涨势中；②由多根K线组成，股价构成一个圆弧；③圆弧内的K线多为小阴线、小阳线，最终以一根跳空阴线确认该圆弧。

• 高位圆顶的指示信号：股价已经见顶或离顶部不远，趋势可能会反转，由涨转跌，后市看跌。投资者应尽早出货或轻仓。

下面以重庆建工（600939）为例进行说明。

❶ 在通达信软件中输入重庆建工的股票代码"600939"（见下左图）或其大写的汉语拼音首字母"CQJG"，按【Enter】键，进入重庆建工的日K线图。

❷ 通过缩放，可以看到重庆建工2020年11月至12月的日K线图，如下右图所示。经过前期的触底反弹，股价反弹至最高3.92元。2020年12月7日，股价出现跳空低开低走的阴线，形成了高位圆顶的K线组合，表明股价见顶，行情要反转。投资者应尽早出货，避免损失。

6.1.8　高位塔顶

高位塔顶的标准图形如右图所示。

• 高位塔顶的主要特征：①出现在涨势中；②由多根K线组成；③第一根阳线为大阳线或中阳线，后面跟着几根小阴线、小阳线，最后以一根大阴线或中阴线确立形态。

• 高位塔顶的指示信号：股价已经见顶或离顶部不远，趋势可能会反转，由涨转跌，后市看跌。投资者应尽早出货或轻仓。

下面以富奥股份（000030）为例进行说明。

❶ 在通达信软件中输入富奥股份的股票代码"000030"（见下左图）或其大写的汉语拼音首字母"FAGF"，按【Enter】键，进入富奥股份的日K线图。

❷ 通过缩放，可以看到富奥股份 2020 年 10 月至 12 月的日K线图，如下右图所示。经过前期的两轮上涨，富奥股份的股价从 6.16 元增长至最高 8.92 元，高位出现螺旋桨线，并且出现高位塔顶的K线组合，表明股价见顶，行情要反转。持仓的投资者应尽早出货，空仓的投资者不要轻易入场，避免损失。

6.1.9　巨阴包阳

巨阴包阳的标准图形如右图所示。

• 巨阴包阳的主要特征：①出现在涨势中；②由 2 根K线组成，第一根为阳线，第二根为阴线；③第二根阴线高开低走，完全把第一根阳线的实体包裹在内。

• 巨阴包阳的指示信号：股价已经见顶或离顶部不远，趋势随时会反转，由涨转跌，后市看跌。投资者应尽早出货或轻仓。

• 注意事项：巨阴包阳中的阴线和阳线不一定是光头光脚的阴线和阳线，带上、下影线亦可。

下面以山东药玻（600529）为例进行说明。

❶ 在通达信软件中输入山东药玻的股票代码"600529"（见下左图）或其大写的汉语拼音首字母"SDYB"，按【Enter】键，进入山东药玻的日K线图。

❷ 通过缩放，可以看到山东药玻 2020 年 7 月至 9 月的日K线图，如下右图所示。经过近 2 年的牛市，山东药玻经历了一轮又一轮的拉升，股价从 9 元上涨至 76.55 元，增长 7 倍多。2020 年 8 月，该股股价处在最高位，此时出现巨阴包阳的K线组合，同时伴随着巨大的成交量，表明主力已经出货，股价见顶，行情将反转。投资者应尽早出货，避免损失。

6.1.10 顶部双桨

顶部双桨的标准图形如右图所示。

• 顶部双桨的主要特征：①出现在涨势中；②由2根螺旋桨线组成，且这2根K线基本在同一条水平线上。

• 顶部双桨的指示信号：股价已经见顶或离顶部不远，趋势随时会反转，由涨转跌，后市看跌。投资者应尽早出货或轻仓。

• 注意事项：顶部双桨中的螺旋桨线可全是阴线，也可全是阳线。

下面以嘉寓股份（300117）为例进行说明。

❶ 在通达信软件中输入嘉寓股份的股票代码"300117"（见下左图）或其大写的汉语拼音首字母"JYGF"，按【Enter】键，进入嘉寓股份的日K线图。

❷ 通过缩放，可以看到嘉寓股份2021年7月至10月的日K线图，如下右图所示。经过两波拉升，嘉寓股份的股价从最低的3.45元拉升至6.6元，处在相对高位。在高位先出现了黄昏之星的形态，预示着股价见顶，后市可能会反转下跌。紧接着又出现顶部双桨的K线组合，双重见顶信号，更加确定股价已经见顶，行情要反转，投资者应尽早出货，避免损失。

6.2 见底信号K线组合

见底信号K线组合是判断股价是否出现底部特征的工具。但是见底信号K线组合的出现并不能百分之百地确认底部，只能提醒投资者，下跌遇到了多头的反击，下跌的动力不足，后市有可能盘整和上涨。投资者需要结合其他的指标和后续的K线走势进一步确认是否已经形成底部结构。投资者如果空仓，可以在出现见底信号K线组合之后，轻仓买入，或者金字塔式买入。投资者把握股票的见底信号相当重要，应熟练掌握，灵活运用，从而占得先机。

6.2.1 早晨十字星

早晨十字星的标准图形如右图所示。

• 早晨十字星的主要特征：①出现在跌势中；②由3根K线组成，第一根是阴线，第二根是十字星，第三根是阳线；③阳线的收盘价深入阴线的实体内部。

• 早晨十字星的指示信号：股价已经见底或离底部不远，趋势随时会反转，由跌转涨，后市看涨。投资者可果断进入。

- **注意事项**：早晨十字星中的阳线和阴线不一定是光头光脚的阳线和阴线，带上、下影线亦可。下面以美锦能源（000723）为例进行说明。

❶ 在通达信软件中输入美锦能源的股票代码"000723"（见下左图）或其大写的汉语拼音首字母"MJNY"，按【Enter】键，进入美锦能源的日K线图。

❷ 通过缩放，可以看到美锦能源2021年10月至12月的日K线图，如下右图所示。经过一段时间的下跌，美锦能源的股价处在相对底部。此时出现早晨十字星的K线组合，表明股价见底，行情要反转。投资者可适时做多，抓住这一轮上涨行情。

6.2.2 早晨之星

早晨之星的标准图形如右图所示。

- **早晨之星的主要特征**：①出现在跌势中；②由3根K线组成，第一根是阴线，第二根是小阴线或小阳线，第三根是阳线；③阳线的收盘价深入阴线的实体内部。

- **早晨之星的指示信号**：股价已经见底或离底部不远，趋势随时会反转，由跌转涨，后市看涨。投资者可果断进入。

- **注意事项**：①早晨之星中的阳线和阴线不一定是光头光脚的阳线和阴线，带上、下影线亦可；②见底信号比早晨十字星的弱。

下面以金杯汽车（600609）为例进行说明。

❶ 在通达信软件中输入金杯汽车的股票代码"600609"（见下图）或其大写的汉语拼音首字母"JBQC"，按【Enter】键，进入金杯汽车的日K线图。

❷ 通过缩放，可以看到金杯汽车2021年1月至3月的日K线图，如下页图所示。经过一段时间的下跌，股价处在相对底部，此时出现早晨之星的K线组合，表明股价短时间内将见底。早晨之星K线组合后面的一根大阳线更加确立了底部，这说明空头遇到多头的反抗，股价持续下跌的可能性减小，持仓的投资者不要盲目出货，空仓的投资者要持谨慎态度适时做多，因为有可能只是趋势反弹而不是反转。

6.2.3 好友反攻

好友反攻的标准图形如右图所示。

• 好友反攻的主要特征：①出现在跌势中；②由2根K线组成，第一根是大阴线，第二根是大阳线或中阳线；③阳线的收盘价和阴线的收盘价相同或接近。

• 好友反攻的指示信号：股价已经见底或离底部不远，趋势随时会反转，由跌转涨，后市看涨。投资者可果断进入。

• 注意事项：好友反攻中的阳线和阴线不一定是光头光脚的阳线和阴线，带上、下影线亦可。

下面以天准科技（688003）为例进行说明。

❶ 在通达信软件中输入天准科技的股票代码"688003"（见下左图）或其大写的汉语拼音首字母"TZKJ"，按【Enter】键，进入天准科技的日K线图。

❷ 通过缩放，可以看到天准科技2020年12月至2021年2月的日K线图，如下右图所示。经过一段时间的震荡下跌，天准科技的股价处在震荡区间的相对底部。此时出现好友反攻的K线组合，表明股价见底，行情要反转。投资者应结合其他指标判断，或等待后面的K线进一步验证，再确定是否买入。出现见底信号后股价并不一定就马上大涨，也可能会盘整之后缓慢上涨，会有反复确认底部的过程。

6.2.4 曙光初现

曙光初现的标准图形如右图所示。

• 曙光初现的主要特征：① 出现在跌势中；②由2根K线组成，第一根是大阴线，第二根是大阳线或中阳线；③阳线的收盘价深入阴线实体的内部。

• 曙光初现的指示信号：股价已经见底或离底部不远，趋势随时会反转，由跌转涨，后市看涨。投资者可果断进入。

• 注意事项：曙光初现中的阳线和阴线不一定是光头光脚的阳线和阴线，带上、下影线亦可。

> **提示**
>
> 运用曙光初现K线组合形态选股时，必须注意3个要点：① 量能的变化情况。这种K线组合形态出现的同时出现缩量，表示股价已经筑底成功；② 股价所处的环境很重要，在个股价格涨幅过大时出现曙光初现K线组合形态，则有主力创造假K线的可能性；③ 出现曙光初现K线组合形态后，如果股价立即展开上升行情，则力度往往不大，相反，出现曙光初现K线组合形态后，股价有一个短暂的蓄势整理过程，后期往往会爆发强劲的个股行情。

下面以中元股份（300018）为例进行说明。

❶ 在通达信软件中输入中元股份的股票代码"300018"（见下左图）或其大写的汉语拼音首字母"ZYGF"，按【Enter】键，进入中元股份的日K线图。

❷ 通过缩放，可以看到中元股份2021年9月底至12月的日K线图，如下右图所示。在10月，经过近半个月的连续下跌，中元股份的股价跌破6.5元。2021年10月22日更是放量下跌。次日出现一根中阳线，自下而上穿入前一日阴线内部，形成底部曙光初现的K线组合。曙光初现之后的K线区间震荡，成交量也缓慢增长，这表明股价见底，有资金开始进场，也意味着后市的行情要反转。投资者要适时做多，抓住这一轮上涨行情。

6.2.5 旭日东升

旭日东升的标准图形如右图所示。

• 旭日东升的主要特征：①出现在跌势中；②由2根K线组成，第一根是大阴线，第二根是大阳线或中阳线；③阳线的开盘价深入阴线实体的内部，阳线的收盘价则超过阴线的开盘价。

• 旭日东升的指示信号：股价已经见底或离底部不远，趋势随时会反转，由跌转涨，后市看涨。投资者可果断进入。

• 注意事项：①旭日东升中的阳线和阴线不一定是光头光脚的阳线和阴线，带上、下影线亦可；②阳线的收盘价超过阴线的开盘价越多，反转信号越强。

下面以瑞丰高材（300243）为例进行说明。

❶ 在通达信软件中输入瑞丰高材的股票代码"300243"（见下图）或其大写的汉语拼音首字母"RFGC"，按【Enter】键，进入瑞丰高材的日K线图。

❷ 通过缩放，可以看到瑞丰高材 2021 年 4 月至 6 月的日 K 线图，如下图所示。经过一段时间的下跌，瑞丰高材的股价处在相对底部。此时出现旭日东升的 K 线组合，表明股价见底，结合后面出现的一根巨量涨停的大阳线，更加确定行情要反转。投资者可以考虑买进，抓住这一轮上涨行情。

6.2.6 低位平底

低位平底的标准图形如右图所示。

• 低位平底的主要特征：①出现在跌势中；②由2根或2根以上的K线组成；③K线的最低价相同或相近。

• 低位平底的指示信号：股价已经见底或离底部不远，趋势可能会反转，由跌转涨，后市看涨。投资者可果断进入。

下面以皖维高新（600063）为例进行说明。

❶ 在通达信软件中输入皖维高新的股票代码"600063"（见下页左图）或其大写的汉语拼音首字母"WWGX"，按【Enter】键，进入皖维高新的日K线图。

❷ 通过缩放，可以看到皖维高新 2021 年 4 月至 5 月的日 K 线图，如下页右图所示。经过一段时间的盘整下跌，皖维高新的股价日渐走低，在底部出现一根巨量大阴线之后量能急剧缩小，连续出现 3 个小十字星，并且收盘价十分接近，股价此时出现低位平底的 K 线组合，之后出现 3 根小阳线，表明股价见底，行情要反转。

6.2.7 低位圆底

低位圆底的标准图形如右图所示。

• 低位圆底的主要特征：①出现在跌势中；②由多根K线组成，股价构成一个圆弧；③最后一根K线跳空上行，最终确立圆弧。

• 低位圆底的指示信号：股价已经见底或离底部不远，趋势可能会反转，由跌转涨，后市看涨。投资者可果断进入。

下面以大地熊（688077）为例进行说明。

❶ 在通达信软件中输入大地熊的股票代码"688077"（见下左图）或其大写的汉语拼音首字母"DDX"，按【Enter】键，进入大地熊的日K线图。

❷ 通过缩放，可以看到大地熊2020年12月至2021年3月的日K线图，如下右图所示。经过一段时间的下跌，股价从54.53元下跌至32.96元，已经处在相对底部。此时底部出现多根小阴线和小阳线，走出小圆弧底形态，后面紧跟一根跳空阳线，形成低位圆底的K线组合，表明股价见底，行情要反转。投资者此时可以多观察，等待买点再适时做多，抓住后面的上涨行情。

6.2.8 低位塔底

低位塔底的标准图形如右图所示。

• 低位塔底的主要特征：①出现在跌势中；②由多根K线组成；③第一根K线是大阴线或中阴线，之后连续有多根小阴线、小阳线，最后以一根大阳线确立塔底。

• 低位塔底的指示信号：股价已经见底或离底部不远，趋势可能会反转，由跌转涨，后市看涨。投资者可果断进入。

下面以万里石（002785）为例进行说明。

❶ 在通达信软件中输入万里石的股票代码"002785"（见下左图）或其大写的汉语拼音首字母"WLS"，按【Enter】键，进入万里石的日K线图。

❷ 通过缩放，可以看到万里石2021年4月至8月的日K线图，如下右图所示。经过一段时间的阴跌，万里石的股价在相对底部出现了止跌迹象。在底部一根高开低走的中阴线后面紧跟一阴一阳的小实体K线，之后紧跟一根高开高走大阳线，此时出现低位塔底的K线组合，确立了股价底部。其实这个形态也是低位平底形态，表明行情要反转。投资者应适时做多，抓住这一轮上涨行情。

6.2.9 巨阳包阴

巨阳包阴的标准图形如右图所示。

• 巨阳包阴的主要特征：①出现在跌势中；②由2根K线组成，第一根是阴线，第二根是大阳线或中阳线；③阳线的开盘价低于阴线的收盘价，阳线的收盘价高于阴线的开盘价，整根阴线在阳线实体内部。

• 巨阳包阴的指示信号：股价已经见底或离底部不远，趋势随时会反转，由跌转涨，后市看涨。投资者可果断进入。

• 注意事项：①巨阳包阴中的阳线和阴线不一定是光头光脚的阳线和阴线，带上、下影线亦可；②阳线收盘价超过阴线开盘价越多，反转信号越强。

下面以东兴证券（601198）为例进行说明。

❶ 在通达信软件中输入东兴证券的股票代码"601198"（见下页左图）或其大写的汉语拼音首字母"DXZQ"，按【Enter】键，进入东兴证券的日K线图。

❷ 通过缩放，可以看到东兴证券2021年4月至5月的日K线图，如下页右图所示。2021年前半年股价一直下跌，东兴证券的股价最低是9.95元，5月的最低价10元已经处在底部区间。此时出现巨阳包阴的K线组合，表明股价见底，行情要反弹。投资者可适时做多，抓住这一轮反弹行情。之所以说是反弹行情，是因为股价经历长期下跌之后，需要一个反复确认底部的过程，大部分情况不会马上开启牛市。

6.2.10 底部孕育

底部孕育的标准图形如右图所示。

* 底部孕育的主要特征：①出现在跌势中；②由两根K线组成，第一根为阴线，第二根为小阳线；③小阳线的实体比第一根大阴线的实体短很多，并且其处在第一根阴线的中间位置。

* 底部孕育的指示信号：股价已经见底或离底部不远，趋势随时会反转，由跌转涨，后市看涨。投资者可果断进入。

下面以华测检测（300012）为例进行说明。

❶ 在通达信软件中输入华测检测的股票代码"300012"（见下左图）或其大写的汉语拼音首字母"HCJC"，按【Enter】键，进入华测检测的日K线图。

❷ 通过缩放，可以看到华测检测2021年2月至4月的日K线图，如下右图所示。经过一段时间的急速下跌，华测检测的股价从31.56元跌至最低23.19元。此时出现底部孕育的K线组合，表明股价见底。该形态后面紧跟一根放量的阳线，更加确立行情要反转。投资者可以适时做多，抓住后面这一轮上涨行情。

6.3 上升形态K线组合

除了顶部和底部K线组合，还有上升形态和下降形态K线组合。本节将详细介绍上升形态的K线组合。

6.3.1 红三兵

红三兵的标准图形如右图所示。

• 红三兵的主要特征：①出现在底部或涨势中；②由3根阳线组成，3根阳线的收盘价逐渐上升。

• 红三兵的指示信号：大盘将维持上涨态势或开始上涨。投资者可适时进入。

• 注意事项：阳线不一定是光头光脚的阳线，带上、下影线亦可。

下面以骆驼股份（601311）为例进行说明。

❶ 在通达信软件中输入骆驼股份的股票代码"601311"（见下左图）或其大写的汉语拼音首字母"LTGF"，按【Enter】键，进入骆驼股份的日K线图。

❷ 通过缩放，可以看到骆驼股份2021年6月至7月的日K线图，如下右图所示。经过之前的触底反弹，骆驼股份的股价处在相对底部，并且没有太多成交量，说明其虽然处在低位，但是还没有机构、游资等大资金的买入。此时出现红三兵的K线组合，并且成交量逐步放大，表明已经有资金开始进入，股价见底，行情要反转。投资者可以选择买入，抓住后面的上涨行情。

6.3.2 高位盘旋

高位盘旋的标准图形如右图所示。

• 高位盘旋的主要特征：①出现在上涨初期或中期；②由多根K线组成，先是一根大阳线，紧接着是数根小阳线、小阴线；③小阳线、小阴线的最低价均高于大阳线的收盘价。

• 高位盘旋的指示信号：大盘将开始上涨或保持涨势不变。投资者可适时进入。

下面以罗平锌电（002114）为例进行说明。

❶ 在通达信软件中输入罗平锌电的股票代码"002114"（见下页左图）或其大写的汉语拼音首字母"LPXD"，按【Enter】键，进入罗平锌电的日K线图。

❷ 通过缩放，可以看到罗平锌电2021年6月至8月的日K线图，如下页右图所示。经过一段时间的下跌，罗平锌电的股价触底反弹，且透露出一点儿涨势。此时出现高位盘旋的K线组合，表明后期行情要走强，并且K线已经位于均线之上，出现转势信号。投资者此时买入盈利概率较大，可以适时做多，抓住后面的上涨行情。

6.3.3 连续跳高

连续跳高的标准图形如右图所示。

- 连续跳高的主要特征：①出现在见底转涨之后；②由多根阳线组成，每根阳线都跳空高开。

- 连续跳高的指示信号：大盘将开始上涨或保持涨势不变。投资者可适时进入。

下面以本钢板材（000761）为例进行说明。

❶ 在通达信软件中输入本钢板材的股票代码"000761"（见下左图）或其大写的汉语拼音首字母"BGBC"，按【Enter】键，进入本钢板材的日 K 线图。

❷ 通过缩放，可以看到本钢板材 2021 年 1 月至 3 月的日 K 线图，如下右图所示。经过半年多的熊市，本钢板材的股价跌至最低 2.28 元，并且出现多根十字星，没有太多成交量，说明已处于底部。之后连续跳高拉出小阳线，形成连续跳高的 K 线组合，并且成交量逐步放大，在第三根 K 线成交量放量大增，表明行情要走强，但是冲破均线有压力，需要时间或金钱（成交量）。投资者可以适时做多，抓住后面的上涨行情。

6.3.4 五阳上阵

五阳上阵的标准图形如右图所示。

* 五阳上阵的主要特征：①出现在跌势中；②由多根阳线组成，每根阳线都跳空高开。

* 五阳上阵的指示信号：大盘将开始上涨或保持涨势不变。投资者可适时进入。

下面以智慧农业（000816）为例进行说明。

❶ 在通达信软件中输入智慧农业的股票代码"000816"（见下左图）或其大写的汉语拼音首字母"ZHNY"，按【Enter】键，进入智慧农业的日K线图。

❷ 通过缩放，可以看到智慧农业2021年12月至2022年2月的日K线图，如下右图所示。经过一段时间的下跌，智慧农业的股价跌至最低3.34元，已跌破所有中长期均线，到达年线的位置。此时出现五阳上阵的K线组合，并且5根小阳线冲破了均线的层层压力开始位于20日均线之上，这都表明行情要继续上涨。投资者可以适时做多，抓住后面的上涨行情。

6.4 下降形态K线组合

熟练把握上升形态的K线组合，投资者才能够找到合适买点，但这只是第一步。把握下降形态的K线组合，果断在高点卖出，投资者才能最终获取最高收益。本节将介绍下降形态的K线组合。

6.4.1 黑三兵

黑三兵又称三只乌鸦，其标准图形如右图所示。

* 黑三兵的主要特征：①出现在前期上涨的趋势中；②由3根阴线组成，每根阴线的收盘价逐渐下降。

* 黑三兵的指示信号：股价已经见顶，趋势可能会由涨转跌，后市看跌。投资者应尽早出货或轻仓。

* 注意事项：黑三兵中的阴线不一定是光头光脚的阴线，带上、下影线亦可。

下面以长电科技（600584）为例进行说明。

❶ 在通达信软件中输入长电科技的股票代码"600584"（见下页左图）或其大写的汉语拼音首字母"CDKJ"，按【Enter】键，进入长电科技的日K线图。

❷ 通过缩放，可以看到长电科技2021年1月至3月的日K线图，如下页右图所示。经过前期的反弹上涨，长电科技的股价升至短期高点48.93元。不久出现黑三兵的K线组合，且K线跌破所

有均线支撑，表明上涨趋势已变，股价见顶，行情要反转。持仓的投资者应尽早出货，空仓的投资者不要盲目进入，避免损失。

6.4.2 五阴连天

五阴连天的标准图形如右图所示。

• 五阴连天的主要特征：①出现在顶部；②由5根阴线组成，每根阴线的收盘价逐渐下降。

• 五阴连天的指示信号：股价已经见顶，趋势可能会由涨转跌，后市看跌。投资者应尽早出货或轻仓。

• 注意事项：五阴连天中的阴线不一定是光头光脚的阴线，带上、下影线亦可。

下面以安科生物（300009）为例进行说明。

❶ 在通达信软件中输入安科生物的股票代码"300009"（见下左图）或其大写的汉语拼音首字母"AKSW"，按【Enter】键，进入安科生物的日K线图。

❷ 通过缩放，可以看到安科生物2021年6月至8月的日K线图，如下右图所示。经过前期的上涨，安科生物的股价升至历史新高19.27元，之后股价放量大跌，随后出现反弹，但是成交量并没有超过前面两根大阴线的成交量。紧接着出现五阴连天的K线组合，且K线跌破所有短期均线，并且反弹到60日均线附近并没有延续下去，多头趋势反转为空头趋势。持仓的投资者应尽早出货，避免损失。

6.4.3 低档排列

低档排列的标准图形如右图所示。

• 低档排列的主要特征：①出现在顶部；②由多根K线组成，第一根K线为中阴线或大阴线，紧接着是多根小阳线、小阴线；③小阳线、小阴线的最高价都低于第一根阴线的最低价。

• 低档排列的指示信号：股价已经见顶，行情可能会由涨转跌，后市看跌。投资者应尽早出货或轻仓。

下面以北陆药业（300016）为例进行说明。

❶ 在通达信软件中输入北陆药业的股票代码"300016"（见下左图）或其大写的汉语拼音首字母"BLYY"，按【Enter】键，进入北陆药业的日K线图。

❷ 通过缩放，可以看到北陆药业2021年6月至7月的日K线图，如下右图所示。经过前期的上涨，北陆药业的股价最高涨到10.56元，股价处在短期的相对高位。之后高位放量，说明有主力提前出货。紧接着股价就开始下跌，并且在反弹时出现低档排列的K线组合，表明股价已经见顶，行情要转为熊市。持仓的投资者应尽早出货，避免损失；空仓的投资者，不要盲目买进。

6.4.4 三级跳水

三级跳水的标准图形如右图所示。

• 三级跳水的主要特征：①出现在顶部；②由3根阴线组成，第一根阴线跳空高开，后两根阴线跳空低开。

• 三级跳水的指示信号：股价已经见顶，行情可能会由涨转跌，后市看跌。投资者应尽早出货或轻仓。

下面以天龙集团（300063）为例进行说明。

❶ 在通达信软件中输入天龙集团的股票代码"300063"（见下页左图）或其大写的汉语拼音首字母"TLJT"，按【Enter】键，进入天龙集团的日K线图。

❷ 通过缩放，可以看到天龙集团2021年5月至7月的日K线图，如下页右图所示。经过前期的横盘突破，天龙集团K线冲出均线压制，股价反弹到短期高位5.55元。但紧跟着的是三级跳水的K线组合，表明股价见顶，前期的突破为假突破，并没有真正要发动上涨行情，反而股价跌至均线附近，并且后期跌破均线，说明行情走弱。投资者应尽早出货，或者空仓观望。

6.5 其他形态 K 线组合

投资者对见顶信号 K 线组合、见底信号 K 线组合、上升形态 K 线组合和下降形态 K 线组合有所了解之后，还需了解几种其他形态的 K 线组合。

6.5.1 巨阳孕阴

巨阳孕阴的标准图形如右图所示。

• 巨阳孕阴的主要特征：①出现在涨势或顶部；②由 2 根 K 线组成，第一根为大阳线或中阳线，第二根为阴线，且阴线完全在阳线的实体内部。

• 巨阳孕阴的指示信号：如果在顶部，表明股价已经见顶，行情可能会由强转弱，投资者应尽早出货。在上涨的过程中也会遇到很多巨阳孕阴的形态，这时需要结合其他指标和成交量等进行判断，上涨过程中出现此形态可以继续持有。

• 注意事项：①投资者要结合其他信息，确定巨阳孕阴所处的位置；②带上、下影线的 K 线亦可。

下面以南都电源（300068）为例进行说明。

❶ 在通达信软件中输入南都电源的股票代码"300068"（见下左图）或其大写的汉语拼音首字母"NDDY"，按【Enter】键，进入南都电源的日 K 线图。

❷ 通过缩放，可以看到南都电源 2021 年 7 月至 8 月的日 K 线图，如下右图所示。经过一段时间的上涨，南都电源的股价从原来的 11.50 元上涨至 17.33 元，涨幅较大。在顶部出现巨阳孕阴的 K 线组合，并且放出了巨大的成交量，表明行情要反转，后面紧跟一根大阴线，更加确立顶部特征，此时持仓的投资者应尽早出货，避免损失；空仓的投资者不要贸然买入。

6.5.2　势不可挡

势不可挡的标准图形如右图所示。

• 势不可挡的主要特征：①出现在上涨初期；②由多根K线组成，第一根K线是大阳线或中阳线，之后连续有多根小阴线，但阴线均在阳线的实体内部，最后以一根大阳线确立形态。

• 势不可挡的指示信号：股价上涨态势得到加强，后市看涨。投资者可果断进入。

下面以诺德股份（600110）为例进行说明。

❶ 在通达信软件中输入诺德股份的股票代码"600110"（见下图）或其大写的汉语拼音首字母"NDGF"，按【Enter】键，进入诺德股份的日K线图。

❷ 通过缩放，可以看到诺德股份2021年4月至7月的日K线图，如下图所示。经过前期的下跌，股价见底反弹，开启一轮新的上涨行情。5月19日放量上涨，当日股价上涨0.41元，涨幅为5.81%，向上突破3根均线压制，之后紧跟两根小阴线，再次放量上涨，并在5月24日上涨0.56元，涨幅达到7.6%，一并突破所有均线，站到了均线上。

6.5.3　无力回天

无力回天的标准图形如右图所示。

• 无力回天的主要特征：①出现在跌势中；②由多根K线组成，第一根K线是大阴线或中阴线，之后连续有多根小阳线，阳线均在阴线的实体内部，最后以一根大阴线确立形态。

• 无力回天的指示信号：股价下跌态势得到加强，后市看跌。投资者可果断出货。

下面以长电科技（600584）为例进行说明。

❶ 在通达信软件中输入长电科技的股票代码"600584"（见下页左图）或其大写的汉语拼音首字母"CDKJ"，按【Enter】键，进入长电科技的日K线图。

❷ 通过缩放，可以看到长电科技 2021 年 1 月至 3 月的日 K 线图，如下右图所示。经过前期的上涨，股价达到阶段性的最高点 48.93 元，之后长电科技高位放量滞涨，说明主力在高位出货很充分，并且此时出现无力回天的 K 线组合，更加确立了顶部。接着变为下跌态势，并且股价进一步下跌，跌破所有均线支撑。投资者应尽早出货，减少损失。

高手支招

技巧 1　投资者在应用 K 线分析时应该注意的问题

投资者在应用 K 线分析的时候要注意以下两点。

（1）使用其他方法配合 K 线分析。投资者单纯依靠 K 线分析结果来做决策着实有些鲁莽。K 线仅包含价格信息，比较片面，因此最好能结合趋势信息、指标信息和基本面分析等进行综合判断。

（2）活学活用，融会贯通。经典的 K 线组合是经验的总结，不是必然的结论，在实际运用过程中，不能生搬硬套。另外，实际走势中完全符合标准的 K 线组合很少，基本上都是变形形态。所以，投资者在研究 K 线组合时，要重其意、轻其形，这样才能抓住投资机会。

技巧 2　反转形态需要注意的两点

反转形态是指股价从顶部开始下跌或从底部开始上涨的形态。其主要包括头肩底（顶）、三重底（顶）、双底（顶）、V 形反转以及圆弧底（顶）等几种形态。研究反转形态时，投资者需注意以下两点。

（1）当原有趋势线第一次被有效突破时，投资者应该明白，原有趋势发生了变化并不代表行情一定会发生反转。至于趋势是完全反转，还是横盘调整，又或者只是降低原有的趋势强度，投资者要结合其他信息和指标进行判断。

（2）反转形态发生时，若成交量放大，反转信号的可靠性增强。兵马未动，粮草先行。在股市中，很多时候成交量不光起到"粮草"的作用，更能起到"稳定军心"的作用。

通达信炒股软件从入门到精通（第2版）

第7章

移动平均线分析

120

第7章 移动平均线分析

本章引语

让趋势成为你的朋友。

——彼得·林奇

在实际操作中，经验丰富的投资者通常都会看大势做股，在一个趋势的运行初期，及时准确地介入，从而达到顺势交易的目的。移动平均线是一项反映趋势的重要指标，投资者应该给予重点关注。

本章要点

★牛市常见的移动平均线

★熊市常见的移动平均线

★K线与移动平均线相交的形态

移动平均线是当今应用最普遍的技术指标之一，它能帮助投资者确认现有趋势，判断将出现的趋势和即将反转的趋势。本章将详细介绍移动平均线。

7.1 移动平均线概述

股价有涨有跌，K线有红有绿，无端的变化使刚入市的投资者感到迷茫。移动平均线是指一定周期内收盘价的平均值，其可有效地"熨平"股价过度的起伏，使走势变得清晰。因此，投资者要想消除疑云，更好地把握市场趋势，分析移动平均线必不可少。

7.1.1 移动平均线的特征

移动平均线（moving average，MA），通常简称为"均线"。它是某一周期内的收盘价之和除以该周期的值，比如日均线MA5就是把5日内的收盘价之和除以5。移动平均线是由美国投资专家格兰威尔在20世纪中期提出来的，是目前应用最普遍的指标之一，能够帮助投资者判断局势，把握趋势，进而做出有利的决策。

移动平均线通常有5日均线、10日均线、20日均线、30日均线、60日均线、120日均线和250日均线（年线）等。其中，把5日均线、10日均线和20日均线称为短期均线，它们适用于短线操作；把30日均线和60日均线称为中期均线，它们适用于中线操作；把120日均线和250日均线称为长期均线，它们适用于长线操作。

提示

250日均线应用技巧

假如K线在250日均线之上且保持上行态势，表明股价高于这250日内的平均成本，资金处于盈利状态，行情继续看涨，此时处在牛市阶段；若250日均线保持下行态势，且K线在250日均线之下，说明处在熊市阶段。因此，250日均线又被称为牛熊线。

通常情况下，每天的股价不停地波动，而大多数微小的波动仅仅是一个重要趋势的小插曲，如果过分看重这些小波动，反而容易忽略主要的趋势。因此，分析股价走势应有更广阔的眼光，采用移动平均线指标，着眼于价格变动的大趋势。之所以能够利用移动平均线分析价格走势，是因为它具有以下基本特征。

（1）趋势特征。移动平均线能够反映股价的基本趋势，并且近似地表现出这个价格趋势。

（2）稳重特征。移动平均线是一个周期内的平均值，因此不会像日K线那样变化剧烈，而是表现得相对平稳，即上升的时候稳步上升，下降的时候平稳下降，改变上升或下降趋势相对来说不容易。

（3）安全特征。此特征也可以称为滞后特征。移动平均线改变方向不容易，不能第一时间反映股价的最新动态，只有等形势明确之后才会转向。所以，在得到一定安全保证的同时，也会带来一定的滞后。股价刚开始回落时，移动平均线是向上的，只有等到显著回落时，移动平均线才转向下。

（4）助涨特征。此特征也可以称为支撑特征。当股价从下向上穿过移动平均线时，移动平均线开始向上移动，此时可以将其看成多方的支撑线。而当股价跌回移动平均线的位置时，移动平均线自然会产生支撑力量。

（5）助跌特征。此特征也可以称为阻力特征。当股价从上向下穿过移动平均线时，移动平均线开始向下移动，此时可以将其看成空方的阻力线。而当股价上涨到移动平均线的位置时，移动平均线自然会产生阻力。

正是因为以上特征，移动平均线才能对投资分析起到重要作用。投资者根据移动平均线反映的信息可确定合适的买入和卖出时机，获得高额的投资回报。

7.1.2 移动平均线的计算原理

根据平均值计算方法的不同，移动平均线可以分为算术移动平均线、加权移动平均线和指数平滑移动平均线。下面对这3种移动平均线进行简单介绍。

1. 算术移动平均线

算术移动平均线中的"平均"是指算术平均数，如1到10的平均数是5.5，而"移动"则意味着这10个数字的变动。假如第一组是1到10，第二组变动为2到11，第三组又变动为3到12，那么，这3组平均数各不相同。而这些不同的平均数的集合，便统称为算术移动平均数。

计算公式：

$$MA\,(n) = (C_1+C_2+\cdots+C_n)\,/n$$

2. 加权移动平均线

加权的原因是移动平均线中收盘价对未来价格波动的影响最大，因此赋予它较大的权重。加权移动平均线分为4种。

（1）末日加权移动平均线。

计算公式：

$$MA\,(n) = (C_1+C_2+\cdots+C_n\times2)\,/\,(n+1)$$

（2）线性加权移动平均线。

计算公式：

$$MA\,(n) = (C_1\times1+C_2\times2+\cdots+C_n\times n)\,/\,(1+2+\cdots+n)$$

（3）阶梯加权移动平均线。

计算公式（以5日为例）：

第5日的阶梯加权移动平均线 = [（第1日收盘价 + 第2日收盘价）×1+（第2日收盘价 + 第3日收盘价）×2+（第3日收盘价 + 第4日收盘价）×3+（第4日收盘价 + 第5日收盘价）×4] /（2×1+2×2+2×3+2×4）

（4）平方系数加权移动平均线。

计算公式（以5日为例）：

第5日的平方系数加权移动平均线 = [（第1日收盘价 ×1×1）+（第2日收盘价 ×2×2）+（第3日收盘价 ×3×3）+（第4日收盘价 ×4×4）+（第5日收盘价 ×5×5）] /（1×1+2×2+3×3+4×4+5×5）

3. 指数平滑移动平均线

普通的移动平均线存在滞后性，即一旦股价偏离均线并且与均线之间的差值突然增大，平均线是不会立刻显示的。指数平滑移动平均线（exponential moving average，EMA）就是为了规避类似的缺点而发展出来的。

以5日指数平滑移动平均线为例，首先以算术移动平均线计算出第一条移动平均线，第二条移动平均线 =（第6日收盘价 ×1/5）+（前一日移动平均线 ×4/5）。

计算公式：

$$EMA = C_6\times1/5 + EMA\,(5)\times4/5$$

7.2 牛市常见的移动平均线

牛市是所有投资者都向往的，能够发现牛市开启的迹象也是投资者梦寐以求的。本节介绍牛市常见的移动平均线。

7.2.1　均线黄金交叉

均线黄金交叉是牛市中均线常见的形态。

均线黄金交叉的标准图形如右图所示。

• 均线黄金交叉的主要特征：①出现在上涨初期；②一根周期较短的均线由下往上穿过周期较长的均线，且周期较长的均线呈上升态势。

• 均线黄金交叉的指示信号：股价见底，后市看涨。如果出现在股价大跌之后，投资者可果断进入。中长线投资者可在周K线或月K线上出现此信号时买入。

• 注意事项：两条均线交叉的角度越大，上涨动力越强。

下面以克劳斯（600579）为例进行说明。

❶ 在通达信软件中输入克劳斯的股票代码"600579"（见下左图）或其大写的汉语拼音首字母"KLS"，按【Enter】键，进入克劳斯的日K线图。

❷ 通过缩放，可以看到克劳斯2021年7月至9月的日K线图，如下右图所示。经过一段时间的震荡回调，克劳斯的股价开始止跌回升，此时出现了密集的均线黄金交叉走势，并且底部成交量有所放大，后市上涨已是大概率事件。

7.2.2　均线多头排列

均线多头排列的标准图形如右图所示。

• 均线多头排列的主要特征：①出现在涨势中；②短期、中期、长期均线按照从上到下的顺序依次排开，即短期均线在上，中期均线在中间，长期均线在下；③所有均线呈上升态势。

• 均线多头排列的指示信号：标准的做多信号，后市看涨。如果处在多头排列的初期和中期，投资者可果断做多；如果处在后期，投资者应谨慎交易。

下面以北方华创（002371）为例进行说明。

❶ 在通达信软件中输入北方华创的股票代码"002371"（见下页左图）或其大写的汉语拼音首字母"BFHC"，按【Enter】键，进入北方华创的日K线图。

❷ 通过缩放，可以看到北方华创2021年5月至8月的日K线图，如下页右图所示。经过一段时间的横盘调整，北方华创的股价开始向上爬升，此时出现了均线多头排列的走势，均线由拧在一起渐渐分开，成交量明显放大，后市上涨已是大概率事件。这就是典型的趋势行情，一轮趋势行情有时甚至可以让一只股票价格翻3倍或5倍。

7.2.3 均线粘合向上发散

均线粘合向上发散的标准图形如右图所示。

• 均线粘合向上发散的主要特征：①出现在下跌后的横盘末期或小幅上涨后的横盘末期；②短期、中期、长期均线以喷射状向上发散，发散前几乎粘合在一起。

• 均线粘合向上发散的指示信号：标准的做多信号，后市看涨。投资者此时可果断进入。

• 注意事项：①均线粘合时间越长，向上发散的力度越大；②均线向上发散的同时，如果成交量明显放大，上涨信号更加可靠。

> **提示**
> 假如股价快速上涨且均线发散后相距过大，意味着此时回落的风险加大，均线有重新接近的趋势，投资者不宜追高。

下面以广汽集团（601238）为例进行说明。

❶ 在通达信软件中输入广汽集团的股票代码"601238"（见下左图）或其大写的汉语拼音首字母"GQJT"，按【Enter】键，进入广汽集团的日K线图。

❷ 通过缩放，可以看到广汽集团2021年6月至9月的日K线图，如下右图所示。经过一段时间的横盘整理，广汽集团的股价开始向上爬升，短期和中期均线已经基本上重合在一起。接着出现了均线粘合向上发散的走势，后市上涨已是大概率事件。

7.3 熊市常见的移动平均线

熊市是指股价总体的运行趋势向下，其间虽有反弹，但一波比一波低，股价逐步走低的市场。在熊市中，大部分投资者开始恐慌，纷纷卖出手中持股，保持空仓观望。此时，空方在市场中占主导地位，做多（看好后市）氛围严重不足，因此熊市也被称为空头市场。下面介绍熊市中常见的移动平均线。

7.3.1 均线死亡交叉

均线死亡交叉的标准图形如右图所示。

- 均线死亡交叉的主要特征：①出现在下跌初期；②一根周期较短的均线由上而下穿过周期较长的均线，且周期较长的均线呈下跌态势。
- 均线死亡交叉的指示信号：股价见顶，后市看跌。如果其出现在股价大幅上涨之后，投资者可果断出货。中长线投资者可在周K线或月K线上出现此信号时卖出。
- 注意事项：两条均线交叉的角度越大，下跌势头越猛。

下面以英利汽车（601279）为例进行说明。

❶ 在通达信软件中输入英利汽车的股票代码"601279"（见下左图）或其大写的汉语拼音首字母"YLQC"，按【Enter】键，进入英利汽车的日K线图。

❷ 通过缩放，可以看到英利汽车 2021 年 4 月至 8 月的日K线图，如下右图所示。经过新股上市的暴涨，英利汽车的股价处在高位，由于前期是新股上市，所以上市之后均为一字涨停，不同周期的均线会有不同的出现时间。而在 6 月 4 日附近，K线跌破所有短期均线，形成均线死亡交叉走势，并且前期已经出现了一个巨阴线下穿 4 根均线的断头铡刀形态，两个形态相互印证，表明后市下跌已是大概率事件。果然，在此之后，股价下跌至 7.2 元，跌幅超 50%。

7.3.2 均线空头排列

均线空头排列的标准图形如右图所示。

- 均线空头排列的主要特征：①出现在跌势中；②长期、中期、短期均线按照从上到下的顺序依次排开，即长期均线在上，中期均线在中间，短期均线在下；③所有均线均呈下跌态势。
- 均线空头排列的指示信号：标准的做空信号，后市看跌。如果处在空头排列的初期和中期，投资者可果断出货；如果处在后期，投资者可轻仓买入。

下面以红日药业（300026）为例进行说明。

❶ 在通达信软件中输入红日药业的股票代码"300026"（见下图）或其大写的汉语拼音首字母"HRYY"，按【Enter】键，进入红日药业的日K线图。

❷ 通过缩放，可以看到红日药业2020年10月至2021年3月的日K线图，如下图所示。经过一段时间的横盘震荡，红日药业股价进入下跌趋势，此时出现了均线空头排列的走势，成交量萎缩并且中间有几次放量反弹，但是都遇到30日均线就回落。这说明30日均线的压力巨大，对股价形成了很强的压制。真正的熊市就是这样不停地阴跌，没有反弹。投资者只要发现K线被均线压制，一定要毫不留情地离场，不要等待支撑。因为跌破20日均线之后还可以跌破30日均线、跌破60日均线，一味地找支撑只会越陷越深。

7.3.3　均线粘合向下发散

均线粘合向下发散的标准图形如右图所示。

- 均线粘合向下发散的主要特征：①出现在上涨后的横盘末期或小幅下跌后的横盘末期；②短期、中期、长期均线以喷射状向下发散，发散前几乎粘合在一起。
- 均线粘合向下发散的指示信号：标准的做空信号，后市看跌。投资者此时应尽早出货，避免损失。
- 注意事项：①均线粘合时间越长，向下发散的力度越大；②均线向下发散的同时，如果成交量明显放大，下跌信号更加可靠。

下面以海南海药（000566）为例进行说明。

❶ 在通达信软件中输入海南海药的股票代码"000566"（见下页左图）或其大写的汉语拼音首字母"HNHY"，按【Enter】键，进入海南海药的日K线图。

❷ 通过缩放，可以看到海南海药2021年5月至8月的日K线图，如下页右图所示。经过一段时间的横盘整理，海南海药的股价开始向下调整，多根均线已经基本上重合在一起。此时出现了均线粘合向下发散的走势，并且下跌初期成量有所放大，后市下跌已是大概率事件。在这轮下跌之前，海南海药股价已经从11.5元下跌至6.31元附近，跌幅超过40%，结果并没有止跌，又跌至最低4.47元，所以在均线的下方千万不要随意抄底，因为股价极有可能还会继续下跌。在股市中上不言顶、下不言底，跟随趋势起码可以保全自己的本金。

第7章　移动平均线分析

7.4 K线与移动平均线相交的形态

K线代表股价的实时走势，移动平均线代表股价的历史趋势，因此，当两者出现相交时，通常能够显示出重要的信息，投资者应予以关注。

7.4.1 K线与均线黄金交叉

K线与均线黄金交叉的标准图形如右图所示。

• K线与均线黄金交叉的主要特征：①阳线由下而上穿过均线；②如果均线向上，信号强烈；如果均线向下，信号较弱。

• K线与均线黄金交叉的指示信号：如果在底部，通常为看涨信号；如果在上升或下降途中，通常不改变走势；如果在顶部，通常继续看涨的可能性不大。投资者应相机抉择。

• 注意事项：①阳线实体越长，上涨信号越强；②阳线穿过的均线越多，上涨信号越强；③如果成交量跟着放大，信号可信度更强。

下面以风华高科（000636）为例进行说明。

❶ 在通达信软件中输入风华高科的股票代码"000636"（见下左图）或其大写的汉语拼音首字母"FHGK"，按【Enter】键，进入风华高科的日K线图。

❷ 通过缩放，可以看到风华高科2021年5月至8月的日K线图，如下右图所示。看涨的原因：①6月17日的K线上穿3根均线，且成交量有所增加；②K线前期下跌并横盘一段时间，且均线粘合，K线更容易向上突破均线压力，转而获得均线支撑；③阳线实体长，说明多头的意愿强烈，信号比较真实可靠；④成交量明显放大，较前一日成倍增加，说明已经有主力进场。

7.4.2 K线获得均线支撑

K线获得均线支撑的标准图形如右图所示。

• K线获得均线支撑的主要特征：①出现在涨势中；②K线在5日均线或10日均线附近得到强有力支撑，很难跌破均线。

• K线获得均线支撑的指示信号：标准的做多信号，后市看涨。投资者只要发现股价在之前没有过分上涨，就可果断买入。

下面以北方华创（002371）为例进行说明。

❶ 在通达信软件中输入北方华创的股票代码"002371"（见下左图）或其大写的汉语拼音首字母"BFHC"，按【Enter】键，进入北方华创的日K线图。

❷ 通过缩放，可以看到北方华创2021年5月至8月的日K线图，如下右图所示。经过一段时间的横盘，北方华创的股价从5月中旬突破均线压力，开始向上爬升，此时出现了K线获得均线支撑的走势。K线在10日均线的位置得到强有力支撑，同时可以看到阴线不仅数目少，而且几乎都是小阴线，可以确定这是看涨信号。随着大阳线的出现和成交量的突然放大，该形态得到确认，进入新一轮上涨态势。

7.4.3 K线与均线死亡交叉

K线与均线死亡交叉的标准图形如右图所示。

• K线与均线死亡交叉的主要特征：①阴线由上而下穿过均线；②如果均线向下，信号强烈；如果均线向上，信号较弱。

• K线与均线死亡交叉的指示信号：如果在顶部，通常为看跌信号；如果在上升或下降途中，通常不改变走势；如果在底部，通常继续看跌的可能性不大。投资者应相机抉择。

• 注意事项：①阴线实体越长，下跌信号越强；②阴线穿过的均线越多，下跌信号越强；③如果成交量跟着放大，信号可信度更强。

下面以光明乳业（600597）为例进行说明。

❶ 在通达信软件中输入光明乳业的股票代码"600597"（见下页左图）或其大写的汉语拼音首字母"GMRY"，按【Enter】键，进入光明乳业的日K线图。

❷ 通过缩放，可以看到光明乳业2021年4月至7月的日K线图，如下页右图所示。看跌的原因：①2021年4月23日K线与均线出现死亡交叉，1根大阴线下穿3根均线；②当日K线的成交量放出异量，较前一交易日增加了一倍；③10日均线和60日均线已经拐头向下；④大跌之前横盘震荡了近两周，等待方向性的选择，所以横盘期间十字星、螺旋桨线较多，它们的出现表明股价很难有向上的突破，处在阶段高点。因此，投资者应尽早出货，避免损失。

7.4.4 K线受制于均线压力

K线受制于均线压力的标准图形如右图所示。

• K线受制于均线压力的主要特征：①出现在跌势中；②K线在5日均线或10日均线附近受到强有力的阻拦，很难突破均线。

• K线受制于均线压力的指示信号：标准的做空信号，后市看跌。投资者应尽早出货，避免损失。

下面以中国平安（601318）为例进行说明。

❶ 在通达信软件中输入中国平安的股票代码"601318"（见下左图）或其大写的汉语拼音首字母"ZGPA"，按【Enter】键，进入中国平安的日K线图。

❷ 通过缩放，可以看到中国平安2021年5月至8月的日K线图，如下右图所示。经过一段时间的横盘，中国平安的股价短暂地向上反弹，之后又开启了下跌模式。从K线跌破5日均线以后，该股在接连几天的时间内始终没有回到5日均线之上。这就是熊市的特征，主要表现：①K线受制于均线压力，反弹也无法超过20日均线；②阳线不仅数目少，而且几乎都是小阳线；③小阴线和大阴线都很多，并且阴线的成交量很大，可以确定这是看跌信号，后市继续下跌是大概率事件。

7.5 移动平均线的使用技巧

移动平均线有短期均线、中期均线和长期均线3种，这3种均线代表不同时间段股票的价格趋势。均线相互交叉，很可能会透露出股价走势变化的信息。因此，投资者应该多留意均线之间的交叉情况。

7.5.1 银山谷

银山谷的标准图形如右图所示。

• 银山谷的主要特征：①出现在涨势初期；②由3根移动平均线交叉组成，形成一个尖头向上的不规则三角形。

• 银山谷的指示信号：标准的见底信号，后市看涨。激进型投资者可以把此信号作为买点，稳健型投资者可以选择继续观望，等走势明朗之后再进入。

• 注意事项：如果伴有成交量的放大，信号可信度更强。

下面以秦港股份（601326）为例进行说明。

❶ 在通达信软件中输入秦港股份的股票代码"601326"（见下左图）或其大写的汉语拼音首字母"QGGF"，按【Enter】键，进入秦港股份的日K线图。

❷ 通过缩放，可以看到秦港股份2021年8月至10月的日K线图，如下右图所示。在K线跌破均线后，该股开启阴跌模式，阴线多于阳线并且在底部横盘，股价在2.5元左右小幅震荡。这表明股价下跌态势得到有效缓解，行情可能发生反转。紧接着出现了银山谷的走势，与前几日相比，阳线成交量明显放大，阴线成交量减小，可以确认此为转势信号，后市上涨已是大概率事件，激进型投资者可果断进场。

7.5.2 金山谷

金山谷的标准图形如右图所示。

• 金山谷的主要特征：①出现在银山谷之后；②由3根移动平均线交叉组成，形成一个尖头向上的不规则三角形，和银山谷构成方式相同；③金山谷可以处在与银山谷相近的位置，也可以高于银山谷。

• 金山谷的指示信号：标准的买进信号，后市看涨。稳健型投资者可以此为买进点。

• 注意事项：①金山谷与银山谷相隔时间越长，所处位置越高，股价日后的上涨潜力越大；②如果伴有成交量的放大，信号可信度更强。

下面以神火股份（000933）为例进行说明。

❶ 在通达信软件中输入神火股份的股票代码"000933"（见下页左图）或其大写的汉语拼音首字母"SHGF"，按【Enter】键，进入神火股份的日K线图。

❷ 通过缩放，可以看到神火股份2021年6月至8月的日K线图，如下页右图所示。在一根放量大阳线后，银山谷形态出现，表明股价开始上涨。不过主力没有马上大幅拉升股价，而是先拉升部

分之后迅速回调，过滤意志不坚定的投资者。此轮行情之后，马上又出现放量大阳线，走出金山谷形态，可确认此为上涨信号，后市看涨已是大概率事件，稳健型投资者可果断进场。

7.5.3 死亡谷

死亡谷的标准图形如右图所示。

• 死亡谷的主要特征：①出现在跌势初期；②由3根移动平均线交叉组成，形成一个尖头向下的不规则三角形。

• 死亡谷的指示信号：标准的见顶信号，后市看跌。在股价大幅上升后出现此信号，投资者要尽快离场。

• 注意事项：死亡谷的卖出信号比K线与均线死亡交叉的强。

下面以风华高科（000636）为例进行说明。

❶ 在通达信软件中输入风华高科的股票代码"000636"（见下左图）或其大写的汉语拼音首字母"FHGK"，按【Enter】键，进入风华高科的日K线图。

❷ 通过缩放，可以看到风华高科2021年6月至9月的日K线图，如下右图所示。经过前期的上涨，股价从26.83元上涨至39.14元，涨幅超45%。之后高位出现动能衰竭的情况。先是出现了K线与均线死亡交叉的走势，然后股价反弹并横盘两日，这两日收出螺旋桨线和上吊线形态，顶部明显。紧接着呈现死亡谷的形态，结合前几个信号，表明顶部确立，并且已经有主力出货，股价无力支撑，投资者应尽快出货。果然，之后股价又下跌超过20%。

7.5.4 蛟龙出海

蛟龙出海的标准图形如右图所示。

• 蛟龙出海的主要特征：①出现在下跌后期或低位横盘后期；②由一根大阳线从下向上穿过短期、中期、长期均线，而且K线的收盘价在所有周期均线之上。

• 蛟龙出海的指示信号：标准的反转信号，后市看涨。激进型投资者可以把此信号作为买进信号，稳健型投资者可以选择继续观望，等走势明朗之后再进场。

• 注意事项：①阳线实体越长，信号越可靠；②成交量同步放大，可信度较强；成交量没有放大，可信度较弱。

下面以捷捷微电（300623）为例进行说明。

❶ 在通达信软件中输入捷捷微电的股票代码"300623"（见下左图）或其大写的汉语拼音首字母"JJWD"，按【Enter】键，进入捷捷微电的日K线图。

❷ 通过缩放，可以看到捷捷微电2021年4月至7月的日K线图，如下右图所示。经过横盘调整，短期均线和长期均线已经粘合在一起，股价已经从60日均线下方慢慢上升到均线上方，并且即使下探，也在60日均线获得支撑。2021年5月24日，一根中阳线呈现出了蛟龙出海的走势，从下往上，一举突破3根均线，而且成交量进一步放大，这是非常稳妥的买点，即使是稳健型投资者也可大胆买入做多。果然，之后股价沿着5日均线和10日均线节节攀升，走出一轮上涨行情。

7.5.5 断头铡刀

断头铡刀的标准图形如右图所示。

• 断头铡刀的主要特征：①出现在上涨后期或高位横盘后期；②由一根大阴线从上向下穿过短期、中期、长期均线，且收盘价在均线之下。

• 断头铡刀的指示信号：标准的反转信号，后市看跌。投资者遇见此信号，应尽早出货，不要继续做多。

• 注意事项：①阴线实体越长，信号越可靠；②成交量同步放大，可信度较强；成交量没有放大，可信度较弱。

下面以泸州老窖（000568）为例进行说明。

❶ 在通达信软件中输入泸州老窖的股票代码"000568"（见下页左图）或其大写的汉语拼音首字母"LZLJ"，按【Enter】键，进入泸州老窖的日K线图。

❷ 通过缩放，可以看到泸州老窖 2021 年 5 月至 8 月的日 K 线图，如下右图所示。经过前期上涨，股价已处在相对高位，接连两个十字星的出现可以显出顶部特征，并且在横盘之后突然出现了断头铡刀的走势，阴线从上向下穿过 3 根均线，同时伴随着成交量的放大，表示此为行情反转信号。后市虽有小幅反弹，但大势已去，将再次下跌，最终股价暴跌 40%。

高手支招

技巧 1　利用 5 日均线买卖法做波段

通常，如果股价距离 5 日均线太远，即高于 5 日均线太多或低于 5 日均线太多，股价都会有向 5 日均线靠拢的趋势，投资者可以利用这种特性做波段的短期操作。如果股价高于 5 日均线太多，可先卖出，等股价回归到 5 日均线附近时再买入；如果股价低于 5 日均线太多，可先买入，等股价接近 5 日均线时卖出。当然，每只股票价格的偏离程度都会有所不同。一般情况下，如果股价偏离 5 日均线达到 7%~15%，则属于较远，投资者可果断抓住短线卖出，等待股价稍微回落再买入。

技巧 2　利用 10 周均线判断股价走势

在实际操作中，当股价有效突破或跌破 10 周均线时，都是上升或下跌趋势打破的开始。投资者在具体运用时，需要注意以下两点。

（1）所处位置。当股价在相对低位突破 10 周均线，或在相对高位跌破 10 周均线时，转势信号有效性较强。

（2）突破幅度。当股价突破或跌破 10 周均线时，要有 3% 的幅度，最好是光头光脚线，这样有效性才较强。

第 8 章　趋势线分析

本章引语

　　故善战人之势，如转圆石于千仞之山者，势也。

——《孙子兵法》

　　所以，善于指挥作战的将军气势强盛，就如转动圆形巨石从几百米高的山顶滚下具有的气势一样，这就是所谓的"势"。股市投资跟行军作战类似，投资者也应像带兵打仗一样，分析形势，把握趋势，这样才能立于不败之地。

本章要点

　　★趋势线的常见形态

　　★趋势线的绘制

趋势线通常是被投资者用来判断中长期个股走势的工具。画出趋势线，投资者能够更清楚地分析当前趋势是上升还是下降，进而为之后的买卖做充分准备。

8.1 波浪理论与趋势线

8.1.1 波浪理论

投资者都希望能预测未来，波浪理论正是一种价格趋势分析工具，它根据周期循环的波动规律来分析和预测价格的未来走势。波浪理论的创始人——美国技术分析大师 R.N. 艾略特（1871—1948）在长期研究道琼斯工业平均指数的走势图后，于 20 世纪 30 年代创立了波浪理论。投资者仔细观察记录着股价波动信息的 K 线图，会发现它们有节奏、有规律地起伏涨落，如同大海的波浪一样。

一个完整的波动周期，即完成所谓从牛市到熊市的全过程，包括一个上升周期和一个下跌周期。上升周期由 5 浪构成，用 1、2、3、4、5 表示，其中 1、3、5 浪上涨，2、4 浪下跌；下跌周期由 3 浪构成，用 a、b、c 表示，其中 a、c 浪下跌，b 浪上涨。与主要运动方向（即所在周期指明的大方向）相同的波浪称为推动浪，与主要运动方向相反的波浪称为调整浪。也就是说，在上升周期中，因为主趋势向上，那么 1、3、5 浪为推动浪， 2、4 浪为调整浪，是对上涨的调整；在下降周期中，因为主趋势向下，那么 a、c 浪为推动浪，b 浪为调整浪，是对下跌的调整，通常称为反弹。一个完整的波动周期如下图所示。

波浪理论的主要特征就是它的通用性。因为股票的价格运动是在机构投资者与个人投资者广泛参与的自由市场之中，市场交易记录完整，与市场相关的信息全面丰富，特别适用于检验和论证波浪理论，所以它是诸多股票技术分析理论中被运用最多的。但不可否认，它也是非常难以被真正理解和掌握的。

波浪理论有以下几个原则。

（1）4 浪的最低点不可以低于 2 浪的最高点。

（2）3 浪是整个波浪中容易实现盈利的浪。因为 1 浪是趋势的起始浪，所以很难判断。2 浪是调整浪，要注意 2 浪的调整，2 浪调整结束就应当买进，获取 3 浪上涨的利润。3 浪往往也是上涨力度最大的浪。

（3）浪数可以增加，即可能不止 5 浪。一次波动走出第 5 浪时，若反方力量一直不出现，市场会一直沿着当前趋势继续延伸，直到反抗的力量积蓄到足够才会爆发，开始反向趋势。而 5 浪何时结束，市场并不能给出准确的条件。我们不仅需要通过波浪理论进行分析，还要利用其他辅助手段才能判断5 浪何时结束。

以风华高科（000636）为例来说明。该股票的价格在 2021 年 6 月到 9 月的走势中，经历了上涨和下跌一个轮回。股价前期最低为 24.66 元，经历了 1、3、5 浪上涨推动浪和 2、4 调整浪，以及 a、c 浪下跌推动浪和 b 浪调整浪。此次波动周期如下页图所示。

通达信炒股软件从入门到精通（第 2 版）

投资者可参照波浪理论，对趋势行情进行分解，但上涨趋势并非5浪就结束，下跌趋势也并非3浪就截止，黄金期货就曾经出现过上涨11浪的趋势行情。所以投资者要综合利用波浪理论和趋势线技术等工具，对后市的行情做出预判。

8.1.2 趋势线

大盘和个股的中长期走势可大致分为3种。上升趋势、下跌趋势和震荡趋势。在一个价格运动当中，如果其波峰和波谷都相应高于前一个波峰和波谷，那么就称之为上涨趋势；相反，如果其包含的波峰和波谷都低于前一个波峰和波谷，那么就称之为下跌趋势；如果后面的波峰和波谷都基本与前面的波峰和波谷持平，那么称之为震荡趋势，或者横盘趋势，或者无趋势。投资者可以借助趋势线对大盘或者个股的走势进行分析。

下图为中国铝业（601600）在2019年12月至2021年9月的走势图。从图中可以看出，股价自2021年以来一直沿上升趋势线呈单边上升走势，每次回调至趋势线就获得支撑，并且在开启急速拉升时，上涨的趋势变得更陡峭。

通常来说，趋势形成之后不会被轻易改变。例如，一旦下跌趋势形成，股价就会持续下跌；相反，一旦上涨趋势确立，股价也会跟着趋势上涨。所以，理性的投资者要顺势而为，才能获取丰厚回报，逆势而为的成功率一般都不高。

"一把尺子闯天下"可以用来形容趋势线的重要作用，通常这种作用主要通过以下几个方面表现出来。

（1）对股价变动起约束作用。上升趋势线一旦形成，就成为多方的一条防线，该线对股价有支撑作用，即股价回调至该线时，多头就会进场抄底，或者持仓有卖出意愿的投资者会停止卖出行为，等待反弹。同样，下降趋势线一旦形成，就成为空方的阻力，股价反弹到该线时会遭到有效抵抗，重归跌势。

趋势线的支撑和压制作用可以互相转化。上升趋势线一旦被有效跌破，它就由原来的支撑变为压制，股价的波动很可能改变原有趋势。同样，下降趋势线一旦被有效突破，它就由原来的压制变为支撑，股价遇该线或许会反弹。

下面以上海医药（601607）为例进行说明。

❶ 打开通达信软件，输入上海医药的股票代码"601607"，按【Enter】键确认，如下左图所示。

❷ 在 2021 年 1 月至 8 月期间，股价先是在 2 月至 6 月经历了一轮上涨，之后在 6 月至 8 月变为下跌趋势，如下右图所示。股价几乎是怎么涨上来，怎么跌回去。但是无论是上涨还是下跌，都受到上涨趋势线的支撑和下跌趋势线的压制。

（2）对趋势演化起追踪作用。因为每条趋势线都有一个角度，从角度的变化中，投资者可以清楚地看出趋势变化的特征。通常股价的上升可分成 3 个阶段，即初升段、主升段、末升段。趋势线在这 3 个阶段会形成不同的角度，即启动角度、加速角度、减速角度。一般情况下，启动角度和减速角度都较小，行情在主升段较猛烈，因而加速角度较大。但是，如果启动角度和加速角度都较小，通常在末升段会出现拉升行情，即减速角度较大。

趋势线一旦被打破，说明趋势不再延续之前的走势，甚至有可能朝相反方向发展。越是重要、有效的趋势线被打破，其转势信号越强烈。

8.2 趋势线的常见形态

分类标准不同，趋势线的类别也不同。根据时间长短分类，趋势线可分为长期趋势线（连接各长期波动点）、中期趋势线（连接各中期波动点）和短期趋势线（连接各短期波动点）。根据位置信息分类，趋势线可分为上升趋势线、下降趋势线和横盘趋势线。本节介绍上升趋势线、下降趋势线，及压力线和支撑线。

8.2.1 上升趋势线

上升趋势线是将 K 线图中每一个波浪的最低点相连形成的一条切线，体现整个股价上涨的趋势，如右图所示。上升趋势线一旦形成，表示做多力量已经达成了一致的交易共识，拉升的压力可能会减小。投资者如果在上升趋势线上买入，后期亏损的概率会小很多。

趋势线通常都有一定的倾斜角度。倾斜角度大，表明短时间内股价上涨幅度大，但其支撑作用小，持续上涨时间不长，比较容易被跌破；反之，如果倾斜角度小，表明短时间内股价上涨幅度小，但上升趋势线的支撑作用大，持续上涨时间相对较长。如果是大牛趋势，往往是先经历平缓的趋势线，再经历陡峭的趋势线。当股价随着固定的趋势移动时，时间越久说明趋势线越可靠。

下面以神火股份（000933）为例进行说明。

❶ 打开通达信软件，输入神火股份的股票代码"000933"，按【Enter】键确认，如下左图所示。

❷ 下右图是神火股份 2020 年 11 月至 2021 年 9 月的走势图。从图中不难看出，这一轮趋势上涨经历了 5 浪，每 2 大浪又可以拆解为 6 小浪。股价每次上涨后都调整到趋势线就停止下跌，开启反弹，多头重新发力，继续上攻，并且在行情的后期，进一步加速上涨，让趋势线变得更陡峭。此时，投资者要用新的上升趋势线进行分析。

上升趋势线被有效跌破是指在上升过程中，股价跌破原有趋势线，且下跌幅度达到 3% 以上，时间超过 3 天。此时表明趋势线的支撑作用失效，转化为压制作用。如果此时成交量突然放大，就更加确定原有趋势被打破。投资者应尽早出货，避免损失。

下面以华熙生物（688363）为例进行说明。

❶ 打开通达信软件，输入华熙生物的股票代码"688363"，按【Enter】键确认，如下左图所示。

❷ 下右图为华熙生物 2021 年 3 月至 9 月的走势图。可以看到，3 月至 7 月中旬，股价沿着上升趋势线运行，上升趋势线比较平缓，但是在 7 月 23 日，一根中阴线直接跌穿 5 日、10 日和 20 日均线，7 月 24 日的大阴线更是直接跌穿了上升趋势线，并且伴随巨大的成交量，趋势被打破，之后走势由涨转跌，并且股价受到下降趋势线的压制，反弹到下降趋势线就停止向上。

8.2.2　下降趋势线

下降趋势线是将 K 线图中每一个波浪的最高点相连形成的一条切线，体现出整个股价下跌的趋势，如右图所示。下降趋势线一旦形成，表示做空力量已经就绪，多方力量偏弱，投资者应及时清仓离场，避免被深度套牢。如果可以融券，投资者可以选择在波浪顶部做空。

跟上升趋势线类似，下降趋势线同样有倾斜角度。倾斜角度大，表明短时间内股价下跌幅度大，但其压制作用小，持续急速下跌的时间可能不长；倾斜角度小，表明短时间内股价下跌幅度小，但其压制作用大，持续下跌的时间相对较长。另外，下降趋势线被触及的次数越多，可靠性越强。

普通下降趋势线的倾斜角度既不会太大，也不会太小，属于中间情况。它体现出股价呈下跌态势，投资者此时应尽早出货。快速下降趋势线的倾斜角度很大，说明短期内股价下跌快，持续时间很短，投资者要果断买进和卖出。慢速下降趋势线的倾斜角度很小，说明短期内股价下跌慢，但持续时间会很长，投资者此时应该进行中长线投资。

下降趋势线被有效突破是指在下降过程中，股价突破了原有趋势线，且上涨幅度达到 3% 以上，时间超过 3 天。此时表明趋势线的压制作用失效，转变为支撑作用。如果此时成交量突然放大，就更加确立底部成立。投资者可考虑先小单量买进当作底仓。

下面以中国重汽（000951）为例进行说明。

❶ 打开通达信软件，输入中国重汽的股票代码"000951"，按【Enter】键确认，如下左图所示。

❷ 下右图为中国重汽 2021 年 1 月至 9 月的走势图。可以看到，在经历了前期的小幅反弹之后，股价在 2 月开始进入下行趋势，尤其是在 3 月价跌破所有均线，更加确立进入下行通道。上涨不言顶，下跌不言底，一旦股价跌破长期均线，不要想着找支撑位，因为均线和趋势线已经成了压力，向下是没有支撑位的。因此，投资者应及时卖出，在下跌初期的任何时点卖出都是对的。如果一直都没卖出，当股价反弹向上突破下降趋势线之后可以考虑卖出。不建议投资者在一只股票的价格经过长期下跌后，向上突破下降趋势线就买入，因为其往往还要经历震荡才能向上。大熊市之后就开启大牛市的情况不多。

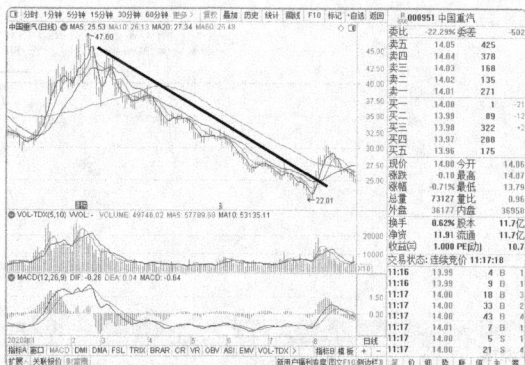

股价下跌时速率并不是完全一致的，有的股价先急速下跌再缓慢阴跌，有的则先震荡下跌再加速赶底。所以下降趋势线也需要依据行情的变化进行调整。新的下降趋势线同样是对波峰作切线，但是切线的斜率和原趋势线的斜率不同，所以与原趋势线会有一个交叉点。

下面以皖通高速（600012）为例进行说明。

❶ 打开通达信软件，输入皖通高速的股票代码"600012"，按【Enter】键确认，如下页左图所示。

❷ 下页右图为皖通高速 2021 年 1 月至 8 月的走势图。该股票价格在 4 月至 6 月中旬先沿着一条相对平缓的下降趋势线下跌，在跌破 60 日均线之后反弹失败，多头更是不计成本地卖出，股价开始没有抵抗地加速下跌。这时由于股价跌速加快，所以沿着新的下降趋势线下跌。但是加速下跌有个

好处是能缩短见底的时间，投资者不用等待漫长的阴跌之后再找投资机会。很多后期加速下跌的股价，会很快反弹。但是经历漫长阴跌的，需要时间来反复确认底部。所以在下跌初期，只要股价跌破趋势线、跌破长期均线，投资者都应该尽早撤出。

8.2.3　压力线

在震荡行情中，当股价上涨到一定价位时，继续上涨会受到阻力并回落。在 K 线图中，在每个波峰处绘制一条切线，即为压力线。压力线对股价具有压制作用，一旦股价难以突破，则会转头向下。投资者如果没能尽早出货，将会遭受损失。

下面以野马电池（605378）为例进行说明。

❶ 打开通达信软件，输入野马电池的股票代码"605378"（见下左图）或其大写的汉语拼音首字母"YMDC"，按【Enter】键确认。

❷ 通过缩放，找到野马电池 2021 年 4 月至 9 月的走势图，利用画线工具绘制出压力线，如下右图所示。压力线对股价起到压制作用，股价到了该位置，即开始回调。

8.2.4　支撑线

在震荡行情中，当股价下跌到一定价位时，继续下跌会受阻并回升。在 K 线图中，在每个波谷处绘制一条切线，即为支撑线。支撑线对股价具有支撑作用。往往结合支撑线和 W 底分析判断底部的成立。

> **提示**
>
> 判断重要的支撑和压力区域需要考虑如下因素。
>
> （1）股价在该区域停留的时间。
>
> （2）股价在该区域时伴随的成交量大小。
>
> （3）该区域离现在股价区域的远近。
>
> （4）习惯数值（如整数位置、黄金分割位置）。

下面以江苏神通（002438）为例进行说明。

❶ 打开通达信软件，输入江苏神通的股票代码"002438"（见下左图）或其大写的汉语拼音首字母"JSST"，按【Enter】键确认。

❷ 通过缩放，找到江苏神通 2021 年 1 月至 9 月的走势图，利用画线工具绘制出支撑线，如下右图所示。该支撑线起着重要的支撑作用，当股价接近支撑线时，就反弹。投资者此时可在股价接近支撑线的位置大胆买入，等待股价上涨。

8.3 趋势线的绘制

在 K 线图的分析中，趋势线很重要，本节将介绍如何在通达信软件中绘制出准确的趋势线。

8.3.1 趋势线的绘制方式

上升趋势线是波谷（底点）之间的连线，连接底点，使尽可能多的底点都处于同一条直线上。下降趋势线是波峰（顶点）之间的连线，连接顶点，使尽可能多的顶点都处在同一条直线上。横盘趋势线将顶点和底点分别以直线连接，形成震荡区间。

下面以龙星化工（002442）为例，介绍具体操作步骤。

❶ 打开通达信软件，输入龙星化工的股票代码"002442"（见下图）或其大写的汉语拼音首字母"LXHG"，按【Enter】键确认。

❷ 双击进入龙星化工 K 线图界面，选择行情期间为 2021 年 3 月至 9 月，然后在界面最右侧的工具栏中单击【画线工具】按钮 ✎ ，如下页图所示。

❸ 弹出下左图所示的画线工具栏，投资者可利用其中的工具绘制线段、图形等。

❹ 单击【线段】按钮∕，再次单击确定起点之后拖曳鼠标，在终点处松开鼠标，即可成功绘制趋势线，如下右图所示。

❺ 右击趋势线，弹出下左图所示的快捷菜单，选择【编辑画线】，可以在弹出的对话框中设置趋势线的颜色、线型、线宽等。把颜色设置为深紫色，把线型设置为实线，线宽选择选项中的第三种，然后单击【确定】按钮，如下右图所示。

❻ 设置完成后，趋势线被成功修改，如下页图所示。

8.3.2 黄金分割线的绘制方法

黄金分割是一种古老的数学方法，在实际应用中经常发挥着意想不到的作用。本小节主要以绘制黄金分割线为例进行介绍。绘制黄金分割线的第一步是记住几个特殊的数字：1.191、1.382、1.5、1.618。这些数字中1.191和1.382最为重要，意味着股价极容易在上涨19.1%和38.2%处面临压力，或在下跌19.1%和38.2%处面临支撑。可见，绘制黄金分割线时要以绝对数为基准点。

下面以健麾信息（605186）为例，介绍具体操作步骤。

❶ 进入健麾信息的K线图，时间区间为2021年5月至9月。单击【画线工具】按钮 🖊，在画线工具栏中单击【黄金分割线】按钮 🔢，如下左图所示，测算5月25日至6月3日的股价涨幅。

选择完这一波段的底部与顶部之后，系统会自动测算黄金分割比例涨跌的不同比例对应的不同价格。例如，底部选择18.85元，顶部选择37.25元，通过黄金分割比例可知，再上涨可达到44.28元（涨幅达到138.2%）。如果向下回调可能会到30.23元，回调至从18.85元来计算上涨61.8%的位置[具体公式为18.85+（37.25-18.85）×0.618]，如下右图所示。

❷ 右击黄金分割线，弹出快捷菜单，选择【编辑画线】，在弹出的对话框中可以把黄金分割线设置为红色、实线线型，线宽选择选项中的第一种，然后单击【确定】按钮，如下图所示。

❸ 设置完成后，黄金分割线的属性修改完成，如下图所示。投资者可拖曳黄金分割线至不同位置，也可以选中顶部或者底部调节取值的范围。

8.3.3 头肩形

简单来说，头肩形是由两个相近的肩与一个明显高于肩的头部组成。头肩形分为头肩顶和头肩底两种。

头肩顶是一种顶部形态，其走势可以划分为以下几个过程。

（1）左肩。前期持续一段时间的上涨，成交量很大，过去在任何时点买入的投资者都会实现盈利，于是开始获利卖出，导致股价出现短期的回落，成交量可能会有所减少。

（2）头部。股价经过短暂的回落后，又获得短线支撑，进行反弹，同时成交量也放大。不过，成交量的最高点较左肩部分明显减少。股价上破左肩的高点后再一次回落。成交量在回落期间减少。

（3）右肩。股价下跌到接近上次回调的低点又获得支撑，进行反弹，但是市场投资者的情绪明显减弱，成交量比起左肩和头部的明显减少，右肩的股价反弹的位置也低于头部的高点，形成右肩部分。

（4）颈线。将左肩和右肩的顶点形成的连线，就是头肩顶的颈线。股价跌破颈线的幅度要超过市价的3%才能确立头肩顶。出现头肩顶形态时，后市股价下跌的概率很大，投资者应当及时卖出。

与头肩顶相反，头肩底是一种底部形态。头肩底走势可以划分为以下几个部分。

（1）左肩。开始时急速下跌，随后止跌反弹，形成第一个波谷，即左肩部分；同时成交量在下跌过程中出现放大迹象，而在左肩最低点回升时的成交量则有减少的倾向。

（2）头部。第一次反弹受阻，股价再次下跌，并跌破了前一低点，之后股价再次止跌反弹形成第二个波谷（头部），成交量有所增加。

（3）右肩。第三次反弹再次在第一次反弹的高点处受阻，股价又开始第三次下跌，但股价到与第一个波谷相近的位置后就不下去了，成交量出现极度萎缩；此后股价再次反弹形成第三个波谷，同时成交量显著增加。

（4）颈线。第一次反弹高点和第二次反弹高点之间形成的连线，即为颈线。当第三次反弹时，股价会在成交量的配合下突破颈线，助推股价继续上涨。

在众多个股的行情走势中，头肩形会有不同的变体形态。

（1）颈线不一定是水平的，可以向上或向下倾斜。

（2）头肩形有时会出现一头多肩或多头多肩的转向形态，此类形态较为复杂，但万变不离其宗。值得注意的是，转向形态越大，后市的升幅或跌幅也越大。

注意，若股价突破颈线时成交量并无显著增加，很可能是"假突破"，这时投资者不要被迷惑，可以等一等再交易。

本小节只举例说明如何绘制头肩底。

下面以神火股份（000933）为例，介绍具体操作步骤。

❶ 进入神火股份的K线图，时间区间为2021年5月至9月。单击【画线工具】按钮 ✐，调出画线工具栏，在画线工具栏中单击【头肩型】按钮 ⋀ᴧ，如下图所示。

❷ 在界面中单击自动出现头肩形态，长按鼠标向右下方拖曳，即出现头肩底形态。然后松开鼠标，把头肩底的各节点拖曳到股价的走势当中，调整各个节点，使其贴合实际的K线走势，如下图所示。

❸ 单击画线工具栏中的【直线】按钮 ╱，选择两个顶点画出颈线，如下图所示。

❹ 右击头肩底，弹出快捷菜单，选择【编辑画线】，在弹出的对话框中可以把头肩底设置为实线线型，线宽选择选项中的第三种，然后单击【确定】按钮。设置成功后，头肩底绘制成功，如下图所示。头肩底是确立底部的一种形态，投资者可参照颈线来判断是否买入。如果股价突破颈线，则更加确立后市会上涨。

8.3.4 M头、W底

M头、W底是K线图中常见的反转形态，具有很高的实践意义。M头又称为双重顶，由两个较为相近的高点构成，因其形状类似于英文字母"M"而得名。在连续上升的过程中，当股价上涨至某一价格水平时，开始掉头回落；当下跌至某一位置时，股价再度反弹上行，反弹至前高点附近之后再次下跌，并跌破第一次回落的低点，之后股价大跌几乎成为定局。W底也称为双重底，是指股价在连续两次下跌的低点大致相同时形成的走势图形。

本小节以W底为例介绍绘制方法。

下面以江苏神通（002438）为例，介绍具体操作步骤。

❶ 进入江苏神通的K线图，时间区间为2021年5月至9月。单击【画线工具】按钮 ╱，调用画线工具栏，在画线工具栏中单击【M头W底】按钮 W ，如下页上图所示。

❷ 在界面中长按鼠标并向右下方拖曳，在W走势左侧底部的顶点松开鼠标，即自动出现"W"线型。将W底的各点拖曳到股价的走势当中，如下页中图所示。

❸ 右击 W 底，弹出快捷菜单，选择【编辑画线】，在弹出的对话框中可以把 W 底颜色设置为黑色，线型设置为实线，线宽选择选项中的第三种，然后单击【确定】按钮，如下图所示。

❹ 设置成功后，W 底绘制完成，如下图所示。

8.3.5　通道线

　　通道线是在趋势线的基础上发展而来的，分为上升通道和下降通道。本小节以上升通道为例进行介绍。一般来讲，当某只股票的价格处于上升趋势时，将其 K 线图中的两个明显低点连成一条直线，并向上平行移动，直到与一个高点相切为止，这样就形成上升通道。进入上升通道，表明多头力量比较强大，下轨成为强的支撑位。上升通道出现股价跌破下轨的情况，则意味着上升趋势结束的可能性较大。上升通道出现放量，且股价向上突破时，则往往意味着顶部即将来临。这是因为此前在上升通道中已经累计了一定的获利盘，一旦向上突破，反而缺乏进一步上涨的动力。

　　下面以北方华创（002371）为例，介绍具体操作步骤。

　　❶ 进入北方华创的 K 线图，时间区间为 2021 年 5 月至 9 月。单击【画线工具】按钮 ✎，调出画线工具栏，在画线工具栏中单击【平行直线】按钮 ✐，如下图所示。

❷ 单击5月25日的收盘价，长按鼠标沿着该股走势拖曳找到7月9日的低点，再松开鼠标，即确定通道下轨的走势，同时也会形成平行的上轨，如下图所示。但是这个上轨不一定适合当时的K线，可以单击上轨的顶点调整通道的宽度。通道的下轨应该支撑更多底点，通道的上轨应该包含更多顶点，这样的上升通道才是可用性强的。一旦股价跌破通道的下轨，就说明股价改变了原来的趋势，投资者就应当适时卖出或者减仓。

❸ 右击通道线，弹出快捷菜单，选择【编辑画线】，在弹出的对话框中可将通道线颜色设置为黑色，线型设置为实线，线宽选择选项中的第三种，然后单击【确定】按钮，如下图所示。

❹ 设置成功后，上升通道绘制成功，如下页图所示。

8.3.6　波段线

波浪理论认为不管是多头市场还是空头市场，每个完整循环都会有几个波段。波段线按照波浪的个数可以分为八浪线、五浪线和三浪线。本小节以八浪线为例介绍绘制方法。八浪线符合波浪理论中经典的五浪走势，按照趋势的不同，将其分为两个部分。首先，上涨的波段有5浪，其中3浪上涨，2浪回调；其次，下跌的波段有3浪，其中2浪下跌，1浪反弹（也就是上涨5浪＋下跌3浪）。在上涨过程中，投资者的核心是抓上涨初期的回踩，在回踩的低点买入可以收获后面波浪上涨的收益。可以借助画线工具中的八浪线，分析未来股价的走势。

下面以拓邦股份（002139）为例，介绍具体操作步骤。

❶ 进入拓邦股份的K线图，时间区间为2021年1月至9月。单击【画线工具】按钮🖊，调出画线工具栏，单击【八浪线】按钮，如下图所示，即可绘制八浪线。

❷ 单击1月20日的低点，按住鼠标左键并向右上方拖曳，在第一个波段的顶点处松开鼠标，即可形成八浪线的初始形态，如下页图所示。这时的八浪线并不完全符合股价的实际走势，投资者还需要调节各个顶点的位置，使其贴合股价走势。

❸ 右击八浪线，弹出菜单，选择【编辑画线】，在弹出的对话框中将八浪线颜色设置为黑色，线型设置为实线，线宽设置为第三条线宽，然后单击【确定】按钮，如下图所示。

❹ 设置成功后，八浪线绘制成功，如下图所示。

技巧 1　趋势线的有效突破原则

在实战中，投资者需要把握以下3个趋势线的有效突破原则。

（1）收盘价突破原则。收盘价突破趋势线比交易日内的最高价、最低价突破趋势线重要。

（2）3%突破原则。通常情况下，突破趋势线后，离趋势线越远，突破越有效。该原则要求收盘价突破趋势线的幅度至少达到3%才算有效，否则无效。

（3）3天原则。通常情况下，突破趋势线后，在趋势线的另一方停留的时间越长，突破越有效。该原则要求收盘价突破中长期趋势线的天数至少达到3天才算有效，否则还有可能回到原来的趋势。

技巧 2　根据大盘的不同趋势选择股票

大盘呈现出不同的变动趋势，各种股票的活跃程度也不同，以下是几种常见的选股原则。

（1）调整尾声——超跌股。

（2）牛市确立——高价股。

（3）休整时期——题材股。

（4）报表时期——"双高"股（高净值、高分红）。

（5）熊市期间——白马股。

第9章　常用的技术指标

通达信炒股软件从入门到精通（第2版）

本章引语

　　当那些好的企业突然受困于市场逆转、股价不合理的下跌，这就是大好的投资机会来临了。

——巴菲特

　　巴菲特能成为投资专家，靠的是对市场敏锐的把握和积极的行动。面对浩瀚的市场，如何才能正确地分析市场走势？技术指标正是对市场某一特征的精确反映。在资本市场中，我们并不能精准预测所有走势，但是借助技术指标，我们可以找出大概率事件，在能做决策的时间做出正确的判断，获取属于我们认知以内的收益。

本章要点

★指数平滑异同移动平均线指标

★随机指标

技术指标是对股市中的价和量依据一定的数学关系，得出各种技术图形，用以对市场的走势做出分析和判断的指标。通达信软件中预设了很多技术指标，大致可分为3类：趋势型指标、乖离指标和支撑压力指标。投资者要想在股市中游刃有余，需要全面掌握分析工具，除了常见的均线和趋势线等技术分析工具之外，还需要掌握乖离率指标、布林线指标、威廉超买超卖指标、相对强弱指标、成交量变异率指标、指数平滑异同移动平均线指标和随机指标等技术指标。本章将对这些技术指标进行详细的介绍。

9.1 常用指标

技术指标分析是目前股票分析中比较常见的一种方法，是指一切以数据来论证股价趋向、股票买卖等的方法。技术指标实际上是对股市中价格和成交量的不同反映，有利于投资者对股票信息的把握。投资者根据价格和成交量，按照一定的算法即可计算出技术指标。

在通达信软件中，选择【公式】➢【公式管理器】命令即可弹出相应对话框，其中包含很多常用的固定参数指标，如右图所示。投资者也可以根据自己的需要修改指标的具体参数。

投资者通过对股票技术指标的分析可以更深入地了解股价的走势，判断某只股票未来的价格趋势，为自己的投资做好充分的准备。

9.1.1 乖离率指标

乖离率（BIAS）是指股价与移动平均线之间的偏离程度，以百分比的形式表示股价与移动平均线之间的差距。如果股价在移动平均线之上，则 BIAS 为正值；如果股价在移动平均线之下，则 BIAS 为负值。利好、利空的刺激，会使股价大涨或者大跌，这就会使 BIAS 增加或者减少。由于移动平均线可以代表平均持仓成本，因此，股价离移动平均线太远，就会随时有短期反转的可能，BIAS 的绝对值越大，股价向移动平均线靠近的可能性就越大。

投资者可以根据 BIAS 绝对值的大小判断股票的买卖。当股价在下方远离移动平均线时，可适当买进；当股价在上方远离移动平均线时，可考虑卖出。BIAS 的计算公式具体如下。

BIAS=（当日收盘价－N 日内移动平均价）/N 日内移动平均价 ×100%

例如，5 日 BIAS=（当日收盘价－5 日内移动平均价）/5 日内移动平均价 ×100%。

公式中的 N 按照选定的移动平均线日数确定，一般为 5 或 10。当股价在移动平均线之上时，为正 BIAS，反之为负 BIAS；股价与移动平均线重合，BIAS 为零。正 BIAS 超过一定数值时，显示短期内多头获利较大，获利回吐的可能性也较大，释放卖出信号；负 BIAS 超过一定数值时，说明空头回补的可能性较大，释放买入信号。

提示

> 在涨势中，如果 BIAS 的高点越来越低，显示出市场上投资者追高的意愿越来越弱，卖压越来越重，股价有反转向下的趋势。

下面举例说明如何使用 BIAS 指标。

❶ 打开通达信软件，输入中锐股份的股票代码 "002374"，按【Enter】键确认，如下页左图所示。

❷ 输入乖离率指标"BIAS"，按【Enter】键确认，如下右图所示。另外，也可直接单击指标选项中的【BIAS】。

❸ 下图为中锐股份在 2021 年 5 月至 9 月的日 K 线图。可以看到，BIAS 为正，并且在 7 月末 8 月初的时候出现了双底，这说明空头释放势能接近尾声。8 月 9 日，BIAS 线达到双底的右侧低点，同时 K 线也走出双底，这是很好的买入信号，后市看涨的概率较大，投资者可适时进场。

9.1.2 布林线指标

布林线（BOLL）指标是支撑压力指标，是根据统计学中的标准差原理设计出来的技术指标。一般而言，股价的运动总是围绕某一价值中枢（如移动平均线、成本线等）在一定的范围内变动，BOLL 指标正是基于这一"变动范围"引进了"股价通道"的概念。BOLL 指标认为，股价通道的宽窄随着股价波动幅度的大小而变化，而且股价通道又具有变异性，它会随着股价的变化而自动调整。

BOLL 指标由 3 条曲线组成，分别是上轨、中轨和下轨。其中，中轨是股价的移动平均线，而上轨和下轨的值分别用当前的移动平均线值加上和减去 2 倍的标准差得出。

投资者在使用 BOLL 指标时，需要注意以下几点。

（1）股价在中轨上方运行时属于安全状态，短线可持有观望；股价自下而上突破上轨时，短线要格外小心股价下跌。

（2）股价在中轨下方运行时属于危险状态，短线应趁机在反弹至中轨时离场；股价自上而下跌破下轨时，短线可择机进入，等待上涨。

（3）股价自下而上突破上轨后，回探至中轨时不跌破中轨，显示后市看涨，投资者可持股或加仓。

（4）股价自下而上突破下轨后，于中轨反弹时，不回到中轨以上，则后市看跌，应卖出。

（5）通道突然呈急剧变窄收拢形状时，显示股价方向将会发生重大转折，这时应结合其他指数判断行情。

下面举例说明如何使用 BOLL 指标。

❶ 打开通达信软件，输入江南水务的股票代码"601199"，按【Enter】键确认，如下左图所示。

❷ 输入布林线指标"BOLL"，按【Enter】键确认，如下右图所示。另外，也可直接单击指标选项中的【BOLL】。

❸ 下图为江南水务在2021年7月至9月的日K线图。可以看到，进入8月，股价就开始在上轨运行，即使有个别交易日的K线突破上轨，但都受到了压力，回到上轨下方。K线紧贴上轨运行说明是上涨阶段。此时下跌的风险较小，布林通道呈高位开口态势。但是在9月，高位出现多根阴线，且成交量有所放大，所以股价回落至中轨附近并获得支撑，在9月22日开始强力反弹。投资者如果没有提前出货，可以不必着急卖出，根据后续行情发展再做决定。

9.1.3 威廉超买超卖指标

威廉超买超卖（WR）指标是一个震荡指标，主要用于研究股价的波动，投资者通过分析股价波动变化中的峰与谷决定买卖时机。投资者利用震荡点来辨别市场的超买超卖现象，可以预测循环期内的高点与低点，从而判断出有效的买卖信号。因此，震荡点是用来分析市场短期行情走势的技术指标。

WR指标的计算主要是根据周期内的最高价、最低价及周期结束的收盘价三者之间的关系展开的，其计算公式如下。

$$WR = (H_n - C) \div (H_n - L_n) \times 100$$

式中：

• n 是交易者设定的交易期间（常为30日）；

• C 是第 n 日的最新收盘价；

• H_n 是过去 n 日内的最高价（如30日的最高价）；

• L_n 是过去 n 日内的最低价（如30日的最低价）。

投资者在运用WR指标时，需要注意以下几点。

（1）当WR高于80，即处于超卖状态时，行情即将见底，应当考虑买进。

（2）当WR低于20，即处于超买状态时，行情即将见顶，应当考虑卖出。

（3）在 WR 进入高位后，一般要回头，如果股价继续上升，就会产生背离，是卖出信号。

（4）在 WR 进入低位后，一般要反弹，如果股价继续下降，就会产生背离，是买进信号。

（5）WR 连续几次撞顶（底），局部形成双重或多重顶（底），是卖出（买进）信号。

（6）WR 双线重叠往往是买进或者卖出的时机。

同时，使用 WR 指标的过程中应该注意与其他技术指标相互配合。

下面举例说明如何使用 WR 指标。

❶ 打开通达信软件，输入神火股份的股票代码"000933"，按【Enter】键确认，如下左图所示。

❷ 输入威廉超买超卖指标"WR"，按【Enter】键确认，如下右图所示。另外，也可直接单击指标选项中的【WR】。

❸ 在 2021 年 8 月初，WR 数值接近 100，高于标准的 80，如下图所示，说明股价处于超卖状态；同时经过前期长时间的横盘震荡，表明股价基本上已见底。WR 双线重叠是买入信号，后市行情可期，投资者可以果断买入。

9.1.4　相对强弱指标

相对强弱（RSI）指标是根据股票市场上供求关系平衡的原理，通过比较一段时期内单只股票价格涨跌的幅度或整个市场指数涨跌的大小来分析判断市场上多、空双方买卖力量的强弱程度，从而判断未来市场走势的一种技术指标。

RSI 指标是一定时期内市场的涨幅平均值与涨幅加上跌幅的平均值的比值。它是买卖双方力量在数量和图形上的体现，投资者可根据其所反映的行情变动情况及轨迹来预测未来的股价走势。

RSI 指标的计算公式如下。

$$RSI = n 日内涨幅平均值 / (n 日内涨幅 + 跌幅平均值) \times 100\%$$

投资者在运用 RSI 指标时需要注意以下几点。

（1）当 6 日 RSI 低于 20 时，行情进入超卖状态，是看涨买入信号。

（2）当 6 日 RSI 超过 80 时，行情进入超买状态，是看跌卖出信号。

（3）当 6 日 RSI 在低位向上穿越 12 日 RSI 时，形成 RSI 低位黄金交叉，是看涨买入信号。

（4）当 6 日 RSI 在高位向下穿越 12 日 RSI 时，形成 RSI 高位死亡交叉，是看跌卖出信号。

（5）当 6 日 RSI 连续两次下跌到同一位置获得支撑反弹时，形成 RSI 的双重底形态，是看涨买入信号。

（6）当 6 日 RSI 连续两次上涨到同一位置遇到阻力回落时，形成 RSI 的双重顶形态，是看跌卖出信号。

（7）如果股价连创新低的同时 RSI 没有创新低，就形成 RSI 底背离，是看涨买入信号。

（8）如果股价连创新高的同时 RSI 没有创新高，就形成 RSI 顶背离，是看跌卖出信号。

> **提示**
>
> 当 RSI 处于高位，但在创出 RSI 近期新高后，反而形成一峰比一峰低的走势，而此时 K 线图上的股价再次创出新高，形成一峰比一峰高的走势，这就是顶背离。出现顶背离一般是股价在高位即将反转的信号，表明股价短期内即将下跌，是卖出信号。RSI 底背离则正好相反。

下面举例说明如何使用 RSI 指标。

❶ 打开通达信软件，输入龙江交通的股票代码"601188"，按【Enter】键确认，如下左图所示。

❷ 输入相对强弱指标"RSI"，按【Enter】键确认，如下右图所示。另外，也可直接单击指标选项中的【RSI】。

❸ 回溯行情到 2021 年 1 月至 7 月，如下图所示。2 月 6 日的 RSI 指标跌破 20，这是超跌信号，说明空头动能即将衰竭，并且之后出现 RSI 黄金交叉，这是转势看涨信号，投资者可在出现黄金交叉时大胆买入。3 月至 4 月中旬，股价基本一直震荡横盘，RSI 也回落至 50 附近。在 4 月下旬再次出现 RSI 黄金交叉，这是第二次出现买入信号。投资者如果在前面没有买入，这一时间点买入也会获得较多收益。

第 9 章 常用的技术指标

9.1.5 成交量变异率指标

成交量变异率（VR）指标是利用股票量与价格之间的关系来判断趋势的技术指标，其理论基础是"量价理论"和"反市场操作理论"。由于量先价行、量涨价增、量跌价缩、量价同步、量价背离等成交量的基本原则在市场上恒久不变，因此，上涨与下跌的成交量变化可作为研判行情的依据。同时，当市场上人气开始聚集，股价刚开始上涨和在上涨途中的时候，投资者应顺势操作；而当市场上人气极度旺盛或极度萧条，股价暴涨或暴跌的时候，投资者应果断离场或进场。因此，反市场操作也是 VR 指标所显示的一项功能。

一般而言，低价区和高价区出现的买卖盘行为均可以通过成交量表现出来，因此，VR 指标又带有超买超卖的研判功能。同时，VR 指标是用上涨时期的成交量除以下跌时期的成交量，因此，VR 指标又带有一种相对强弱的概念。

总之，VR 指标可以通过研判资金的供需及买卖气势的强弱、设定超买超卖的标准，为投资者确定合理、及时的买卖时机提供正确的参考。

投资者在运用 VR 指标时需要注意以下几点。

（1）VR 一般分布在 150 左右，一旦越过 250，市场就容易产生一段多头行情。

（2）VR>350 或处在相对高位时，代表股市资金大多数已投入市场，市场上已无多余资金可供垫高股价，很可能造成股价因缺乏后续资金的支持而反转下跌。

（3）VR<40 或处在相对低位时，市场极易形成底部，股价会获得更多资金的撑垫而反弹。

（4）在寻找底部时运用 VR 指标比较可靠，确认顶部时，宜多配合其他指标使用。

由于 VR 指标过于简单，投资者在运用 VR 指标时，最好与其他指标结合使用，做综合判断。

下面举例说明如何使用 VR 指标。

❶ 打开通达信软件，输入山东黄金的股票代码"600547"，按【Enter】键确认，如下图所示。

❷ 输入成交量变异率指标"VR"，按【Enter】键确认，如下图所示。另外，也可直接单击指标选项中的【VR】选项。

❸ 回溯行情到 2021 年 6 月至 9 月，如下页图所示。在 2021 年 7 月中旬，VR 指标已处在 40 以下的超低位，股价也获得了支撑，在这一区间震荡徘徊，之后 VR 指标日渐走高，并且从 9 月 8 日至 9 月 13 日拉出大阳线，同时伴随着成交量的放大。9 月 14 日成交量大幅萎缩，同时 VR 指标也开始走低，说明股价短期上涨见顶，后续几日可能很难有持续的资金继续追捧，投资者应当果断卖出。果然，在横盘几日之后，出现了跳空低开低走阴线。

9.2 指数平滑异同移动平均线指标

指数平滑异同移动平均线（MACD），又称平滑异同移动平均线，是一种趋势性指标。MACD是利用快速移动平均线与慢速移动平均线之间的聚合与分离状况，对买进、卖出时机做出研判的技术指标。目前 MACD 在市场上非常流行，被广泛使用，也被证明为较有效的技术分析手段之一。

9.2.1 MACD 的相关计算

MACD 指标是基于均线的构造原理，对收盘价进行平滑处理（求出加权平均值）后的一种趋向类指标。它主要由两部分组成，即正负差（DIF）和异同平均数（DEA），其中，DIF 是核心，DEA 是辅助。此外，MACD 还有一个辅助指标——柱状线（BAR）。在大多数技术分析软件中，BAR 低于 0 轴是绿色，高于 0 轴是红色，前者表示趋势向下，后者表示趋势向上。BAR 越长，趋势越强。

首先，分别计算出收盘价 SHORT 日指数平滑异同移动平均线与 LONG 日指数平滑异同移动平均线，将其记为 EMA（SHORT）与 EMA（LONG）。求这两条指数平滑异同移动平均线的差，即 DIF=EMA（SHORT）–EMA（LONG）。以现在流行的参数 12 和 26 为例，其公式如下。

$$EMA（12）= 前一日 EMA（12）×11/13+ 今日收盘价 ×2/13$$

$$EMA（26）= 前一日 EMA（26）×25/27+ 今日收盘价 ×2/27$$

$$DIF=EMA（12）–EMA（26）$$

其次，计算 DIF 的今日 DEA，其公式如下。

$$今日 DEA=（前一日 DEA×8/10+ 今日 DIF×2/10）$$

最后，MACD=（DIF–DEA）×2，正值用红色柱表示，负值用绿色柱表示。

投资者在运用 MACD 指标时，需要注意以下几点。

（1）当 DIF 和 MACD 均大于 0 但向上移动时，一般表示行情处于多头行情中，可以买入或多头持仓。

（2）当 DIF 和 MACD 均小于 0 但向下移动时，一般表示行情处于空头行情中，可以卖出或空仓观望。

（3）当 DIF 和 MACD 均大于 0 但向下移动时，一般表示行情处于回踩阶段，可以等待，如果获得支撑可以加仓买入。

（4）当 DIF 和 MACD 均小于 0 但向上移动时，一般表示行情反弹，可以卖出或等待观望。

9.2.2　MACD 黄金交叉

MACD 指标是股票技术分析中一个重要的技术指标，由两条曲线和一组红绿色柱组成。两条曲线中波动变化大的是 DIF 线，通常为白线或红线，相对平稳的是 DEA 线（MACD 线），通常为黄线。当 DIF 线上穿 DEA 线时，这种技术形态叫作 MACD 黄金交叉，通常为买入信号。但是黄金交叉处于的位置不同，其买入后上涨的概率也是不一样的。

MACD 黄金交叉出现的位置不同，代表的市场含义也不同。MACD 黄金交叉出现在 0 轴上方或 0 轴附近是强烈的买入信号，0 轴附近的 MACD 黄金交叉要优于 0 轴上方的，接近 0 轴说明涨势刚开始，股价将来有更大的上升空间，买入的风险相对较小。0 轴下方的 MACD 黄金交叉，表明多方力量可能暂时占上风，但是上涨行情还没有完全展开，此时进入会有一定风险。如果 MACD 黄金交叉出现的同时伴随着成交量的逐渐放大，代表多方力量增强，此时的看涨信号更可靠。

下面来举例说明。

❶ 打开通达信软件，输入神火股份的股票代码 "000933"，按【Enter】键确认，如下图所示。

❷ 输入指数平滑异同移动平均线指标 "MACD"，按【Enter】键确认，或直接单击指标选项中的【MACD】，如下图所示。

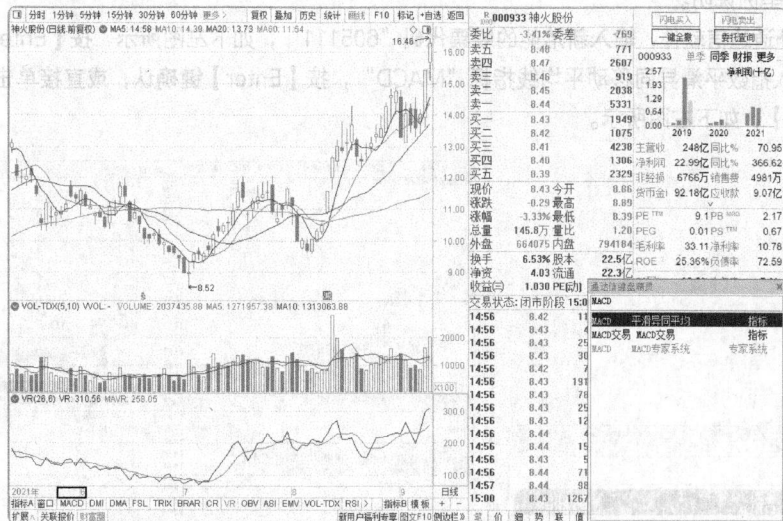

❸ 在 2021 年 7 月初和 8 月初均出现了 DIF 线由下向上穿过 DEA 线的现象，即出现了黄金交叉形态，8 月初的黄金交叉位置处于 0 轴附近，如下页图所示，绿色柱出现 6 根后开始转变为红色柱，成交量也明显放大，更加确定这是上涨信号，投资者可果断买入。

9.2.3　MACD 死亡交叉

死亡交叉的作用与黄金交叉的相反。当 DIF 线下穿 DEA 线时，形成的技术形态叫作 MACD 死亡交叉，通常为卖出信号。

MACD 死亡交叉出现的位置不同，代表的市场含义也不同。MACD 死亡交叉出现在 0 轴上方的高位是强烈的卖出信号，在高位说明涨势已经见顶，股价很可能转势，将来有很大的下跌空间，买入的风险大，最好卖出。出现在 0 轴下方或接近 0 轴的 MACD 死亡交叉，表明空方力量暂时占上风，但是下跌行情还没有完全展开，此时进入会有一定风险。如果 MACD 死亡交叉出现的同时伴随着成交量的逐渐放大，代表着空方力量的增强，此时的看跌信号更可靠。

下面来举例说明。

❶ 打开通达信软件，输入新洁能的股票代码"605111"，如下左图所示，按【Enter】键确认。

❷ 输入指数平滑异同移动平均线指标"MACD"，按【Enter】键确认，或直接单击指标选项中的【MACD】，如下右图所示。

❸ 在 2021 年 7 月至 8 月的走势中，MACD 线经过前期的高点，已经显示出下降的趋势，红色柱越来越短，逐步消失转为绿色柱。此时，出现了死亡交叉的形态，如下页图所示，这是强烈的卖出信号，投资者应该抓住这难得的机会，果断出货。果然，之后，股价开始震荡下跌。

9.2.4 MACD 将死未死

MACD 将死未死是指 DIF 线将要下穿 DEA 线形成死亡交叉时，DIF 线开口突然转向上，红色柱重新拉长，股价重新开始上涨。通常该信号是买入信号。

MACD 将死未死买入信号在 0 轴下方出现与在 0 轴上方出现有不同的市场意义。在 0 轴下方出现 MACD 将死未死买入信号时，股价仍在 60 日均线下方运行，可先看作反弹；在 0 轴上方出现 MACD 将死未死买入信号时，股价已在 60 日均线上方运行，是强势的特征，可积极买入，尤其在 0 轴上方附近第一次出现 MACD 将死未死买入信号时更应积极买入。

下面来举例说明。

❶ 打开通达信软件，输入振华重工的股票代码"600320"，按【Enter】键确认，如下左图所示。

❷ 输入指数平滑异同移动平均线指标"MACD"，按【Enter】键确认，或直接单击指标选项中的【MACD】，如下右图所示。

❸ 回溯该股在 2021 年 7 月至 9 月的走势，如下页图所示。7 月至 8 月，K 线从均线下方突破至均线上方运行，说明已进入多头趋势。在 8 月初，该股价格已经经历了一轮小幅上涨，之后 K 线回踩，同时，DIF 线呈下降趋势，在即将与 DEA 线形成死亡交叉时，该股突然爆发，放量上涨，拉出一根

通达信炒股软件从入门到精通（第 2 版）

大阳线，逐渐变短的红色柱又慢慢变长，形成 MACD 将死未死的走势，后市看涨。这是投资者的买入机会。

9.2.5 MACD 将金未金

MACD 将金未金是指 DIF 线将要上穿 DEA 线形成黄金交叉时，DIF 线开口突然转向下，绿色柱重新拉长，股价重新开始下跌。通常该信号是卖出信号。

MACD 将金未金卖出信号在 0 轴下方出现与在 0 轴上方出现有不同的市场意义。在 0 轴下方出现 MACD 将金未金卖出信号时，股价在 60 日均线下方运行，是强势的特征，可积极卖出，尤其在 0 轴下方附近第一次出现 MACD 将金未金卖出信号时更应积极卖出；在 0 轴上方出现 MACD 将金未金卖出信号时，股价仍在 60 日均线上方运行，可先看作反弹，观望为主。

下面来举例说明。

❶ 打开通达信软件，输入新洁能的股票代码"605111"，如下左图所示，按【Enter】键确认。

❷ 输入指数平滑异同移动平均线指标"MACD"，按【Enter】键确认，或直接单击指标选项中的【MACD】，如下右图所示。

❸ 在 2021 年 6 月至 9 月的走势中，8 月初，该股股价在经历了前期下跌之后开始慢慢震荡回升，DIF 线有所回升，即将与 DEA 线形成黄金交叉时，该股又放量下跌，逐渐变短的绿色柱又慢慢变长，形成了 MACD 将金未金的走势，如下页图所示。投资者在第一次出现 MACD 将金未金形态的位置就

应该果断出货，避免遭受重大损失。

9.2.6 MACD 上穿 0 轴

股价前期大幅下跌后持续上涨，或者股价低位回调后再次上行，而此时 MACD 指标由下而上穿过 0 轴，即 MACD 指标由负变正，说明多方力量逐渐强大并开始占据优势，预示股价在短期内将逐步走强，股市正由空头市场转为多头市场，股价很可能将由跌转涨，后市看涨，进入上升行情。若在上涨期间有成交量放大的配合，预示短线走势将更加强劲，短线投资者可在 MACD 穿过 0 轴的当日就积极买入，在成交量放大时再加码买入。

下面来举例说明。

❶ 打开通达信软件，输入正源股份的股票代码"600321"，如下左图所示，按【Enter】键确认。

❷ 输入指数平滑异同移动平均线指标"MACD"，按【Enter】键确认，或直接单击指标选项中的【MACD】，如下右图所示。

❸ 该股股价在 2021 年 7 月至 8 月的走势属于震荡市，如下页图所示。MACD 线经过前期的下跌走平，已经显示出下降无力、止跌回升的态势，绿色柱越来越短，逐步消失转为红色柱。在 8 月出现了 MACD 黄金交叉的形态，之后 DIF 线上穿 DEA 线，并且两线缓慢上行，在 9 月 2 日 DIF 线率先突破 0 轴。突破 0 轴的形态分为强势和弱势，正源股份的突破 0 轴的形态是弱势，因此看涨的周期可以放短。

这可以被看作短线的转势信号。果然，在这之后，股价开始一波小幅上涨行情。

9.2.7 MACD 下穿 0 轴

MACD 由上而下穿过 0 轴说明股市从多头市场转为空头市场，是投资者不得不卖的信号。股价前期涨幅较大，随时都有下跌的可能。此时 MACD 指标也开始在高位转而向下。当股价冲高回落时，MACD 指标也随之由上而下穿过 0 轴，说明股价已经经历了最强势的时段，接下来会逐渐下跌。股价在高位反复震荡始终未突破前期高点，此时若 MACD 指标开始向下穿过 0 轴，表明多方已经无力拉升股价，这是股价下跌的信号，也是较好的卖出时机。

下面来举例说明。

❶ 打开通达信软件，输入大东方的股票代码"600327"，如下左图所示，按【Enter】键确认。

❷ 输入指数平滑异同移动平均线指标"MACD"，按【Enter】键确认，或直接单击指标选项中的【MACD】，如下右图所示。

❸ 该股股价在 2021 年 6 月中旬至 9 月的走势中，经过巨幅上涨，在 6 月中旬达到顶峰，之后开启下跌态势，如下页图所示。红色柱越来越短，逐步消失转为绿色柱。股价在经历了第一波下跌之后，DIF 线和 DEA 线距离 0 轴就比较近了。在短暂修整之后，股价再次开启下跌态势，DIF 线与 DEA 线在 7 月末先后向下穿破 0 轴，股市从多头市场转为空头市场。当出现 MACD 死亡交叉形态时，投资者就应该至少减一半仓位，出现 MACD 下穿 0 轴更是强烈的转势信号，投资者应该在前期抓住机会，

果断出货。果然，在 MACD 跌破 0 轴之后，股价又进一步下跌。

9.2.8 MACD 背离

MACD 指标是非常实用的一个技术指标，除了黄金交叉、死亡交叉等可以用于对股价走势进行判断的形态外，投资者还可以结合 MACD 背离选到操作性比较强的个股。MACD 背离分为两种，一种是顶背离，另一种是底背离，下面进行具体介绍。

1. 顶背离

股价在 K 线图上的走势一峰比一峰高，一直上涨，而 MACD 指标由红色柱构成的图形走势一峰比一峰低，即当股价的高点比前一次的高点高，而 MACD 指标的高点比前一次的高点低时，称为顶背离现象。出现顶背离现象一般是股价在高位即将反转的信号，表明股价短期内即将下跌，是卖出股票的信号。

下面来举例说明。

❶ 打开通达信软件，输入大东方的股票代码"600327"，如下左图所示，按【Enter】键确认。

❷ 输入指数平滑异同移动平均线指标"MACD"，按【Enter】键确认，或直接单击指标选项中的【MACD】，如下右图所示。

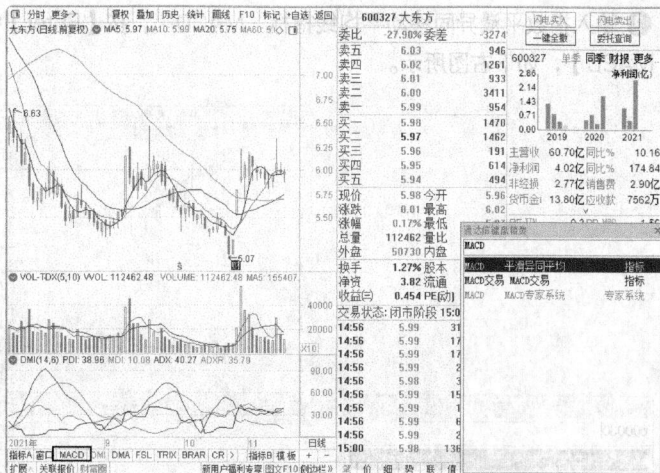

❸ 该股在 2021 年 5 月至 8 月的走势中，5 月的股价快速上涨，涨幅将近一倍，创出短期新高，

如下图所示。由于短期涨幅过大，获利资金有出逃的动力，所以股价回落至 20 日均线获得支撑，之后开启反弹，并再次创出新高至 9.46 元。此时 MACD 的两线并未超过前期 DIF 线的高点，这就表示上涨动能不足，是典型的 MACD 顶背离。具体表现为在 0 轴上方 DIF 线下穿 DEA 线出现 MACD 死亡交叉，MACD 出现绿色柱，之后绿色柱逐步缩短，DIF 线再次上穿 DEA 线形成 MACD 黄金交叉后，出现第二波上涨的高点。此时，DIF 线和 DEA 线并不像 K 线一样超过前期高点，形成顶背离形态。这是强烈的卖出信号，投资者应该抓住机会，果断出货，适时止盈。果然，在出现顶背离之后，股价再次开启下跌态势，并且跌破各周期均线，变为下跌趋势。

2. 底背离

底背离一般出现在股价的低位区，往往出现在一轮中长期的下跌行情的末期。当股价在下跌过程中出现一轮又一轮的新低时，MACD 指标在 0 轴以下反而呈现出一轮又一轮的上扬态势，即当股价的低点比前一次低点低，而 MACD 指标的低点却比前一次的低点高时，就为底背离现象。底背离现象一般预示股价在低位可能反转向上，出现底背离现象是短期内止跌或者反弹向上的信号，也是短线投资者在短期买入股票的信号之一。

下面来举例说明。

❶ 打开通达信软件，输入中信证券的股票代码"600030"，如下左图所示，按【Enter】键确认。

❷ 输入指数平滑异同移动平均线指标"MACD"，按【Enter】键确认，或直接单击指标选项中的【MACD】，如下右图所示。

❸ 该股股价在 2021 年 3 月至 5 月的走势中，K 线在下降通道，所有的均线都成了压力线，如下图所示。3 月中旬，股价触底反弹，MACD 指标出现黄金交叉，横盘反弹了一个月，股价再次下跌创出新一轮的低点，但是 MACD 的两线并未低于前期的低点，此时表示下跌动力不足。具体表现为 DIF 线下穿 DEA 线形成 MACD 死亡交叉后出现第一波下跌的低点，然后 DIF 线上穿 DEA 线形成 MACD 黄金交叉，MACD 出现红色柱，之后红色柱逐步缩短，DIF 线再次下穿 DEA 线形成 MACD 死亡交叉后出现第二波下跌的低点。此时，DIF 线和 DEA 线并不像 K 线一样低于前期低点，形成底背离形态。这是最初的买入信号，投资者可以小仓位买进，但是这时也有风险，有些走势会出现三重底背离，K 线一波一波走低。所以底背离形态只能看作空头动能的衰竭，并不意味着多头趋势的开启，投资者需谨慎判断。

9.3 随机指标

随机（KDJ）指标是一种相当实用的技术指标。它最先用于对期货市场的分析，后来被广泛地应用于股市的中短期趋势分析，是期货和股票市场上较为常用的分析工具。

KDJ 指标是以最高价、最低价及收盘价为基本数据进行计算，得出 K 值、D 值和 J 值，分别在指标的坐标上形成一个点，连接无数个这样的点，从而形成完整的、能反映价格波动趋势的指标。KDJ 指标主要是利用价格波动的幅度来反映价格走势的强弱和超买超卖现象，在价格尚未上升或下降时发出买卖信号，更适合帮助投资者判断反弹和回调的结束，确定加仓或减仓的时机。

KDJ 指标由 K、D、J 指标曲线组成。其中波动最大、反应最灵敏的是指标线 J，其次是指标线 K，指标线 D 最为平缓、反应最慢，如下图所示。

下面来举例说明如何使用 KDJ 指标。

❶ 打开通达信软件，输入红日药业的股票代码 "300026"，如下页左图所示，按【Enter】键确认。

❷ 输入随机指标 "KDJ"，按【Enter】键确认，或直接单击指标栏中的【KDJ】选项，如下页

右图所示。

9.3.1 KDJ 取值

在 KDJ 指标中，K 值与 D 值永远介于 0 和 100 之间。J 值可以超过 100 和低于 0。但在股票分析软件中，KDJ 的研判范围都是 0~100。就敏感性而言，J 值变化最灵敏，K 值次之，D 值变化最不灵敏。而就安全性而言，J 值最差，K 值次之，D 值最优。

根据 KDJ 的取值，可将其划分为几个区域，即超买区域、超卖区域和震荡区域。按一般划分标准，K、D、J 三值在 20 以下为超卖区域，是买入信号；K、D、J 三值在 80 以上为超买区域，是卖出信号；K、D、J 三值在 20~80 为震荡区域，宜观望。各区域如下图所示。

一般而言，当 K、D、J 三值在 50 附近时，表示多、空双方力量均衡；当 K、D、J 三值都大于 50 时，表示多方力量占优，属于强势区域；当 K、D、J 三值都小于 50 时，表示空方力量占优，属于弱势区域。

9.3.2 KDJ 黄金交叉

KDJ 的黄金交叉分为两种形态：一种是黄金交叉出现的位置较低，属于超卖区域；另一种是黄金交叉出现的位置较高，处于超买区域。当股价经过很长一段时间的低位盘整行情，并且 K、D、J 三线都处于 50 以下时，一旦 J 线和 K 线几乎同时向上突破 D 线，就表明股票行情即将转强，股价跌势已经结束，将止跌上涨，这时属于弱势反弹。当 K、D、J 三线都处于 50 附近偏上时，J 线和 K 线同时向上突破 D 线形成黄金交叉，表明股市处于一种强势状态，股价将再次上涨，可以加码买进股票或持股待涨。

股价在上涨趋势当中，KDJ 指标接近 −100 的底部，说明市场存在超卖，当前回调已经比较充分，可能很快进入下一轮上涨，是很好的加仓时机。

下面来举例说明。

❶ 打开通达信软件，输入克劳斯的股票代码"600579"，如下左图所示，按【Enter】键确认。

❷ 输入随机指标"KDJ"，按【Enter】键确认，如下右图所示。另外，也可直接单击指标选项中的【KDJ】。

❸ 回溯克劳斯在 2021 年 6 月至 8 月的走势，如下图所示。股价经过 6 月的回调，KDJ 指标进入 50 下方的区间，KDJ 指标在 6 月 16 日的 J 值为负数，K 值和 D 值分别为 11 和 22 左右。紧接着 6 月 18 日 KDJ 指标中的 J 线和 K 线几乎同时向上突破 D 线，出现 KDJ 黄金交叉，表明短期内股票将转强，股价跌势已经短期结束，将止跌上涨，可以选择买入。这里还有一个支持买入的前提，就是 K 线处于均线上方，整体处于多头趋势当中。投资者应该结合其他指标以及 K 线的趋势，抓住这难得的机会果断买入。

9.3.3　KDJ 死亡交叉

KDJ 在高位向下就形成了死亡交叉，即 J 线和 K 线同时向下跌破 D 线。与黄金交叉一样，死亡交叉也有两种不同的表现形态。第一种是当股价经过很长一段时间的高位盘整行情，并且 K、D、J 三线都处于 50 以上时，一旦 J 线和 K 线几乎同时向下跌破 D 线，就表示股市即将从强势转为弱势，股价将有下跌风险。第二种是当股价经过一段时间的下跌之后，缺乏向上反弹的动力，并且各条均线对股价形成较大的压力时，KDJ 线向上反弹无力，小于 50 再次选择向下，形成死亡交叉，表明股市将再次进入极度弱市，股价还将下跌，可以卖出股票或观望。

股价处于下跌趋势时，KDJ 指标接近顶部也就是 100，说明当前反弹基本到位，这个点就是卖出点。下面来举例说明。

❶ 打开通达信软件，输入长电科技的股票代码"600584"，如下左图所示，按【Enter】键确认。

❷ 输入随机指标"KDJ"，按【Enter】键确认，如下右图所示。另外，也可直接单击指标选项中的【KDJ】。

❸ 回溯长电科技在 2021 年 6 月至 9 月的走势，如下图所示。KDJ 指标在 7 月 12 日的 J 线和 K 线几乎同时向下跌破 D 线，出现 KDJ 死亡交叉，表明股价涨势已经结束，即将转势，但是强势区域出现 KDJ 死亡交叉，很有可能是涨多了回踩。在 8 月 10 日，KDJ 指标在震荡区域再次出现死亡交叉，这就是进入下跌趋势的信号，投资者可以适时选择卖出止盈。当然，如果结合其他趋势指标以及 K 线图进行判断，会更加准确。

9.3.4 KDJ双重黄金交叉

KDJ双重黄金交叉一般是指先在弱势区域出现黄金交叉，又在强势区域出现黄金交叉。这种情况一般出现在股价较低的位置。当在弱势区域KDJ指标出现黄金交叉时，表明股价已经扭转趋势，摆脱前期的下降趋势或者震荡趋势，上涨的概率较大。当股价强势拉升之后，横盘KDJ指标就会修整向下形成死亡交叉，这时虽然出现死亡交叉，但是K、D、J三线处于强势区域，股价稍微上扬，马上又出现了强势区域的黄金交叉。

下面来举例说明。

❶ 打开通达信软件，输入经纬辉开的股票代码"300120"，如下左图所示，按【Enter】键确认。

❷ 输入随机指标"KDJ"，按【Enter】键确认，如下右图所示。另外，也可直接单击指标选项中的【KDJ】。

❸ 回溯经纬辉开在2021年6月至8月的走势，如下图所示。6月7日经纬辉开在弱势区域出现KDJ黄金交叉，表明股价已经开始抵抗，摆脱前期的下降趋势或者震荡趋势，上涨的概率较大。之后股价强势突破均线压制，K线上升到均线上方，进入多头形态。然后，股价在6月底回踩均线，KDJ指标修整向下形成死亡交叉，这时虽然出现死亡交叉，但是K、D、J三线处于强势区域。紧接着，在7月6日股价再次上涨，出现强势区域的双重黄金交叉，这是准确性较高的一个买点，投资者可跟随买入。

9.4 牛市中常见的指标及其特征

前面已经介绍了若干个指标的应用，也许投资者会问：只用一个指标对一只股票进行判断，结果是否精准？答案是不精准，单纯用一个指标对个股进行判断的准确率并不高，要多种指标结合起来进行判断才会更加准确。那么牛市中常见的指标是什么样的形态？下面对牛市中的常见指标及其特征进行总结。

（1）均线多头排列。

（2）K线在布林线中轨以上运行并且布林线轨道方向向上。

（3）形成KDJ黄金交叉并且K线、D线和J线始终在50轴以上运行。

（4）形成MACD黄金交叉并且DIF线和DEA线始终在0轴以上运行。

（5）成交量不断放大。

以北方华创（002371）在2021年3月至9月的行情为例进行介绍。投资者可以清晰地看到，牛市行情所应当具备的特征就是以上罗列的特征，在图中的表现如下图所示。投资者可以借鉴这些牛市特征对个股进行筛选。

高手支招

技巧1 用指标探寻真底的方法

当MACD指标中的DIF线在0轴以下运动时，DIF线由下往上穿过DEA线形成黄金交叉，但并未一路上升突破0轴，而是很快下行又与DEA线形成死亡交叉。在此之后，如果DIF线和DEA线又在0轴以下形成黄金交叉，且此时中长期均线也开始转头向上，就表明底部形态即将完成，行情反转已是大概率事件。

技巧2　灵活掌握 MACD 指标

　　投资者如果根据 MACD 指标进行操作，就会发现当 MACD 指标发出买入信号时，股价已大幅上升；当 MACD 指标发出卖出信号时，股价已大幅下跌。总之，MACD 指标存在一定的滞后性。

　　活用 MACD 指标，就是指根据柱状线的长短变化进行操作。通常，当红色柱由最高开始慢慢变短时，为卖出信号；当绿色柱由最高开始慢慢变短时，为超前的买入信号。

第 10 章 通过成交量透视股价走势

本章引语

一箭易折，十箭难断。

——《魏书》

证券市场中的竞价交易产生了股价，买方与卖方交易的达成产生了成交量。成交量越大，也就意味着市场的参与度越高。由此可见，股价与成交量之间的关系十分紧密，投资者可以透过成交量分辨股价走势的真实与虚假。成交量是投资者分析和判定市场行情最重要的依据，也是应用其他技术指标不可或缺的参考。

本章要点

★上涨行情中的成交量形态
★下跌行情中的成交量形态

10.1 成交量对股票投资的意义

　　成交量就是平时所说的量，在股市里价格很重要，成交量更重要。在利用技术指标对股票进行分析的时候，最基本的技术指标就是成交量。投资者可以透过成交量，看清股票价格所处的阶段和主力运作的意图，因此成交量对投资者来说意义重大。

10.1.1 什么是成交量

　　在证券市场中，有两个重要指标与成交相关：一个是成交量，另一个是成交额。成交量（VOL）是指单位时间内股票交易并成交的数量。成交量以股为单位，显示的是一段时间内成交的股数。而成交额是一段时间内的实际成交金额，以元为单位，是成交量 × 股价的结果。在一只股票的高位和低位，即便二者的成交量是相同的，成交额也会有非常大的不同，因为不同的股价乘以相同的成交量，最后得到的成交额是不同的。

　　一般当供不应求时，投资者争相买进，成交量会随之放大；反之，供过于求时，市场冷清无人，成交量势必萎缩。

　　下面来举例说明。

　　❶ 打开通达信软件，输入京东方 A 的股票代码 "000725"，如下左图所示，按【Enter】键确认。

　　❷ 下右图为京东方 A（000725）的分时图。图中的每一根成交量柱分别代表每分钟所产生的成交量，一个交易日有 240 分钟，因此应当有 240 根成交量柱。这些成交量柱排列在一起形成股票的成交量带。成交量大，成交量柱就长；成交量小，成交量柱就短。成交量柱为红色，表示在此时段股价上涨；成交量柱为绿色，表示在此时段股价下跌。单击分时图可以显示十字光标，十字光标竖线所指的是该光标位置的这一分钟的股价和成交量，同时，在分时图的左侧将显示该分钟的股价和分时成交量数据。

　　通过股票分析软件，投资者还可以查看 K 线图中的成交量指标。

　　下面来举例说明。

　　❶ 打开通达信软件，输入京东方 A 的股票代码 "000725"，如下页左图所示，按【Enter】键确认，从分时图界面切换至 K 线图界面。

　　❷ 下页右图为京东方 A（000725）的日 K 线图。成交量指标图位于日 K 线图下方。京东方 A 的日 K 线图中的每一根成交量柱分别代表每一个交易日所产生的成交量。如果投资者查看的是其他

时间周期的日 K 线图，则下方对应的成交量就是对应分析周期的成交量。与分时图一样，成交量越大，成交量柱就越长；成交量越小，成交量柱就越短。成交量柱为红色，表示在此日股价上涨；成交量柱为绿色，表示在此日股价下跌。值得注意的是，所有的 K 线图都有成交量均线。成交量均线也是非常重要的技术指标，其基本的运行规律是成交量均线 5 日线上穿成交量均线 10 日线，说明股价有资金支撑，上涨扎实；成交量均线 5 日线下穿成交量均线 10 日线，说明股价上涨无资金支撑，很容易拐头向下或者处于下跌态势，成交量也会减少。

投资者如果想了解更详细的成交数据，可以查看成交明细。

下面来举例说明。

❶ 打开通达信软件，输入京东方 A 的股票代码"000725"，如下左图所示，按【Enter】键确认。投资者进入个股界面后，在股票分析软件中按【F1】键，即可显示成交明细数据。

❷ 下右图为京东方 A（000725）在 2021 年 9 月 23 日的成交明细。

10.1.2　成交量的意义

股价与成交量之间成正相关关系，也就是遵从"价升量增、价跌量减"的规律。在股价不断上升的过程中，成交量也在不断增加；在股价下跌的过程中，成交量也在逐步减少。

根据这一规律可知，股价上升而成交量不增加，则说明股票得不到买方的认同，价格的上升趋势就会因为得不到支持从而发生改变。反之，当股价下跌时，成交量往往会减小，达到一定程度之后将走平，这意味着卖方认为股价不再有下跌空间，多、空方此时已经有一定的分歧，从而导致股价下跌的趋势会发生改变。

对于个股来说，成交量直接反映该股票对投资者的吸引程度。当某只股票的吸引力很大时，会吸引很多投资者购买，买的人比卖的人多，股价就得以推高；相反，当该股票的吸引力下降时，持有该股票的投资者会争相卖出手中的股票，股价就会因受到打压而下跌。虽然在股市中，所有投资者不可能对某只个股未来走势的判断完全一致，全看涨或者全看跌，但是只要大多数投资者的投资观点一致，成交量与股价的走势就会受上述规律的影响。

当然，成交量与股价之间也会有背离的情况发生。成交量的产生必然是既要有买入者，也要有对应的卖出者，股价处于任何一个区间都必须遵守这一规律。对于某一只股票，如果有某一个股价区间的成交量出乎意料地放大，只能说明在此股价区间投资者的分歧较大。如果成交量很小，则说明大多数投资者对该股在此价格区间的运行意见较为一致。

总的来说，成交量所代表的真实含义主要有以下几点。

（1）投资者通过成交量的变化可以分析出某只股票的人气。成交量越大，越能吸引投资者参与，参与的投资者人数增加，股价波动幅度可能也会变大。

（2）投资者通过分析成交量的变化，还可以发现个股的价格压力位和支撑位。因为如果在某一价位成交量很大，说明有较多的投资者在此价位购买了该股票，那么在此价位就有较大的压力或者较强的支撑。

（3）投资者可以通过对个股不同股价区间的成交量的变化进行分析来判断趋势的可持续性。如果趋势上涨，随着股价的不断上涨，成交量也会稳步上升，这说明看好该股票的投资者较多，股价上涨的途中一直有投资者加入。股价上涨的后期，成交量逐渐减少，说明敢于参与的投资者减少了。

10.2 成交量的特征

个股在行情走势的不同阶段，成交量指标有不同的特点，可以分为放量、常量和缩量 3 种形式。而对于价格来说，有上涨、下跌和横盘。虽然上涨行情和下跌行情会有多种形态，但是投资者可以从本节总结的规律来学习如何分析成交量，进而帮助自己从交易中实现盈利。

10.2.1 上涨行情中的成交量形态

股价经过长期筑底之后，主力机构掌控了足够多的筹码，之后就会拉升股价。通常股价在上涨行情中，突然上涨到很高的位置的情况非常少见，更多的是波段式上涨。而在不同的阶段，成交量也会有不同的特征。上涨行情中成交量可分为放量、缩量和常量。放量上涨大多数时候是主动买盘，也就是外盘增加形成的。当看到放量上涨时，可以判断市场有增量资金进场，这种情况是比较乐观的。缩量上涨的时候，可以确定主动卖盘的投资者减少了，出现这种情况是投资者锁仓的表现，在一些投资逻辑很好的股票中尤为明显，比如贵州茅台的拉升中就曾出现这种情况。一般有长期投资者介入才会出现这种情况。

1. 上涨初期成交量特征

根据个股流通盘的大小和主力的操盘风格，股价的上涨和成交量的放大会有所不同。有的股价会缓慢拉升，成交量一般是温和放量；有的股价则是急速拉升，成交量呈单根或几根巨幅放大，但之后成交量可能会大幅萎缩。

下面来举例说明。

❶ 打开通达信软件，输入山煤国际的股票代码"600546"，如下页左图所示，按【Enter】键确认。

❷ 下页右图为山煤国际 2021 年 3 月至 9 月的日 K 线图。经过前期的筑底，股价在 5 月 5 日突

然放巨量涨停，换手率达到2.73%，成交量放出巨量，是前期的2.5倍。这样经过近一个月，该股于6月2日再次放量涨停，换手率达到4.8%，并在随后几天成交量继续增加。这两次上涨都是大涨前期的建仓行为，目的就是告诉投资者行情要准备发动了，先试试水，看还有多少持股不牢固的、能洗出来的浮筹。如果投资者读懂了成交量，就会关注该股，等待低吸的机会买入。

提示

　　股价的上涨通常分为几个波段，主力通过波段不断推高股价，并在波段中下跌洗盘，"洗"走意志不坚定的投资者，为主升浪做准备。这些波段中，每一波股价上涨都需要成交量配合，都会有放量的过程，当股价上升一个台阶之后开始回落，这时候成交量也相应减小。

2. 主升浪行情中成交量特征

　　主升浪是股价在一轮行情中涨幅最大、维持时间最长的行情，也是一轮行情中最重要的获利阶段，在波浪理论中被称为第三浪。主升浪行情一般出现在大盘强势突破调整之后。

　　主升浪的股价呈单边上涨态势，均线形成多头排列。从成交量来分析，经过股价筑底时的吸筹、上涨初期的洗盘，在主升浪阶段，主力手中的筹码已经足够多，实力强的主力甚至能达到完全控盘的效果。这时个人投资者手中的筹码已不多，主力拉升股价的压力较小。主力通过对敲等操作手段拉升股价。在主升浪阶段，成交量通常会保持在一个较高的水平，并呈现成交量平稳的态势。

　　下面来举例说明。

❶ 打开通达信软件，输入山煤国际的股票代码"600546"，如下图所示，按【Enter】键确认。

❷ 下页图为山煤国际2021年5月至10月的日K线图。从图中可以看到，经过前期两个小波段的上涨之后，该股进入价跌量缩的阶段性调整，之后该股从8月23日开始突然放量开启主升浪

行情。在主升浪前期，成交量与股价走势保持一致，即股价上涨，成交量放大；股价下跌，成交量减少。从图中可以看出，在主升浪前期，成交量都维持在一个较高的水平，但随着股价进一步的上涨，成交量出现递减形态，说明后期虽然价增，但是量没能给予支撑，意味着股价离顶部不远了。

3. 股价见顶时期成交量特征

股价在见顶阶段成交量的表现分为两种情况，一种是放量见顶，另一种则是缩量见顶。

（1）放量见顶。当个股或者大盘放出不同寻常的巨大成交量时，就出现了股价即将见顶的重要特征。其中，如果中小板和创业板的股票换手率达到30%以上，大盘股的换手率达到15%以上，并且前期股价已有巨大涨幅的，则在放出巨量的当天，就要当机立断，迅速卖出手中的股票。

虽然有些股票的成交量没有达到上述标准，但成交量若是最近行情中最大的，也要将其视为"巨量"。例如，某只个股在一轮行情中，换手率从未超过5%，如果股价上涨到一定的高度，并且换手率连续多次超过5%时，投资者也要加以警惕，因为从技术面分析，量和价之间有必然的联系。"天量"之后见"天价"的规律已经多次被市场验证。

下面来举例说明。

❶打开通达信软件，输入金发拉比的股票代码"002762"，如下页左图所示，按【Enter】键确认。

❷下页右图为金发拉比的日K线图。从图中可以看到该股股价从2021年4月2日开始连续8个交易日无量涨停，股价从4.99元一路升至最高22.12元。这时投资者一定有疑问：为什么价涨量却极小？这是因为无量涨停卖单极少，大量的投资者想要买进却难以在涨停价买进，没有成交，造成成交量十分小。因此，在4月13日和4月14日涨停打开的时候，成交量才恢复正常。值得注意的是，该股票在这两日放出巨量后再次无量封板。这说明多头的热情非常高涨，后市可能还会上涨。但是随着行情的发展，6月1日再次无量涨停，第二日再次放出巨量，这说明主力在出货，投资者就应当警惕，如果此时无法判断是否出货，可以结合后面3天的走势判断。后面股价继续下跌，但是成交量呈现减少的趋势，这说明已经没有那么多投资者追捧该股了。果不其然，股价随后一路下跌，在下跌的过程中，主力一直减仓，所以成交量并没有极度萎缩。

（2）缩量见顶。缩量见顶是指当股价处于顶部时，成交量与主升浪时期相比，出现常量或者缩量，形成了成交量与价格背离的现象。由于前期主升浪已经有巨大涨幅，很多投资者已经处于狂热的非理性状态，认为只要买进股票，就会有盈利，但是这种狂热的投资者数量会随着股价的飙升而越来越少。而此时持股的投资者看到前期股价快速上涨，心理的期望值还很高，都认为行情还会延续，不会低价出售手中的股票。因此在这个阶段，成交量反而会减少。

下面来举例说明。

❶ 打开通达信软件，输入伟星新材的股票代码"002372"，如下左图所示，按【Enter】键确认。

❷ 下右图为伟星新材 2020 年 11 月至 2021 年 7 月的日 K 线图。该股持续上涨，直到 2021 年 4 月股价见顶。前期的几波上涨都放出成交量助推股价上涨，但是特殊的是在 3 月中旬和 4 月中旬的上涨是缩量上涨。随着股价的持续走高，成交量却不随之增加，呈现量价背离的现象，顶部特征已经非常明显。这时投资者就要注意了，后面再大的涨幅可能都是假象，建议卖出。

10.2.2 下跌行情中的成交量形态

下跌行情中的成交量形态分为放量下跌和缩量下跌两种，如下页图所示。大多数时候股价上涨需要成交量的配合，但是股价下跌的过程不一定需要成交量的配合，大部分股票在价格下跌的过程中，成交量呈平稳的状态。如果是前期价格大幅上涨过的股票，则有可能会出现放量下跌的形态。

1. 放量下跌

放量下跌主要是由主动卖盘的增加导致的，一般来说不是好事，是大资金出货的表现。但是也有特殊情形，比如在牛市中出现成交量单根下跌，并不应该看空。牛市中的成交量单根下跌，一般是获利盘出逃的表现。在多头仍然强势的情况下，这是一个极好的买入机会，投资者可参考2015年上证指数的牛市走势。一般情况下的放量下跌是非常不健康的。

下面来举例说明。

❶ 打开通达信软件，输入双箭股份的股票代码"002381"，如下左图所示，按【Enter】键确认。

❷ 下右图为双箭股份2021年4月至8月的日K线图。从图中可以看到，4月一整月股价都在高位缩量震荡。在4月29日，该股公布一季度季报，业绩不达预期导致该股放量下跌，说明前面主力可能没有出掉手中太多筹码。在下跌初期，成交量明显高于前期顶部震荡时的成交量，表明主力在出逃，后面还会继续下跌。

提示

投资者需要注意，某只股票除权之后，股本扩大会使成交量放大，但是成交额不会有太大改变，如果投资者想要看到更真实的成交情况，可以切换查看成交额的变化。

2. 缩量下跌

在缩量下跌中可以确认的是主动买盘减少，也就是外盘减少。在两种情况下会出现缩量下跌，一是在下跌趋势中的阴跌走势，在没有新的消息刺激逆转走势时，股价一般会以缩量下跌的形式缓慢下跌。出现缩量下跌的主要原因是，持有股票的投资者仍想要高价卖出手中的股票，但是没有人愿意在股价下跌的时候接盘，因此成交量会减少。二是在上涨趋势后的回调，虽然在回调周期主动买盘的减少是必然的，但投资者拿到筹码后不愿意卖出筹码。此时可以看到主动卖盘大幅减少，出现这种状况，可以理解为是健康的。

在熊市中由于下跌具有惯性，所以即使没有很大的成交量，股价也可以下跌，极小的单量就可以把价位拉低。当然，并不是股价下跌就没有投资者买入。股价下跌至一定程度，其风险就得到了一定的释放，有些投资者就会认为价格跌到合适的位置，可以进场了。但是由于此类投资者较少，所以成交量也较小。在相对低位的缩量下跌，如果股票没有基本面的巨大变化，投资者可以采用网格交易法进行操作，即把资金分成 n 等份，先建立初始仓位，再设定一个百分比，比如5%，股价跌5%就买入1份，涨5%就卖出1份，如此反复买卖。

下面来举例说明。

❶ 打开通达信软件，输入航天彩虹的股票代码"002389"，如下左图所示，按【Enter】键确认。

❷ 下右图为航天彩虹从2020年12月至2021年5月的日K线图。在2021年1月股价见顶之后，成交量就呈下跌态势，股价与成交量同步下滑。这往往是前期股价在上涨的过程中，主力边拉升边出货，已卖出部分仓位才导致的。但是当股价跌到一定程度的时候，大部分投资者认为该股下跌已经释放了大部分风险，于是有些投资者开始试探性地买入，这也是为什么会在跌一个波段之后股价探底回升，同时成交量也伴随放大。但是均线之下的反弹，都不建议投资者参与，尤其是刚下跌一个波段，很有可能是短期的反弹，后面还会继续下跌。

10.3 成交量与股价

成交量与股价相辅相成。成交量的变化就是股票投资逻辑的变化叠加投资情绪的变化。当某只股票的投资逻辑发生变化之后，若股价上涨，其成交量也会随之放大，再叠加情绪便会吸引更多投资者跟风加入，进而使股价进一步攀升。当股价上涨到一定高度的时候，投资者理性大于感性，成交量也逐渐萎缩。股价与成交量经过一定时间的走平之后，股价后期上涨的概率较小，这时前期获利盘将纷纷套现，从而使成交量放大，股价大跌，市场人气大减。股价经过一段时间的下跌之后，投资者纷纷抛盘，成交量的放大在此时成为人气进一步衰减的信号。当股价跌至一定程度之后，投资者卖出的冲动减小，这时成交量萎缩，股价将见底。

成交量与股价之间的关系一般分为两种情况。

（1）量价同向。量价同向是指股价与成交量变化的方向一致，即股价上升，成交量也同步上升，这是投资者看好之后市的表现。对于上涨无量并且小阴线和小阳线逐步抬高股价的走势，往往会持续上涨很久，走出一波趋势行情。反之，股价下跌，成交量随之下降，说明投资者不愿卖出手中的筹码，选择持股惜售。但是这种阴跌是最容易使投资者亏损的，因为很难判断底部位置。

（2）量价背离。量价背离是指股价与成交量变化的方向相反，即股价上升而成交量下降，这说明股价的涨势得不到投资者的认可，没有更多投资者加入其中，这种涨势就难以维持。反之，股价下跌，但是成交量增加，说明更多投资者不看好后市，纷纷抛出手中的筹码，这是后市下跌的前兆。

最后再讲一下放量和缩量。放量和缩量的形成是有一定原因的，放量出现的原因有两个：第一，市场出现了分歧，看多与看空的双方有非常多的争议。第二，主力可能会对个股进行对倒，这种情况下，投资者看到的个股放量其实是不真实的。投资者要辨别第二种原因的股票放量，避免参与这些股票的交易。而出现缩量一般是因为投资者达成了共识，主力不可刻意制造缩量，所以一般认为缩量是真实的。

10.4 成交量的常用指标

10.4.1 换手率

换手率是一个比率的概念，是指在一个交易日内市场中股票转手买卖的频率，就是成交量除以总股本的值，是反映股票流通性强弱的指标之一。但是在 A 股市场的实践中，换手率更多是成交量和流通股本的比值。因为有些股票可能存在很多不自由流通的筹码，使得它的总股本很大，流通股本很小，其流通盘小，换手活跃，如果按照成交量除以总股本计算换手率，可能算出来的换手率虚低，不能反映实际情况。

换手率的计算公式如下。

换手率 = 某一段时期内的成交量 ÷ 发行总股数 ×100%

例如，某只股票在一个月内成交了 100 万股，而该股票的总股本为 1 亿股，则该股票在这个月的换手率为 1%。

通常情况下，多数个股每日的换手率维持在 1%~2.5%（新股与次新股除外）。由于 70% 股票的换手率在 3% 以下，因此 3% 就成为一个分界。当一只股票的换手率在 3%~7% 时，该股就进入了相对活跃状态。当换手率达到 8%~10% 时，则为强势股的表现，股价处于高度活跃状态。换手率在 11%~15%，则为主力密切操作。换手率超过 15%，并且持续多日，此股也许会成为黑马股。

10.4.2 委比与委差

委比是金融或证券实盘操作中衡量某一时段买卖盘相对强度的指标。委比的取值为 –100%~ 100%，100% 表示全部的委托均是买盘，涨停的股票的委比一般是 100%，而跌停的股票的委比一般是 –100%。委比为 0，代表买入和卖出的数量相等。当委比为正值，并且数值较大时，说明市场买盘强劲；当委比为负值，并且数值较大时，说明市场抛盘较强。委比如右图所示。

委比的计算公式如下。

L上000776 广发证券	
委比 38.85% 委差	4113
卖五 21.56	756
卖四 21.55	1277
卖三 21.54	237
卖二 21.53	616
卖一 21.52	351
买一 21.51	299
买二 21.50	2489
买三 21.49	1590
买四 21.48	1798
买五 21.47	1174

委比 =（委买手数 – 委卖手数）/（委买手数 + 委卖手数）×100%

- 委买手数：所有个股委托买入上五档的总数量。
- 委卖手数：所有个股委托卖出下五档的总数量。

通常情况下，委比指标表明了投资者委托买入和委托卖出的意愿差距，由于委比只是委托的数据，并不是成交的数据，因此不能反映股票真实的成交情况。只有成交量和换手率才能真实地反映股票的活跃程度。同时需注意的是，投资者可以随时撤单，所以委比可能在短时间内出现较大的变化。

委差是委买手数与委卖手数的差值，体现投资者的买卖意愿。委差在一定程度上反映了价格的发展方向：委差大于0，表明买盘活跃，后市看涨的可能性大；委差小于0，说明卖盘较多，后市下跌的可能性大。但是在实际的股票交易中，往往是带有人为因素，所以它可能只是一个相对真实的数据。主力制造一些假象也会出现委差为正，看上去后市要涨，实则变盘的情况。

委差对投资者在分时走势上选择买卖点有一定的帮助，差额反向变动时就立刻进行买卖操作。由于委差指标会先于股价波动，当投资者选择卖出或者买入时就可以参考这个指标。例如，投资者想要选择卖出，委差波动出现20万手、21万手、23万手、25万手、24万手、23万手，当委差在20万手到25万手波动时，委差数值一直在增加，说明主动买盘比卖盘增加得多，这个时候如果想卖出可以等一下。之后委差从25万手到23万手，说明主动买入的减少了，数值的趋势开始逆转了，投资者就可以在最后的23万手时选择卖出。由于这个指标比较敏感，往往委差趋势发生逆转之后，股价还没有太大变化，所以可以帮助投资者选择卖点和买点。

10.4.3 量比

量比是指平均每分钟的成交量与过去5个交易日平均每分钟的成交量之比，也是衡量相对成交量的重要指标之一，其计算公式如下。

量比 = 现成交总手数 / 现累计开市时间（分）/ 过去5日平均每分钟成交量

变换后的公式如下。

量比 = 现成交总手数 / [现累计开市时间（分）× 过去5日平均每分钟成交量]

在即时盘口的分析中，投资者使用较多的是K线图、成交量以及换手率等指标。量比及量比指标也是比较好的工具。当股票出现在量比排行榜上时，一般都已有相当大的涨幅，多数投资者已经错过了最早起涨点。因此，从盘口的动态分析角度来讲，只考虑量比大小具有一定缺陷。量比的具体使用方法如下表所示。

量化使用方法

量比倍数	放量水平	操作意义
0.8~1.5倍	正常水平	股价可涨可跌，不具有操作的参考价值
1.6~2.5倍	温和放量	若股价处于缓慢上涨态势，则升势会延续，可继续持股；若股价下跌，则认定跌势会延续，应考虑退出
2.6~5倍	明显放量	若股价向上突破阻力或向下跌破支撑，则属于有效突破。向上突破可以买进，向下跌破可以卖出
5.1~10倍	剧烈放量	若个股长期处于低位，突然出现剧烈放量，且股价向上突破，则后市将会有大涨幅。但是，如果前期已有巨大涨幅，则建议投资者采用防御策略
10.1~20倍	异常放量	若个股在高位出现异常放量，则可以考虑反向操作
20倍以上	极端放量	建议投资者高位卖出，低位买进

提示

有些个股的价格经过大幅拉升之后，出现量比急剧放大的情况，这也是重要的顶部特征。这种放量的换手率不大，但是量比大得惊人，有时能达到数十倍之多。正是因为换手率不大，所以才容易使投资者产生麻痹心理，从而错失逃顶的机会。

打开股票分析软件，切换至 K 线图界面，即可看到位于界面右侧信息栏
中的量比信息，如右图所示。

现价	21.51	今开	21.66
涨跌	-0.19	最高	21.85
涨幅	-0.86%	最低	21.13
总量	117.4万	量比	1.37
外盘	581391	内盘	592727
换手	1.98%	股本	76.2亿
净资	13.53	流通	59.2亿
收益(三)	1.130	PE(动)	14.2

10.4.4 内盘和外盘

内盘和外盘是两个相对的概念。内盘是指以买入价格成交的数量，即卖方主动以低于或等于当
前买一、买二、买三等价格下单卖出股票时成交的数量，用绿色显示。内盘的数量显示了空方急于卖
出的数量。外盘是指买方主动以高于或等于当前卖一、卖二、卖三等价格下单买入股票时成交的数量，
用红色显示。外盘的数量显示了多方急于买入的数量。内盘和外盘分别如下左图和下右图所示。

主动卖出	内盘		主动买入	外盘

内盘和外盘这两个数据大体可以用来判断买卖的主动性。若外盘的数量大于内盘，则表明买方
主动性较强；若内盘的数量大于外盘，则说明卖方主动性较强。

例如，A 下单 6 元买 100 股，B 下单 6.01 元卖 300 股，当然不会成交。6 元就是买入价，6.01
元就是卖出价。

这时，C 下单 6.01 元买 200 股，于是 B 的股票中就有 200 股卖给了 C（还有 100 股没有卖出去）。
这时候，成交价是 6.01 元，现手就是 2 手即 200 股，颜色是红色。

还是上面的情况，如果 D 下单 6 元卖 200 股，于是 A 和 D 就成交了，这时候成交价是 6 元，由
于 A 只买 100 股，所以成交了 100 股，现手是 1，颜色是绿色。

外盘就是主动按照卖方的价格（卖一、卖二、卖三、卖四、卖五）而
成交的数量，在信息栏中字的颜色为红色。内盘是主动迎合买方的价格（买
一、买二、买三、买四、买五）而成交的数量，在信息栏中字的颜色为绿色。
投资者打开股票分析软件，切换至 K 线图界面，即可看到位于界面右侧信
息栏中的内盘与外盘的信息，如右图所示。

现价	21.51	今开	21.66
涨跌	-0.19	最高	21.85
涨幅	-0.86%	最低	21.13
总量	117.4万	量比	1.37
外盘	581391	内盘	592727
换手	1.98%	股本	76.2亿
净资	13.53	流通	59.2亿
收益(三)	0.330	PE(动)	14.2

10.4.5 总手和现手

总手即当日开始成交一直到即时的总成交手数，总手等于外盘加内盘
的数量之和。通过收盘时的"总手"数量可判断当日成交的总股数，如收
盘时出现"总手 23.88 万手"，说明当日该股一共成交了 23.88 万手，即
2 388 万股。

现手是指个股的即时成交量，最近一笔成交量，或者已经成交的最近
一笔买卖的手数也称为现手。在盘面的右下方为即时的每笔成交明细，红
色字和向上的箭头表示以卖出价成交的每笔手数，绿色字和向下的箭头表
示以买入价成交的每笔手数。

打开股票分析软件，切换至个股分时图或者 K 线图界面，即可看到位
于界面右侧信息栏中总手的信息。成交明细栏中的最新成交信息就是现手
信息，如右图所示。

现价	14.73	今开	15.00
涨跌	-0.32	最高	15.35
涨幅	-2.13%	最低	14.63
总量	176417	量比	2.02
外盘	78413	内盘	98004
换手	1.39%	股本	14.9亿
净资	2.41	流通	12.7亿
收益(三)	0.330	PE(动)	33.6

交易状态：连续竞价 10:02:51				
10:02	14.67	293	B	37
10:02	14.67	208	S	45
10:02	14.69	406	B	56
10:02	14.71	621	B	77
10:02	14.72	148	B	42
10:02	14.73	279	B	71
10:02	14.71	125	S	73
10:02	14.72	182		12
10:02	14.75	47	B	7
10:02	14.72	32	S	7
10:02	14.75	850	B	49
10:02	14.73	58	S	14

笔	价	细	日	联	值	主	筹

10.5 成交量时段分析

成交量在每一个交易日的不同时间段所表达的含义也有所不同，投资者可以通过对开盘、盘中、
盘尾和盘后的成交量进行分析来更加清晰地了解主力对股票后期走势的真实意图。

10.5.1 开盘分析

在每一天的交易当中，投资者首先应该关注的是开盘前和开盘时的成交量变化，以及集合竞价所产生的开盘价。股票前期的走势不同，开盘时成交量变化的含义也不同。

（1）股价处于相对低位。当股价处于相对低位时，如果开盘时段放出异量，并且股价上涨，则表示该股上涨突破的动能较足，当日上涨的概率较大，甚至有可能涨停。

下面来举例说明。

❶ 打开通达信软件，输入神火股份的股票代码"000933"，如右图所示，按【Enter】键确认。

❷ 下左图为神火股份2021年5月至9月的日K线图，下右图为其2021年8月11日的分时图。可以看到，该股在8月11日开盘半小时之内就放出异量，紧接着持续放量，在上午就封涨停。结合日K线图的走势，其在价格低位就表现得如此强劲，说明主力资金充足，并已经开始准备推高股价，由此可以判断该股在未来会有持续的上涨行情。

（2）价格处于相对高位。当股价处于相对高位时，如果开盘时段放出量大，并且股价下跌，则多数主力认为该股上涨阻力较大，日后走势有"牛转熊"的可能，因此会引发主力的撤退。

下面来举例说明。

❶ 打开通达信软件，输入珠江啤酒的股票代码"002461"，如下图所示，按【Enter】键确认。

❷ 下页左图和下页右图分别为珠江啤酒2021年6月至8月的日K线图和2021年6月8日的分时图。该股从2021年3月开启上涨行情，一直延续至6月7日。结合日K线图和分时图可以看出，该股在6月7日放量涨停，形成一种还要继续上涨的形态，但是在6月8日开盘平开之后就开始放量下跌，一开始还有小幅反弹，但是之后在10点多又进一步放量，助推股价下跌。对于成交量敏感的投资者，在看到开盘假突破的形态之后就会谨慎，并且价格一路上涨至13.05元。对于消费类股票，投资逻辑并不会像科技股那样发生惊天逆转，所以如果有这样的涨幅，投资者就应当注意。股价在如此高点，只要开始放量下跌，就要及时卖出。

10.5.2 盘中分析

在 10:00 以后，股市进入多、空双方的"搏杀"阶段。在一个交易日中，除去开盘与收盘的各半个小时，其余时间全为盘中交易时间。股价在盘中的走势，无论是探底拉升、窄幅震荡，还是冲高回调，全部体现控盘主力的操作意图。盘中运行状态一般有以下几种情况。

1. 处于上涨趋势

如果个股的开盘价与前一日的收盘价持平，且开盘之后价格上涨，在上午的走势中冲高回调并且不跌破开盘价，则价格重新向上的概率较大，这意味着主力做多的意志坚决。投资者可以待第二波高点突破第一波高点时，选择加仓买进。

下面来举例说明。

❶ 打开通达信软件，输入中盐化工的股票代码"600328"，如右图所示，按【Enter】键确认。

❷ 下左图和下右图分别为中盐化工 2021 年 6 月至 8 月的日 K 线图和 2021 年 8 月 24 日的分时图。从 2021 年 8 月 24 日的 K 线图可以看出，该股此时已经处于上升通道中，投资者此时的交易均属于右侧交易。再从其分时图可以看出，该股开盘有量，说明主力资金充足，在盘中又放出异量，并且股价虽冲高回调，但是并没有跌破当日的开盘价，说明主力已经控盘，并开始准备推高股价，由此可以判断该股在未来会有持续的上涨行情。

2. 处于箱体走势

个股处于箱体走势时，一般开盘走势有4种：高开低走、平开平走、低开平走、低开高走。由于箱体震荡走势没有明朗的方向，而是处于箱体之中，因此股价稍微一涨就触及箱顶。如果盘中个股在上涨过程中出现巨大的成交量，就是逢高减仓的好机会，此时不要买入。在箱体阶段，不建议长线投资者进行买卖操作，短线投资者可以选择适当时机低买高卖。

下面来举例说明。

❶ 打开通达信软件，输入广联达的股票代码"002410"，如右图所示，按【Enter】键确认。

❷ 下左图和下右图分别为广联达的日K线图和2021年7月14日的分时图。从日K线图看出，均线走平并交织在一起，股价基本围绕长期均线上下波动。在7月6日至7月14日，K线连续6个交易日上升。在7月14日的分时图中，股价更是高开高走，并且盘中放量。如果暂时忽略日K线图，分时图走势是看涨的形态。但是如果结合日K线图，可以看到其又面临前期高点的压力。如果投资者注意到这是一段箱体行情，就应该意识到七连阳大概率要回踩。因此即使买入也不应追涨买入，而应等待回踩得到支撑再买入。

3. 处于下跌趋势

如果个股平开低走或者低开低走，并跌破前一波低点，多是由于主力看淡后市行情，尤其在弱势市场或有实质性利空出台时，出现低开低走，盘中反弹无法超过开盘的情况，主力多数会离场观望。当大盘趋弱时，个股高开低走翻绿，如果反弹无法翻红，投资者宜获利了结，以免在弱势市场中高位被套。

下面来举例说明。

❶ 打开通达信软件，输入云南白药的股票代码"000538"，如右图所示，按【Enter】键确认。

❷ 下页左图和下页右图分别为云南白药的日K线图和2021年2月22日的分时图。从其日K线图可以判断当时股价已经处于相对高位，并且在高位横盘了3天，同时在顶部出现螺旋桨线，这些都是确认顶部的技术形态。接着收出一根低开低走的大阴线，并且股价跌破了5日、10日均线，虽然还有30日均线和60日均线作为支撑，但是下行风险依然较大，短线投资者应该尽早出货。中线投资者可以等待20日均线的支撑。如果20日均线也被跌破，中线投资者应当果断卖出。结果后面股价继续下跌，彻底打破前期的上升形态。其实从2月22日的分时图也可以看出，开盘微低开，并且全天呈震荡下跌的态势，这就是走熊特征，预示着后市很大概率将继续走弱。在当时，还处于"杀"白马股估值的市场环境，许多大白马股都进入了熊市周期，云南白药作为医药股的白马股，也难逃熊市。

10.5.3 盘尾分析

盘尾分析是指以每天 14:30—15:00 的走势来判断后市走势。收盘前的成交量与股价的变化走势有以下两种形态。

1. 尾市放量，股价急升或止跌

如果个股在尾市放量，股价急升或者止跌，说明主力已经开始发力，助推股价上涨。盘尾期间的成交量能够反映未来行情的走势。投资者可以依据尾市成交量与股价的变化关系，短线趁机进入，第二天选高点卖出，做一次短平快的短线差价交易。

下面来举例说明。

❶ 打开通达信软件，输入中国铝业的股票代码"601600"，如右图所示，按【Enter】键确认。

❷ 下左图和下右图分别为中国铝业 2021 年 7 月至 8 月的日 K 线图和 2021 年 8 月 10 日的分时图。从其日 K 线图可以判断 8 月 10 日的 K 线已经进入多头趋势并处于上涨回踩的位置，并且当时的价格并不高。在这里不得不提的是 2021 年的大环境是石油价格上涨，带动大宗商品全部涨价，周期股进入顺周期阶段。所以，中国铝业在 2021 年 8 月 10 日当天虽然早盘开盘至下午都是低开低走，但是整体来看，盘中并没有放出很大的量，而且股价跌幅也不大。但是在盘尾半小时，突然连续放量，瞬间将股价从 5.62 元拉升至最高 5.79 元，并且成交量连续几根放大，说明此时该股票的成交开始活跃，已经有主力毫不掩饰地进场，所以后市上涨的概率较大。

2. 尾市放量，股价下跌

如果股市开盘之后，股价处于平开平走的走势，但到了 14:30 后，成交量开始连续放大，并且股价开始下跌，表明股价已经有下跌趋势，多头主力多数对后市看跌，所以不停地卖出手中的筹码，从而出现放量下跌的现象。

下面来举例说明。

❶ 打开通达信软件，输入鱼跃医疗的股票代码"002223"，如下图所示，按【Enter】键确认。

通达信键盘精灵		×
002223		
002223	鱼跃医疗	深圳A股
连接扩展市场行情再查找…		

❷ 下左图和下右图分别为鱼跃医疗 2021 年 6 月至 8 月的日 K 线图和 2021 年 7 月 16 日的分时图。从其分时图可以看出，股价自开盘之后就进入下跌走势，反弹始终没有超过分时图均线，并且在尾市持续放量下跌，股价直接从 38.7 元左右下跌至 37.35 元。短短半个多小时股价跌幅将近 4%。从日 K 线图来分析，箭头所指的大阴线直接下穿了 5 日、10 日和 20 日均线，说明此时该股已经打破了原有的单边上升趋势，因此后市看跌的概率较大。如果投资者担心该趋势是上升中的回踩，可以结合后面几日的日 K 线图进一步判断。但是这样的大阴线一下贯穿 3 条均线，很可能是转势信号。K 线处于 20 日均线之下时，投资者最好超过 3 日不持股。

10.5.4 盘后分析

每日收盘之后，即可看到当日完整的日 K 线图。投资者可以结合当日的分时图、日 K 线图以及成交量等指标，对股票的后市进行预判。盘后分析有许多优点，可以不受行情瞬息万变的影响，从容地对个股及大势做出判断。

盘后分析的主要内容如下。

（1）查看每日涨幅、跌幅前 50 名。

（2）查看每日换手率前 50 名。

（3）查看周涨幅、周跌幅前 50 名。

（4）对自己的个股进行分析判断。

（5）对异常走势个股进行分类。

投资者通过对上述内容的分析与研判，可以大致了解当下的热点板块，适时地切换股票，改变投资组合和投资策略，以便获取利润。

10.6 逐笔成交量分析

在分析成交明细表时，投资者需要特别注意大单的成交。由于个人投资者并没有强大的资金实力，通常大单成交均为主力所为。因此，对逐笔成交量分析的重点应当放在对大单的分析上。

通常对大单的定义并没有很明确的标准，有的股票分析软件认为 500 手以上就是大单，而有的软件可以对大单数量的标准进行设置，还有的软件按照成交额来设置大单。

例如，农业银行（601288）的股价为 3.89 元，买入 500 手需要 19.45 万元，大多数中小投资者都可以买入；而贵州茅台（600519）的股价为 255.47 元，如果买入 500 手，则需要 1 277.35 万元，不是普通中小投资者可以支付得起的。

因此，对于大单的定义，从成交量方面来进行判断要准确得多。通常可将单笔成交量大于 1 000 手的认定为大单。那么投资者可以通过以下方面对每笔大单的成交量进行分析。

（1）连续性的大单成交就是主力所为，这通常表现为股价的稳步上升。

（2）如果某只股票在一段时间内大单成交非常密集，比如在一分钟之内成交了好几笔大单，则一定是主力所为，说明主力在急于拉高出货，或者低价建仓。如果一天之内只有几笔大单成交，则说明该股当日可能没有主力操作。

下面来举例说明。

❶ 打开通达信软件，输入味知香的股票代码"605089"，如下图所示，按【Enter】键确认。

❷ 下左图和下右图分别为味知香在 2021 年 9 月 27 日的分时图和成交明细。从成交明细中可以看到该股在 11:09 有超大单买进，不到一分钟就成交了一笔 2 775 手的现手大单。这可能是机构或游资所为，说明主力已经开始准备推升股价。

当某只股票的价格处于底部，并且前期筑底时间比较充分，底部形态良好时，一旦发现它的成交笔数在不断地扩大，并且价格小幅上涨，就是投资者买进的绝佳时期。当卖一的卖单数额很大，且短时间内很快被几笔较大的买单吞吃，或者卖方撤销了卖出委托时，投资者应当适时跟进。

如果股价前期经历了较长时间的大幅度上涨，在买一的位置有大单买进，但是有几笔较大的卖单连续抛出，这有可能是主力急于出货。这时投资者应紧跟主力卖出手中的股票，空仓观望。

技巧1　单独放巨量的含义及投资策略

在短期内成交量突然放大，甚至成倍增长，在日K线图中呈现一根高高的成交量柱线时，投资者应对此形态予以关注。这既可能出现在涨势中，也可能出现在跌势中。在不同时期出现快速放量的成交量图形时，投资者应采取不同的策略，如下表所示。

在不同时期出现快速放量的成交量图形时投资者应采取的策略

出现的时期	信号特征	投资者采取的策略
涨势初期	助涨信号	及时买入
涨势途中	方向不明	谨慎买入
涨势后期	见顶信号	不可盲目买入
跌势初期	助跌信号	及时卖出观望
跌势途中	下跌信号	观望
跌势后期	见底信号	不要盲目卖出

技巧2　温和放量的含义及投资策略

温和放量是指成交量在一个较长的期间逐渐放大，既可能出现在涨势中，也可能出现在跌势中。温和放量时，投资者应采取下表所示的策略。

温和放量时投资者采取的策略

出现的时期	信号特征	投资者采取的策略
涨势初期	上涨信号	及时买入
涨势途中	后市看涨信号	继续买入
涨势后期	转势信号	不可盲目买入
跌势初期	下跌信号	及时卖出观望
跌势途中	后市看跌信号	持币观望
跌势后期	转势信号	不要盲目卖出

第3篇

实战篇

第 11 章 涨停板技法

本章引语

　　射人先射马，擒贼先擒王。

　　　　　　　　——〔唐〕杜甫《前出塞九首·其六》

　　除了抓住黑马股，超短线投资者可能还喜欢追涨停板。而涨停板股票几乎天天都有。那么，怎么在涨停板之前买进？又怎么能顺利地看懂涨停板之前的一些动向？

　　涨停板是爆发力较强的短线形态，本章重点分析了涨停板分时图的一些常见特征，包括涨停板封板特征和买进手法。

本章要点

　　★涨停板封板特征

　　★涨停板买进手法

11.1 辨识涨停板股票特征

在日常交易中，有的投资者喜欢短线操作，有的投资者习惯中长线操作，还有的投资者喜欢超短线的打板操作。很多短线投资者都期望自己手中的股票天天都能涨停板。本节通过介绍强势分时图的典型特征和涨停盘口的强弱特征来帮助投资者辨识涨停板股票特征。

11.1.1 强势分时图的典型特征

分时图表现了股价的实时走势，分时图均价线则体现了个股当日市场平均持仓成本的变化。换个角度来看，分时图是多、空力量实时交锋结果的展现，而均价线则是多、空力量的分水岭。若股价可以稳健地运行于均价线上方，均价线对个股的运行构成了有力的支撑，则说明后续不断入场的买盘可以稳稳地"托"住股价，这是多方推升力量强于空方打压力量的体现。

均价线对股价形成支撑，只是一个笼统的说法。就实际表现来看，股价最好能与均价线保持一定距离，而不是粘合于均价线。当股价回落接近或碰触均价线后，应能较快地再度向上远离均价线，这才是多方力量强劲的表现，如下图所示。

1. 量价配合，流畅上扬

因为个人投资者群体庞大，买卖难以形成合力。因此，强势运行的个股背后往往都有主力运作，或引导或占据控盘地位。在盘口中的买卖方式主要体现在拉升行为中，就是"连续大笔买入、快速拉升"，对应的盘口走势就是流畅的上扬，伴以量能的快速放大。

流畅、挺拔的上扬形态，是连续大买单扫盘所形成的，其分时图形态也是分析个股是否强势、主力是否有较强拉升意愿的切入点。

下页左图为华能水电（600025）2021 年 9 月 30 日的分时图和成交明细。当日此股价格在早盘时间段出现了一波上涨，很明显是主力资金通过连续大买盘扫盘、拉升所致，是典型的强势分时图的盘口特征。股价在 10:30 之后有所回落，但很快就稳稳地处于均价线上方，并始终与均价线保持一定距离，这是强势分时图的一大特征。这说明投资者对后市看好，都选择持有不卖，相对而言也是买盘充足的表现。之后在 13:28 开始出现超大买单，短短 2 分钟就将股价拉至涨停。

2. 涨势明显好于大盘

只有在对比中，才能知强弱，强势股之所以"强势"，是因为它的主动性上涨。在大盘大涨、个股价格普涨的情况下，个股价格的上涨很有可能是被动的。只有通过对比，才能更好地辨识强弱。所以，结合大盘当日的走势情况来分析，如果个股的盘中走势更强，也是把握强势股的重要依据。

下右图为天赐材料（002709）2021年9月30日的分时图。图中叠加了当日的上证指数，通过对比可以看出，天赐材料的盘中分时图走势是远强于当日大盘的。在大盘横向窄幅波动、看不到任何大涨迹象的背景下，此股在盘中却节节攀升，主力资金推动个股迹象明显。这种独立于大盘、强于大盘的盘中运行格局，正是强势分时图的典型特征。它也预示了此股随后几日的走势或将强于大盘。

上证指数

3. 午盘后的发力强势

由于多、空力量的快速转变，早盘运行不够强势的个股，也完全有能力实现盘中逆转，这时，需要将注意力放在午盘之后。如果一只个股在午盘之后出现明显的强势运行特征，如股价流畅地飙升、完美的量价配合、股价稳稳地处于均价线上方等，则这类分时图也可以被定义为强势分时图，短线看涨。

右图为节能风电（601016）2021年9月30日的分时图。此股价格在早盘阶段表现平平，甚至还出现了小幅度下跌，看不到任何强势特征，

但午盘之后主力拉升个股迹象明显，这从其飙升的幅度、量价配合中可以看出。至收盘，股价仍稳稳地处于飙升后的高点。这正是个股在盘中逆转为强势运行的一个典型特征，说明其短线上攻潜力还是较大的，应纳入关注范围。投资者可以在股票软件中输入"80"查看快速涨跌幅的个股，从中挖掘有涨停潜力的股票。

11.1.2 涨停盘口的强弱特征

11.1.1小节讲到了普通分时图的强势特征，涨停分时图是强势分时图的一种特殊形态。涨停分时图有强、弱之分，所谓"强"是指这类涨停分时图预示短线上涨；"弱"则代表随后的下跌概率较大，涨停当日就是强弱分水岭。本小节将从技术面的角度来分析强势涨停板与弱势涨停板的特征。

1. 强势涨停板特征：小、早、稳

对于强势型的涨停分时图，可以将其特点抽象地概括为振幅小、封板早、封板稳3点。

振幅小是指个股的盘中振幅相对较小，一般来说，不宜超过10%，如果是创业板股票和科创板股票则不宜超过20%，即个股最好适当高开，且盘中回探幅度较小。

封板早是指个股的封板时间宜早不宜晚，能够在早盘10:30之前封板最好，最晚不宜超过14:00。

通达信炒股软件从入门到精通（第2版）

第11章 涨停板技法

198

封板稳是指上冲封板后就牢牢地封死了涨停板，或者略做休整即牢牢封板，此后的盘中交易时间段不再开板，涨停价堆积了大量委托买单，抛单较少，如果场外投资者再挂单买入，是无法成交的。

在这3个特点中，封板稳最为关键。如果个股始终无法封牢涨停板，即使封板时间早、盘中振幅小，这样的涨停分时图也不是强势型的。

下左图为金现代（300830）2021年9月29日的分时图，下右图为其2021年7月至10月的日K线图。可以看到，9月29日的涨停分时图就是典型的强势分时图。个股早盘大幅高开，随后一路上扬，流畅飙升直接封牢涨停板至收盘。这样的涨停板出现后，个股的短线上攻势头是较为凌厉的，若能当即进入，或者已买入此股，则短线应继续持有，再继续看后续量能和均线的走势。

2. 弱势涨停板特征：大、晚、开

对于弱势型的涨停分时图，可以将其特点抽象地概括为振幅大、封板晚、封不死3点。

振幅大是指个股的盘中振幅相对较大，一般来说，会超过10%，即个股在盘中出现跳水，随后"收复失地"并封板，或者早盘低开幅度较大，随后逐步走高并封板。

封板晚是指个股的封板时间较晚，多在午盘14:00之后，甚至是尾盘半小时内。这时的涨停板有主力刻意运作收盘价的嫌疑，次日走势多不理想。

封不死是指上冲封板后并没有牢牢封住，而是在随后较长的时间内出现开板，或者封板与开板在很长时间内不断切换。涨停板的开板时间越长，反复开合的次数越多，则越弱势，随后的短线下跌力度也就越大。

在这3个特点中，封不死最为关键。冲击涨停板之后又再度开板，多源于两种情况：一是主力资金借市场追涨人气实施出货；二是市场抛压过重，抛压可能来自个人投资者，也可能来自隐藏于此股中的大资金，主力资金没有实力封板。无论是哪种情况，个股随后的短线走势都不容乐观。

右图为天赐材料（002709）2021年9月30日的分时图。个股在下午时段冲击涨停板，冲板时间较晚，在涨停分时图中，这是一种相对弱势的表现；而且，在上冲涨停板后，股价虽然没有明显回落，但始终无法牢牢封板，反复打开的涨停板说明市场抛压较重。这样的涨停分时图就是典型的弱势分时图，预示着股价随后易跌难涨，是卖股离场的信号。

3.强、弱势涨停板不会一成不变

股票市场永远是瞬息万变的，涨停分时图的强、弱势也不是一成不变的，强与弱的转换常常是极为迅捷的。对于某一个交易日来说，强势分时图转变为弱势分时图值得关注，若参与了这样的个股交易，那么在当日或次日就应做好卖股的准备，不可大意。

强势型涨停分时图转变为弱势型涨停分时图的主要表现形式为盘中因抛单巨量涌出，击穿了涨停板。无论开板的时间长短，以及随后能否回封涨停板，都已造成了强弱的转变。这时的涨停分时图将不再是短线看涨个股的理由。

下左图为江苏新能（603693）2021年9月30日的分时图，下右图为其2021年7月至9月的日K线图。从分时图可以清晰地看出当日早盘阶段，股价低开高走，回到昨日收盘价，之后股价连续下挫接近跌停。午后股价持续发力，从下跌5个多点一路上涨，至盘尾时段最高大涨8.9%，接近涨停，并且在尾盘阶段持续放量，这是一个强势逆转形态。结合该股的日K线图可以看出该股处于上升趋势的回踩阶段，这根接近地天板的大阳线预示着短线调整到位，投资者可以不那么看空，等待机会加仓。

4.强、弱势涨停板会在隔日转变

当日强势型涨停分时图在次日也可能发生逆转。对于这种情形，由于股价的短期上涨幅度较大（昨日已涨停），当逆转出现时，投资者应在第一时间卖出离场。

下左图和下右图分别为白银有色（601212）2021年9月13日和9月14日的分时图。股价在9月13日午后强势涨停，牢牢封板至收盘。但是次日，股价微微高开，开盘就放量下跌，快速跌破前一日的收盘价，是明显的获利盘出逃表现。这种昨日强势、今日弱势的逆转，表明个股短线上涨已结束，随后下跌的概率很大，宜卖股规避风险。

11.2 涨停板封板特征

涨停分时图是实战中的核心内容之一，相同的涨停板 K 线图往往能反映出截然不同的后期走势，这其中的奥秘就在于当日的涨停方式。本节将对涨停板封板特征进行简要解析。

11.2.1 一字封板

强势股的开盘价高于上一日的收盘价。开盘后，连续性的大单扫盘使得个股价格快速冲击涨停板，随后牢牢封板至收盘。在冲击涨停板时，个股可能一次就牢牢封板，也可能在涨停板价位上略做停留，出现了一两个裂口后才牢牢封板至收盘，这两种形态只有微小区别。

高开直接冲涨停板是最为强势的涨停分时图表现。它一般出现在股票停牌多日后的复牌或者新股上市时，但也经常出现在利好时的一种做多热情中，是多方占据压倒性优势的结果。一般来说，这种类型的涨停分时图多出现在短线黑马股启动初期。实战操盘中，它是抢板进入的最佳品种。

下左图和下右图分别为京投发展（600683）在 2021 年 8 月 31 日的分时图和 2021 年 8 月至 9 月的日 K 线图。结合两图可以发现，股价在午后开始放量涨停，并且在之后的两个交易日均没有较大涨幅，这就是极佳的买入时机。由于 9 月 2 日的一条"高质量建设北京证券交易所"消息的公布，京投发展股价直接从 9 月 3 日开始一字涨停。

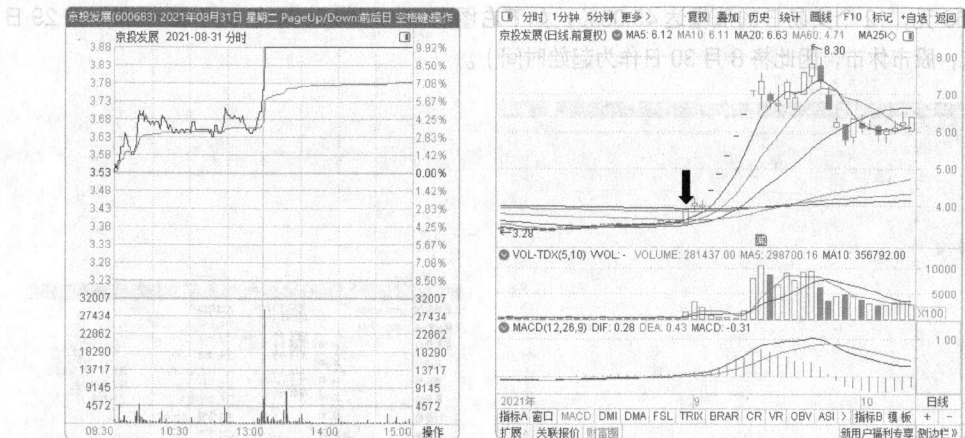

11.2.2 两波、三波封板

开盘后，先快速上涨、回调，然后再度上冲并封牢涨停板。从形态上看，整个封板过程中，有两三次上冲，并且整个上涨过程有一两个明显的"波峰"和较为明显的上涨波段，封板时间为早盘阶段。

两波封板同样是一种强劲的涨停分时图特征，是主力强势拉升所致，如个股能一直牢牢封板直至收盘，则其短线冲击力是较强的，是主力有意拉升股价的标志。

三波封板则是一种相对稳健的涨停形态，它的出现与主力买入的方式有关。从个股后期走势来看，三波封板多是主力有"预谋"的操作，这样的主力在之前的走势中往往已吸筹较多，而三波封板当日就是其正式拉升股价的信号。

下面来举例说明。

❶ 登录通达信软件，输入川金诺的股票代码"300505"（见下页左图）或其大写的汉语拼音首字母"CJN"。

❷ 按【Enter】键，进入川金诺的日 K 线图界面，选择 2021 年 7 月至 9 月的日 K 线图，如下页

右图所示。

❸双击箭头所指的 8 月 27 日的 K 线，弹出该日分时图，如下左图所示。从分时图可以看出，该股早盘就高开高走，持续温和放量并且股价稳步上涨，之后在 10:35 放出巨量。此股封板非常牢固，直至收盘都没有开板，体现出这只股票主力做多的情绪高涨。此股是创业板股票，所以当天涨幅限制是 20%。从后市可以看出，股价在该日后仍旧大幅上涨，以当日收盘价 32.6 元计算，到该股短期高点 54.63 元，12 个交易日的涨幅达 45.09%，如下右图所示（因为 2021 年 8 月 28 日和 8 月 29 日为周末，股市休市，因此将 8 月 30 日作为起始时间）。

11.2.3 天量封板

无论怎么解释，封板都是量能配合的结果，只有极大的量能才能快速完成封板。除了封、开板之间的较量外，用天量封板也显示出主力的强势特征。这种情况是市场筹码锁定较好时的一种自然反应。在封板时的最后一分钟放出了天量，这一分钟的量能因突然出现的巨单扫盘而形成，并且随后牢牢封板至收盘。在这笔巨单扫盘前后，交投相对平淡，并没有因为封板而引发大量的卖单涌出，该量能呈现出一枝独秀的特征。

下页左图和下页右图分别是中国铝业（601600）2021 年 7 月至 9 月的日 K 线图和 2021 年 8 月 25 日的分时图。可以看出该股前期处于上涨回踩阶段，在 8 月 25 日盘中成交量放出巨量，一分钟内成交 3.16 亿元，直接助推股价冲击涨停。该股当日放量涨停就牢牢封板，并且 8 月 25 日的分时图是最强势的一种分时图。从 K 线图不难看出 8 月 11、12 日的成交量就已经有所放大，多头形态很明显，并且 8 月 25 日盘中拉升的时候也有极佳的买入机会，投资者应该在 8 月 23、24 日买入该股。

提示

　　量能出现的时间段不同，其作用也是不同的。在早盘冲板阶段，突然出现了巨单扫盘，并牢牢封板，形成了早盘的一分钟天量，这是主力资金看好个股的信号。而且，冲板时的一分钟天量常出现在几波流畅上扬之后，说明主力在有节奏、稳妥地拉升股价。股价流畅上扬、封板时巨单扫盘，都表明了主力资金不愿给市场过多的盘中逢低买入机会，这样的个股自然有着较强的短线上涨动力。

下面来举例说明。

❶ 登录通达信软件，输入东岳硅材的股票代码"300821"（见下图）或其大写的汉语拼音首字母"DYGC"。

❷ 按【Enter】键，进入东岳硅材的日 K 线图界面，选择 2021 年 7 月至 9 月的日 K 线图，如下图所示。

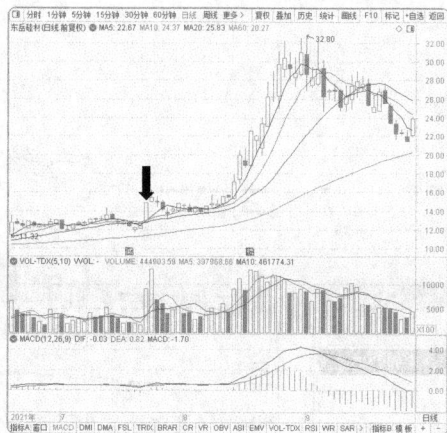

❸ 下图为该股 2021 年 7 月 22 日的分时图。该股在 9:36 就成交 1.34 亿元，放巨量封板。之后有获利盘出逃，但是上涨的动能巨大。之后该股在 9:58 成交 1.12 亿元，将股价牢牢封在涨停板位置。

在操作中，观察仔细的投资者可追涨买入，分享主力拉升成果。

11.2.4 多次午后启动封板

多次午后启动的涨停形态主要是指股价连续多个交易日（两个交易日以上）在午盘之后出现明显的拉升，且上封涨停板。这多个交易日的早盘走势相对平静，但午后启动迹象明显，且封板较为坚决。

连续多个交易日午后启动并上封涨停板是主力持续运作个股的信号，绝非个股的偶然性异动，而且，主力的控盘能力较强，多个交易日都选择在午盘之后，也证明了主力资金短期内有意拉升股价。虽然两个涨停板使得股价短线涨幅较大，但行情才刚刚开始，只要个股的日 K 线走势相对优异，投资者是可以追涨买入的。

下面来举例说明。

❶ 登录通达信软件，输入上能电气的股票代码"300827"（见下左图）或其大写的汉语拼音首字母"SNDQ"。

❷ 按【Enter】键，进入上能电气的日 K 线图界面，缩放显示 2021 年 6 月至 9 月的日 K 线图，如下右图所示。

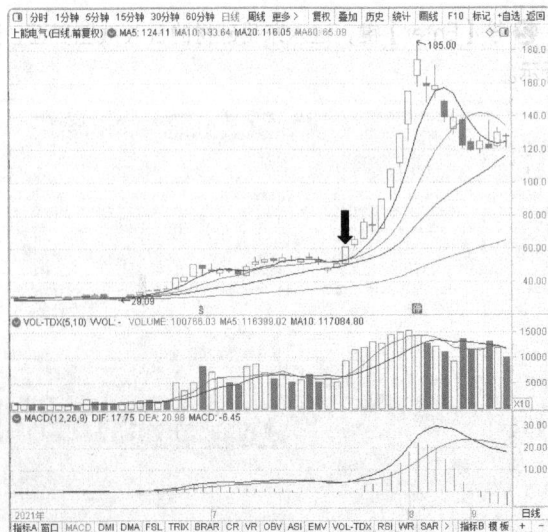

❸ 双击箭头所指的上能电气 7 月 22 日的 K 线，显示下图所示的当日的分时图。

❹ 下左图为上能电气 2021 年 7 月 28 日的分时图，可以看出这一日的午后封板形态，预示主力运作个股的迹象十分明显。从成交量可以看出，在第二个涨停板后，成交量极少，显示市场筹码几乎全部在主力手中，表明主力此时强力控盘。

❺ 虽然两个涨停板使该股票价格短期涨幅较大，但从日 K 线图来看，这是中长期走势的低点，反转上行的空间巨大，这时投资者可以追涨买入。从下右图也可以看出，7 月 28 日至 8 月 25 日的区间涨幅为 111.17%，最大振幅为 155.88%。

11.2.5　稳步向上封板

稳步向上封板是指盘中的分时图走势呈节节攀升的阶梯形，即一小波上扬，随后横向整理，回调幅度很小，然后再向上运行，像阶梯一样，一个阶梯一个阶梯地上行，最终顺势上封涨停板。

盘口中出现这种阶梯式的上涨，说明盘中的每一次上涨后，获利抛压都无法使个股下跌回调，这是多方占据了明显主导地位的体现，也与主力资金在每次拉升后，通过挂出买单来护盘的行为相关。如果个股前期的 K 线走势较为稳健、量价配合关系较为理想，则这种形态多是主力拉升股价的信号，也是个股进入上涨行情的标志。

下面来举例说明。

❶ 登录通达信软件，输入恒帅股份的股票代码"300969"（见下页左图）或其大写的汉语拼音首字母"HSGF"。

❷ 按【Enter】键，进入恒帅股份的日 K 线图界面，缩放显示 2021 年 7 月至 9 月的日 K 线图，

如下右图所示。

❸ 双击箭头所指的 8 月 30 日的 K 线，显示下左图所示的该股当日的分时图。细心的投资者会发现股价上到一个阶梯后，横盘震荡一段时间，继续上一个阶梯，且成交量在拉升阶段随着股价的上升有所放大，在尾盘放大量封涨停板。

❹ 该股的日 K 线走势良好，股价处于低位整理后的突破点，而阶梯式封板是一个中短线看涨信号。操作中，投资者可以追涨买入。果然，43 个自然日内涨幅超过 116%，如下右图所示。

提示

稳步向上封板的分时图形态还可以被当作中长线的入场信号。投资者持有这种股票后一定要有耐心，这样才可赚取丰厚的利润。

11.3 涨停板买进手法

买入涨停板股票的方法主要是在封板前买入，这是较为激进的一种买入方式。能够在早盘阶段牢牢封板的个股，其次日的表现也大多会延续强劲的上涨势头。对于短线操作来说，如果投资者能够结合个股的走势情况、题材特性、分时图形态等因素预判出个股的封板，就可以在封板前的瞬间抢板买入，以在次日的盘中冲高获利。但是，抢涨停板并不简单，需要投资者具备较丰富的操盘经验和良好的盘感。

抢涨停板的操作流程，大致可以细化为3个步骤。

（1）观察大盘趋势和盘中实时异动的个股；

（2）观察个股走势和题材；

（3）提前埋单，做好准备。

投资者在学习了这些知识后，可以用少量资金进行试验性操作，积累经验之后，再实施真正的抢板操作。

11.3.1　提前埋单，在封板前快速切入

埋单，可以理解为在抢涨停板交易中提前做好买入准备，但并不是真正地挂出委托买单，当确定买入时，只需单击【确认】按钮，就可以成功发出委托指令。

抢涨停板的核心理念为"抢"，这意味着仅停留于盘中高点的个股，并不是要"抢"的品种，当个股真正冲击涨停板时，要封板的瞬间再出手切入。因此，抢涨停板一定要出手够快、判断够准。出手快，保证能及时买入（一旦大买单封死涨停板又不再打开时，就失去了买入的机会）；判断准确，意味着个股随后能够封牢涨停板，若涨停板封不牢，一旦抢入，风险会非常大。下面看抢涨停板时的具体操作流程。

❶ 通过涨幅排行榜实时观察接近于涨停价位的个股，这些个股随时有上封涨停板的可能，如下左图所示。观察的方法很简单，来回切换，看这些涨幅靠前的个股是否有冲板倾向。

❷ 当发现某只个股有上冲涨停板的迹象时，要提前做好买入准备，如登海种业在2021年10月18日盘中出现了大买单扫盘，且股价离涨停板很近的情况，如下右图所示。此时应打开下单软件，填写代码、价位、数量等信息，做好一切买入准备，等待最后确认买入指令。

提示

需要注意的是，在抢涨停板时，很可能因为买盘数量过多等意外情况无法买进，所以抢涨停板的成功率不是很高。

仅从盘面交易来看，是否要抢涨停板，有一个很关键的要素，就是看是否有数量级较大的买单扫盘。如果有大买单扫盘，可以抢板；如果没有大买单扫盘，则不宜抢板。

11.3.2　结合抢板位置，后市才能获利更多

投资股票时，一般分为3种，即长线投资、中线投资和短线投资。长线投资是趋势投资，中线投资是低买高卖做波段，短线投资是短周期内低买高卖。抢板属于短线投资的一种，要看短周期买入

之后会不会持续发力上涨。

　　和买东西一样，一笔交易是否值得去做就是看这笔交易是否能够带来一些价值。在股市操作中，就是看获取的收益是否比承担的风险高，如果收益高于风险，即可操作。实施涨停板的操作同时也意味着将自己放入一个危险境地，因为判断很可能会失误，而且短线买涨停板，一般都是博取第二天、第三天的继续封板，即使不能封板，也要有大涨的可能性。如果抢入后股价无法封牢涨停板，投资者将会承担较大的短线风险。

　　下面来举例说明。

　　❶ 登录通达信软件，输入华能水电的股票代码"600025"（见下左图）或其大写的汉语拼音首字母"HNSD"。

　　❷ 按【Enter】键，进入华能水电的日K线图界面，缩放显示2021年8月至9月的日K线图，如下右图所示。从图中可以看出，封涨停板时股价处于低价区间，即将结束低位整理，开始上行，可以买入。

　　❸ 双击箭头所指的9月8日的K线，显示下图所示的该股当日的分时图。细心的投资者会发现，该股高开高走，上午时段成交量比较平稳，逐步将股价上推，这样的操盘手法往往是机构所为。午后成交量急剧放大，冲击涨停之后又打开，股价短暂回落，但持续的大单再次将股价封至涨停。在涨停打开阶段，投资者就可以选择买入。当时在"双碳"战略下，煤炭、有色金属、电力题材股票封牢涨停板的概率较高。

11.3.3　盘中异动抢涨停

　　盘中异动是指个股在盘中某个时段的走势明显与其他时段的不同，如5分钟内涨幅极快、突然跳水等。这些异动打破了个股原有的连续运行状态，多与主力资金的参与有关。

热点总是以板块或题材的方式启动，如证券股集体高升、新能源板块集体走强等。

以板块或题材集合方式呈现的热点说明有多路资金在共同炒作这一热点，这样的热点一般都具有连续性，抢板操作中成功率更高。反之，单独启动、无同类个股联动的个股抢板操作的风险相对较大。

例如，新能源汽车板块整体在 2021 年上半年都比较受资金追捧，广汽集团在 2021 年上半年的行情就处于多头趋势，其在 2021 年 8 月就出现过盘中异动涨停情况。

❶ 登录通达信软件，输入广汽集团的股票代码"601238"（见下图）或其大写的汉语拼音首字母"GQJT"。

❷ 按【Enter】键，进入广汽集团的日 K 线图界面，缩放显示 2021 年 7 月至 9 月的日 K 线图，如下左图所示。从该股趋势来看，7 月中旬至 8 月上旬股价处于上涨的调整波段，也就是 b 浪调整阶段。在这一阶段如果股价受到支撑，后面将是 3 浪上涨。如果股价没有均线支撑，则有可能会转头向下，同时 MACD 指标跌破 0 轴。8 月 12 日，该股开盘之后股价就一路上扬，盘中新能源汽车板块出现异动，其分时图如下右图所示。而广汽集团与华为技术有限公司曾签署深化战略合作协议，并且广汽埃安于 2020 年 11 月 20 日实现品牌独立，定位为高端智能纯电动车。所以广汽集团的股价在当日也受到该消息的刺激，持续放量上涨，出现这种板块的集体行为更容易抢板。同一板块，有先启动的，有后启动的。投资者可以根据自己的交易习惯，选择是追龙头还是埋伏滞涨股。

集体启动型的热点题材股是抢板的首选品种。在这类品种中，最好抢封板时间早、短线涨幅较小的个股，它们当日成功封牢涨停板的概率较大，也有成为短线黑马股的潜力，可以带来更大收益。

11.3.4　追高买入

追高是一种较为常见的短线交易方法，是指在个股明显启动的情况下短线买入。追高时，买的价位就是短期高点。之所以参与追高，是因为股市中有着"强者恒强，弱者恒弱"的分化规律。参与追高，可以在更短时间内收获更多利润，而不是盲目地等待个股的启动。

涨停板代表着短线的强劲冲击力，一些短线黑马股往往以连续涨停板的形态出现。但这样的个股毕竟是少数，很多个股在连续两个涨停板，甚至一个涨停板之后，就出现了上涨乏力，甚至掉头向下的情况。

抢板操作虽然是一种激进的短线交易方式，但这并不代表放弃了风险控制。为了控制风险，投资者应尽可能在个股启动后的第一、二个涨停板抢入，等到个股开始冲击第三个涨停板时，就短线交易来说，不宜再抢板。

通过这样的模式，可以把自己置于一个更为主动的位置。即使主力短期内的拉升意愿不是十分强烈，个股也不是明显的热点题材，但涨停板次日，个股也多会惯性上冲。此时，短线交易处于小幅获利状态，在决定是留是走的问题上就会更客观、更主动。

下面来举例说明。

❶ 登录通达信软件，输入山西焦化的股票代码"600740"（见下图）或其大写的汉语拼音首字母"SXJH"。

❷ 按【Enter】键，进入山西焦化的日K线图界面，缩放显示2021年8月至9月的日K线图，如下图所示。该股价格从8月23日（图中箭头处）就跳空上涨了4.64%，并且在第二日继续跳空高开，这就是明显的多头趋势。

❸ 双击8月24日的K线，显示下页左图所示的该股当日的分时图。早盘阶段，此股直接高开近8个点，股价快速拉升至涨停，但是上午收盘前后均有下探动作，截至下午收盘时封涨停。由于这是第二个跳空，并且冲击了涨停板，看到此处股价，很多投资者不敢追入。但结合当时焦煤、焦炭、动力煤的期货走势，可以对该股后面的走势进行预判。由于受"双碳"战略的影响，2021年的煤价一直处于上涨的状态。山西焦化8月24日前的股价还没有走出期货的大牛行情，上升空间值得期待。

❹ 在日K线图中选中8月25日至9月14日的K线，统计分析这15个交易日的数据，可以看到，到最高点仍有73.55%的涨幅，即使投资者抢板买入，也会收获不小，如下页右图所示。

> **提示**
>
> 同样还是这只股票，如果投资者在第四个涨停板追入呢？第四个涨停板以后，股价继续上升的空间较小，短期内甚至还有回落，风险较大，不建议再追入。

高手支招

技巧 1　结合消息面捕捉涨停板

涨停板除了出现盘中异动等情况外，很多股票还具有相应的涨停消息面。因此，在同样可能涨停的个股中，应优先选取符合以下 4 个标准的个股。

（1）优先考虑市场热点板块的龙头个股。这类股很容易得到市场的青睐，走势较强也较安全。

（2）优先考虑新兴产业的高成长性小盘股。成长性投资已经成为当今世界成熟资本市场投资的共识。

（3）优先考虑即将迎来业绩拐点的公司的股票。因为投资者只关心股票的未来。

（4）个股流通盘不能太大，一般不超过 10 亿股，原则上不参与蓝筹股的涨停，因为盘子太大，行情的持续性差。

在实战中，大体坚持这 4 个基础面的选股原则，尽可能地兼顾趋势投资和成长性投资，因为它们已经成为操作股票时一贯坚守的理念。

以秦川机床为例来说明。据 2021 年 8 月 19 日晚发布的消息，国务院国有资产监督管理委员会召开扩大会议指出，要把科技创新摆在更加突出的位置，推动中央企业主动融入国家基础研究、应用基础研究创新体系，针对工业母机、高端芯片、新材料、新能源汽车等加强关键核心技术攻关。消息一出，工业母机概念的股票迅速被追捧，投资者甚至拿新能源汽车和芯片与之相比。秦川机床是我国机床工具的龙头企业，该股价格从 2021 年 8 月 20 日就开始跳空上涨，之后更是接连出现两个一字涨停，如下页上图所示。由于前期的整理时间很长，所以股价一旦开始上涨，更加势不可挡。投资者如果能够敏捷地捕捉到相关消息，是可以获利的。

从下页下图可以看到，秦川机床 2021 年第 1 季度至第 4 季度的加权净资产收益率分别为3.23%、9.16%、10.83%、11.26%，保持持续稳定的增长。与 2020 年加权净资产收益率相比高很多。这说明企业这两年的发展势头良好，先是在 2020 年扭亏，再在 2021 年获利。而且秦川机床是中国精密数控机床与复杂工具研发制造基地，是中国机床工具业内的标杆企业，基础面相当优秀，买进自然无后顾之忧，结合当日的分时走势，可以追高买入。

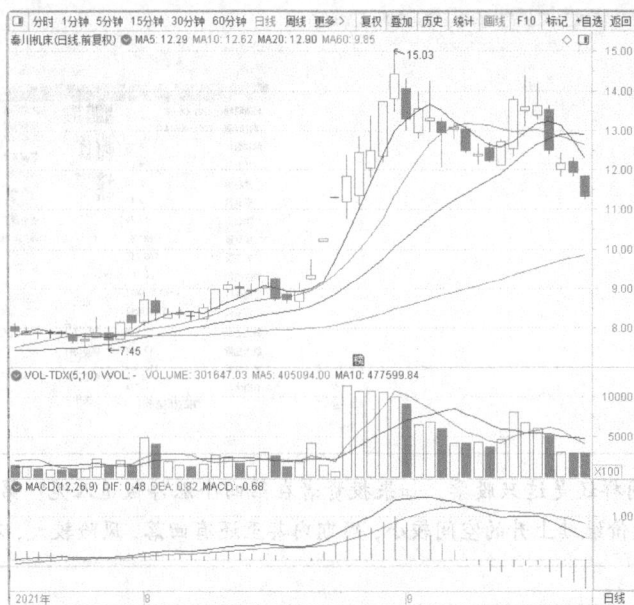

技巧2 抢入涨停板如何卖出收益最大

抢入涨停板固然开心，但如果不能在合适的位置将其卖出，利润就会回撤。

抢入涨停板之后，第二个交易日股价的上涨趋势可能不能延续，所以投资者一定要重视收盘后的复盘，因为它能让投资者了解当日封板后的大盘表现、个股走势等，从而为第二个交易日的操作做一个简单的规划。通常情况下，如果当日封涨停后，出现开板、多次封板，甚至尾盘无法停留于涨停价上的情况，则意味着涨停板抢入有些失误，第二个交易日一定要做好出场的准备。

> **提示**
>
> 即使当日封板的股票，也不意味着次日一定有好的表现。一般来说，买入强势板的次日，若个股没有在早盘阶段启动且脱离成本价，卖出是一种较为理想的选择。

第 12 章 选牛股技法

通达信炒股软件从入门到精通（第 2 版）

本章引语

观察与经验和谐地应用到生活上就是智慧。

——冈察洛夫

在股票投资中，想要获取盈利，首先就要选对股票。
牛股就像沙子里面的金子，只有利用科学、合理的选股
技术，层层筛选股票，才能大浪淘沙，始见真金。

本章要点

★常见的选股方法

★基本面选股

★技术面选股

12.1 常见的选股方法

怎么保证投资的股票能获利呢？为什么买这只股票而不买那只股票呢？网上看到很多专业人士推荐的股票到底值不值得买呢？为什么别人选择的股票就能获利而自己买的股票却亏损呢？其实，股票的选择正误基本决定了交易的成败，而买卖点的选择则决定了利润或损失的大小。所以，想要在股票市场获利，首先就要选对股票。对于资金量比较大的投资者，可以将仓位分为长线仓位和短线仓位两个部分。下面将为投资者介绍两种选股策略。

12.1.1 稳健型选股策略

所谓稳健型选股策略，就是投资者即将在较长的时间内对选出来的个股进行投资，并且这些个股的长期投资逻辑是比较成熟的，长线投资这些股票能让资产稳健增值。就像在银行买理财产品一样，理财经理在推荐理财产品时也会根据投资者风险承受度的不同，推荐不同等级的理财产品。稳健型选股策略一般从公司的财务状况、公司所处的行业前景、公司的当前状况以及未来不同时期的发展趋势等几个维度筛选股票。

1. 公司的财务状况

通过研究上市公司的基本财务状况，可以知道公司当前的营业收入、利润、资产、负债等重要财务信息。在选择稳健型仓位的股票时，需要找出财务状况良好的公司，只有公司的财务状况良好，才能增强投资者中长期持股的信心。在财务状况中，首先可以设置一些基本指标的要求，如现金流较好、资产负债率中等、营业收入增长率每年在 30% 以上、利润增长率每年在 30% 以上等，来对公司进行最初的筛选，先从 A 股的 3 000 多只股票中筛选出一部分财务状况较好的上市公司。

2. 公司所处的行业前景

对于普通行业而言，投资者应尽量选择行业天花板高的、前景比较好的行业来投资。如果上市公司行业空间不大，需要与行业内的公司互相竞争才能存活，则应该尽量避免投资。除非这家公司已经从这个行业的竞争当中脱颖而出，成为行业中的龙头公司。

而对于周期行业，其投资逻辑不会因为一项新技术的发明或者某种变革而大改，周期股会有顺周期和逆周期规律。投资者要尽量在周期的底部买入股票。那么投资者可能会问：如何判断周期行业见底？其实，投资者只要抓住一个要点，就是整个行业中大部分的公司，甚至连龙头公司都严重亏损，市场已经把所有悲观情绪都反映在股价上，这个时候，投资者就可以选择战略方向正确的公司的股票。只要这个周期行业不会消亡，那么等周期反转时，投资者就能收获可观的利润。在我国市场中，主要的周期行业有钢铁、有色金属、化工等基础大宗原材料行业，水泥等建筑材料行业，工程机械、机床、重型卡车、装备制造等资本集约性行业等，还有与民生息息相关的猪肉行业。以 2021 年为例，2021年是煤炭、有色金属、化工行业的顺周期，猪肉行业的逆周期，投资者在投资时要多多关注当年的经济形势。

3. 公司的当前状况以及未来不同时期的发展趋势

投资者如何预判公司的当前状况及未来 1 年、3 年甚至 5 年的发展？判断的依据又有哪些？其实投资者需要考虑的主要有两个方面：一是公司自身的治理结构，二是公司在行业中所处的地位。公司的治理结构主要考虑的是董事会和经理人之间的关系。治理结构比较好的公司会更加有利于其战略的实施，让公司能够迅速往好的方向发展。感兴趣的投资者可以搜一下格力电器的治理结构。而公司在行业中的地位主要看公司是不是行业中的龙头公司。如果公司是这个行业中的龙头公司，那么进一步挖掘该公司有没有核心技术或者资金实力等优势，是否能够保证不会被其他公司轻易取代。如果公司在行业中是属于中间偏后位置的，就应该研究这家公司是否具备某些潜力，能够让其以后发展成为龙头公司。分析公司的现状之后，还需要思考公司在 1 年以后、3 年以后可能会发生的变化。例如，其经营模式是否能够持续？它的现金流是否会变得越来越好？公司是否在扩张期？营业收入能不能持续增长？公司发展的瓶颈期会出现在哪个阶段？只有把这些问题搞清楚，才能对公司未来的前景有更清晰的预判。

12.1.2 激进型选股策略

所谓激进型选股策略，就是选择短周期、具有进攻性的股票，通过中短线的操作策略进行交易，博取利润。如果把手中的持仓理解成一个足球队，那么激进型持仓就是这个足球队里的前锋。尤其是在市场气氛比较好的时候，持有激进型股票能够非常有效地提升整体仓位的收益率。尤其是在大牛市中，大部分收益都是由激进型股票赚取的。因为稳健型股票往往盘子较大，波动没有那么剧烈，所以在大牛市的时候很难跑赢题材股、赛道股。所以在大牛市的时候，建议投资者调整整体仓位的配比，增加激进型持仓，扩大整体收益，跑赢市场。

目前主流的激进型选股策略如下。

（1）跟随市场热点与主线。因为在结构性行情中，股价上涨往往会有一个主线板块领涨，所以如果投资者跟对了热点板块，投资收益是会远远跑赢指数的。在选出热点板块之后有两种策略进行跟踪：第一种是跟随板块的龙头，如果拉出大阳线，也可以先小单量买入底仓，并且设置好止损线，不到止损线，坚决不卖；第二种是寻找热点板块中没有被挖掘的、滞涨的股票，跟进买入。投资者只要选对股票，一般都能享受到补涨行情带来的利润。

（2）研究市场未来有可能会炒作的热点，提前买入进场，等待被炒作获取利润。选择这种策略需要投资者对事件的重要性有清晰的判断。例如，2020 年 9 月，我国提出力争二氧化碳排放于 2030 年前达到峰值，努力争取 2060 年前实现碳中和。之后这件事在证券市场被正确解读与催化，光伏产业就迎来了一大波行情。所以投资者对国家战略的方向一定要敏感，这样才能获取更大收益。

对于选股的方法，并不需要投资者自创，利用历史上一流投资者的方法论足矣。提到一流投资者，可能国内的投资者首先想到的就是巴菲特、彼得·林奇等人。其实，还有一个名叫欧奈尔的投资者，他自创的 CAN SLIM 七步选股法是非常好的选股方法，覆盖了选股、选基金、选交易时点等各个方面，教投资者如何在茫茫股海中捕捉黑马股。

CAN SLIM 七步选股法总共分为 7 个步骤，这里面的每一个字母代表着一个步骤。

（1）C=current quarterly earnings per share，意思是最近一个季度报表的盈利。当季每股收益（earning per share，EPS）增长率至少应在 20% 或更高，无论是股市新手还是老手，都不要投资最近一个季度每股收益较上一年同期增长率未达到 20% 的股票，这是最基本的原则。如果近几个季度的每股收益较上一年同期都有明显增长，那么更有可能确保投资成功。

（2）A=annual earning increases，意思是每年度每股盈利的增长幅度。该方法要求每年盈利增长率在 25% 以上。据统计，价格飙升的股票在启动时的每股收益年度复合增长率平均为 24%，中间值则是 21%。

（3）N=new products,new management,new highs，意思是创新，这其中可以是新的产品、新的管理方法或者新气象，包括产业趋势、经营策略等。这些都可能成为股价大涨的前兆。

（4）S=supply and demand，代表在外流通的股数。流通股的股数越少，说明其供给越少，越容易被市场炒作。

（5）L=leader or laggard，意思是该股票是否具有龙头股的地位。选股的时候应该选择行业龙头或者市场龙头。虽然它们的涨幅已经很大，但强者恒强是股市中难以被打破的定律。

（6）I=institutional sponsorship，意思是机构投资者的认同度。机构投资者对股价未来的走势起主导作用，追踪机构投资者，买进机构投资者认同度高的股票，但同时应该警惕机构投资者的过量持股。

（7）M=market direction，意思是市场走向。投资股票需要判断大盘走势，要顺势而为。因为欧奈尔发现，个股很难与整个大盘走势为敌，因此判断股市正处于牛市还是熊市是非常重要的。需要根据大盘的走势来决定买卖点。欧奈尔认为，不买处于下跌趋势的股票，回撤到7%就止损，不要再向下补仓来平摊成本。这就需要投资者对大盘的技术分析和宏观基本面有一定的判断能力，结合本节第2篇的内容，投资者就可以对大盘所处的位置进行技术面的判断。

12.2 基本面选股

除了根据欧奈尔的CAN SLIM七步选股法对股票进行筛选，还可以从基本面维度、财务维度、技术维度来分析选股。投资者懂得基本面分析，是在茫茫股海中选出好股票的基础。所谓基本面选股，就是指先预测公司未来的经营情况再选股，包括当前该公司是获利还是亏损。因为无论是短期投资还是长期跟随公司成长，股票价格的支撑都必须依靠公司的业绩。好股票或有前景的股票价格就能上涨，绩差股或者没有前景的股票价格就会持续下跌，股票价格是由股票对应的公司价值所决定的。因此一个能够不断获利的公司，未来就能够不断地发展壮大（即有成长性），股票价格也能不断地上涨。这就是基本面选股，即根据公司的经营情况以及发展情况进行选股。

那么怎么通过基本面选股呢？首先，要投资的公司应有以下特质。

（1）公司处于一个具有很大成长空间的行业中，如2021年光伏产业。

（2）公司在所处行业中具有核心竞争优势。

（3）公司的管理团队优秀，具有前瞻眼光和战略规划能力，也有很强的执行力。

（4）公司的财务状况稳健。

（5）公司的估值具有吸引力。

通过这样的特质，可以筛选出很多股票，但是不是每只股票都要买一点儿呢？答案当然是否定的。投资者还需要进行以下判断。

（1）对于行业的判断，要看动态估值。即使现在估值比较低，但如果未来走上坡路，则其未来估值就会变高；而如果相反，则今后的估值就会变低。所以，对估值需要辩证地分析。

（2）关注该公司对其所在行业的一些判断。主要看该公司对自身的分析，包括：最大风险来自哪里，行业是否有壁垒，在这个行业中处于前面还是后面，主要竞争力是什么，是渠道建设得好、营销做得好，还是有专利技术……

（3）选择自己熟悉、有把握的股票。投资者应该尽量选择自己熟悉的股票。彼得·林奇曾说："从身边使用的产品发现大牛股。"个人投资者即使没有精力和能力去现场拜访公司，也要先从公司的公开信息中了解情况，透视它的行业前景，再进行深入分析，找出有倾向的行业或个股。比较稳健的是选消费板块的股票，投资者应以长期视野考察优势公司，并在低风险区域买入股票。

综上所述，基本面选股应该是投资者决定是否买卖股票的重要依据之一，对于投资者来说，是最基本的必修课。只要选到好股票，就成功了一半。

12.2.1 利用【F10】键进行基本面筛选

基本面选股，就是利用现有个股资料中的公开信息，如财务数据、股东人数变化等来选择股票。在某一只股票界面，按【F10】键，进入该股票的个股资料页，从中可以看到该公司的相关信息，包括公司概况、股本结构、财务分析等数十项信息。下图为广聚能源（000096）的公开信息。

建议投资者在个股资料页中先看上市公司的主营业务，判断其属于哪个行业，是周期行业、数字新媒体行业、专精特新（指中小企业具备专业化、精细化、特色化、新颖化的特征）行业、新能源行业，还是消费、医药、白酒等行业。其次，看公司亮点有哪些，是不是行业领军龙头股。像贵州茅台，单看其行业人气排名就知道其处于行业领军地位。再次，查看流通股数，判断是大盘股还是小盘股。最后，查看该股的动态市盈率，综合分析得出成长性的结果，再参考其所在行业板块的平均市盈率状况和现有股价，迅速得出该股估值是否合理的结论。根据估值水平，再决定是否（短线或者中长线）参与。在通达信软件中的操作步骤如下。

打开通达信软件，在某股票界面按【F10】键进入其个股资料页。

（1）看公司概要。了解该股所处的地域及注册地址、行业（确定平均估值水平）、主营业务及主要产品（确定细分行业、是否有题材及发展前景）；再看股票的上市时间（确定配售股、大小非的解禁时间）、发行价（其高低与净资产有关，还要看破发情况）。而发行市盈率意义不大，因为一般都是上市前一年的情况。

（2）看财务分析。请参考12.2.2小节的内容。

（3）看最新提示。内容包括：最新提示（最新的消息、最新业绩预告、年报及季报披露时间、最近分红扩股及未来事项、股东大会相关信息）；最新财报能够看到每股净资产、公积金和未分配利润（确定股价是否合理的一部分，也是公司能否高送转的前提条件），还可以看到总股本及流通股本（确定盘子大小，与股价是否活跃有关）；最新异动（可以查看买入前五和卖出前五的营业部）等。广聚能源的最新提示界面如下图所示。

经过上述分析后，投资者就可以初步确定股票的基本面情况，然后再参考该股所在板块的市盈率水平及最新收盘价，判断该股价格目前是否处于合理水平以及未来的盈利空间有多大。

12.2.2　利用财务数据选股

利用财务数据选股，就是根据不同的财务指标对股票进行层层筛选。财务指标包括净资产收益率、近三年的净利润增长率（确定该股的成长性）、销售毛利率及主营业务利润率（确定公司在行业内所处的状况，确定公司的质量）、每股现金流量（确定公司现有的经营状况）、环比分析（看公司业绩是否有季节性）等。当投资者想投资某家上市公司的股票时，可以首先根据公司历年的净资产收益率，判断这家公司的盈利能力。净资产收益率代表了公司给股东创造收益的能力，它对投资者来说是一项非常重要的指标。

什么是净资产收益率呢？例如，投资者购买了一家上市公司的股票，按照公司一年的净利润来计算，净利润除以投资者投入的资金所得的百分比，就是净资产收益率。净资产收益率越高，说明该公司给股东的回报比例越高。净资产收益率为20%的公司比净资产收益率为12%的公司盈利能力强，其生命力就更强，更有竞争力。净资产收益率常年持续稳定地保持在20%以上的公司，就是好公司，投资者应当买入这种公司的股票。

某调查机构通过对美国过去几十年来的统计数据进行分析得出89%的公司的平均净资产收益率在10%~12%，即公司为股东投入的每100美元，一年赚10~12美元。这也是成熟市场上公司的平均净资产收益率。净资产收益率超过15%的公司即可认为其收益率较高，低于10%的公司其可持续发展可能会出问题。

下面来举例说明。

❶ 登录通达信软件，输入神火股份的股票代码"000933"（见下图）或其大写的汉语拼音首字母"SHGF"。

❷ 按【Enter】键，进入神火股份的日K线图界面。按【F10】键进入其个股资料页，如下图所示，选择【财务分析】选项可以看到2021年按季度计算的加权净资产收益率。

财务指标	2021-12-31	2021-09-30	2021-06-30	2021-03-31
审计意见	无保留意见	未经审计	未经审计	未经审计
归属母公司净利润(万)	323410.25	229925.48	146309.22	58580.59
净利润增长率(%)	802.57	366.62	606.21	1468.63
扣非净利润(万)	348761.27	223159.22	138711.57	51471.96
营业总收入(万元)	3445156.68	2482038.37	1551131.02	683094.64
总营收同比增长率(%)	83.16	70.95	85.74	85.20
加权净资产收益率(%)	37.61	31.92	20.10	8.05
资产负债比率(%)	73.14	72.59	75.80	78.14
净利润现金含量(%)	349.29	468.52	445.59	515.45
基本每股收益(元)	1.4500	1.0300	0.6560	0.2630
每股收益-扣除(元)	1.5494	0.9914	0.6216	0.2307
每股收益-摊薄(元)	1.4367	1.0214	0.6557	0.2625
每股资本公积金(元)	1.1906	1.4788	1.4552	1.4557
每股未分配利润(元)	1.5740	1.1629	0.7984	0.5080
每股净资产(元)	4.1605	4.0273	3.6792	3.3905

❸ 向下翻页可看到 2020 年按季度计算的加权净资产收益率情况，如下图所示。

投资者可以根据需求查看多只股票的财务数据，然后进行比较，筛选出财务状况健康的股票。

12.3 技术面选股

基本面可以决定趋势，而技术面则可以帮助投资者判断当前是不是买卖的好时机，以选择合理的买卖点。经过基本面筛选的股票可以确定是健康的、发展势头良好的股票，但是并不是任何时点买入这些股票都可以赚钱。这就需要结合技术面，选择准确率高的买卖点，以助于获取最大收益，如利用 MACD 黄金交叉选股、利用 BOLL 下轨选股、利用多技术指标共振选股等。下面来分别介绍。

12.3.1 利用 MACD 黄金交叉选股

利用技术面选股时，除了常用均线、量价配合外，MACD 也是常用的一种技术指标。对于 MACD 的红绿色柱，已经在第 9 章进行了详细的介绍，这里将结合实战案例来介绍如何运用 MACD 黄金交叉选股。

选股条件如下。

MACD 双线在 0 轴下方，股价处于下跌趋势的尾声阶段。

（1）DIF 线和 DEA 线靠近 0 轴，出现黄金交叉，股票成交量放大。

（2）出现底背离形态，第一次出现黄金交叉的位置比第二次出现黄金交叉的位置低，买点就是第二次出现黄金交叉的位置。

MACD 双线在 0 轴上方，股价处于上涨趋势的回踩阶段。

（1）DIF 线和 DEA 线先出现死亡交叉，双线向下运行并靠近 0 轴，再次出现黄金交叉。

（2）股票成交量放大。

选股原理如下。

股价处于下跌趋势的尾声阶段，虽然股价一波比一波低，但是 MACD 指标的 DIF 线和 DEA 线可能会出现底背离甚至三重底背离的情况，这代表下跌的动能衰竭。如果投资者在 MACD 指标位于 0 轴下方时买入，赚钱的概率没有那么大，但是可以考虑做底仓。

股价处于上涨趋势的回踩阶段，股价已经涨了一波，MACD 指标的 DIF 线和 DEA 线在 0 轴上方形成死亡交叉，趋近 0 轴，但是股价获得支撑，再次出现黄金交叉，代表行情可能要再次启动。投资者在这个点买入，赚钱的概率更大。

下面来举例说明如何利用 MACD 底背离进行选股。

❶ 登录通达信软件，输入捷捷微电的股票代码"300623"（见下图）或其大写的汉语拼音首字母"JJWD"。

❷ 按【Enter】键，进入捷捷微电的日 K 线图界面，查看其 2020 年 11 月至 2021 年 6 月的日 K 线图，如下左图所示。从图中可以看出，该股在 2021 年 2 月 26 日第一次出现 MACD 黄金交叉，然后股价继续震荡下行创新低。值得注意的是，K 线创新低，但是 MACD 指标并没有同步见新低，而是略微高于 2 月 26 日的低点，出现底背离的形态，同时底部区域缩量明显，说明此时已经没有太多投资者愿意卖出手中的仓位。之后股价在底部盘整，MACD 指标缓慢上穿 0 轴，进入多头区域。如果投资者没能在底背离的位置买入，可以在 MACD 的双线上穿 0 轴时买入。

❸ 随后股价出现大涨，在 4 月 20 日 K 线的位置单击并向右拖曳至这一阶段的最高点，在弹出的菜单中选择【区间统计】选项，可测算出这一波涨跌的幅度为 42.91%，如下右图所示。

虽然上述案例中，走势出现底背离之后股价出现了反转，但是下跌过程中出现底背离并不能代表行情一定可以反转，尤其是在熊市，可能会出现多次底背离，但是股价依然下跌的情况，以格力电器为例来说明。

❶ 登录通达信软件，输入格力电器的股票代码"000651"（见下图）或其大写的汉语拼音首字母"GLDQ"。

❷ 按【Enter】键，进入格力电器的日 K 线图界面，查看其 2021 年 6 月至 9 月的日 K 线图，如

下图所示。从图中可以看出，该股在 7 月 14 日第一次出现底背离的黄金交叉，然后 K 线震荡下行，MACD 指标震荡向上，出现第二次黄金交叉（8 月 2 日）。但是在这一阶段，均线呈空头发散的状态，K 线距离长期均线非常远，表示股价反转向上有难度。果然，之后再次放量下跌。

下面来举例说明如何利用 MACD 在 0 轴上方的黄金交叉选股。

❶ 登录通达信软件，输入丰原药业的股票代码"000153"（见下左图）或其大写的汉语拼音首字母"FYYY"。

❷ 按【Enter】键，进入丰原药业的日 K 线图界面，查看其 2021 年 2 月至 7 月的日 K 线图，如下右图所示。由图中可以看出，该股的 MACD 指标在 2 月 18 日在 0 轴下方运行，在 2 月出现一次黄金交叉，之后股价和 MACD 指标同步震荡上行，在 4 月初 MACD 指标上穿 0 轴，并且在 0 轴上方运行。4 月初股票放量，之后股价横盘震荡。在 5 月 MACD 出现死亡交叉，5 月 25 日 MACD 在 0 轴上方第一次出现黄金交叉，这是选股的一个判断依据。投资者可以在 MACD 在 0 轴上方出现黄金交叉时买入，此时股价上行压力小。果然，随后股价大涨。

12.3.2 利用 BOLL 下轨选股

BOLL 指标是由约翰·布林根据统计学中的标准差原理设计出来的一种非常简单实用的技术分析指标。在 9.1.2 小节中介绍过 BOLL 的基础知识。本小节将介绍 BOLL 在实战中的具体用法。

BOLL 指标在图形上有 3 条线，其中上下两条线可以分别看成股价的压力线和支撑线，而在两条线之间还有一条股价平均线。BOLL 指标的参数最好设为 20。一般来说，股价会运行在压力线和支撑线之间的通道中。投资者可以首先在 BOLL 副图中单击左上角的 ⬤ 按钮，在弹出的快捷菜单中选择

通达信炒股软件从入门到精通（第 2 版）

【调整指标参数】命令，如下左图所示。然后修改 BOLL 指标参数为"20"，单击【关闭】按钮即可。如果想要将参数"20"应用到所有周期，单击【应用所有周期】按钮即可，如下右图所示。

选择副图指标	Ctrl+I
指标用法注释	Alt+R
调整指标参数	Alt+T
修改当前指标公式	Alt+S
分享当前指标	
删除当前指标	Del

[BOLL]指标参数调整(日线)

20 日布林线：

应用所有周期

恢复成缺省

关闭

下面来举例说明如何利用 BOLL 下轨选股。

❶ 登录通达信软件，输入川能动力的股票代码"000155"（见下左图）或其大写的汉语拼音首字母"CNDL"。

❷ 按【Enter】键，进入川能动力的日 K 线图界面，查看其 2021 年 6 月至 9 月的日 K 线图。从图中可以看出，该股在 6 月初和 7 月初的时候出现了布林轨收口的形态，并在 7 月初的布林轨收口的位置同时出现了 K 线上穿所有均线的形态，更加印证了行情要启动，并且成交量逐步走高，十分符合牛市初期形态，如下右图所示。

12.3.3 利用多技术指标共振选股

除了根据以上单个技术指标进行选股外，大部分投资者选股买入时要考虑多个指标之间的互相验证，因为单个技术指标有其局限性，比如用 MACD、BOLL 和 KDJ 指标来综合判断，从而提高操作的准确率。

三者结合的优点是，MACD 指标是趋势性指标，可以帮助投资者判断股价所处的趋势是上涨趋势还是下跌趋势或是震荡趋势；KDJ 指标的信号更为精准，更能提升投资者的获利机会；而 BOLL 指标反映的是上涨趋势和下跌趋势的支撑位和压力位。因此综合利用这 3 个指标就能判定股票的买入时机。

需要注意的是，由于 KDJ 指标过于灵敏，所以一般只在上涨趋势的回踩阶段出现超卖信号时才被确定为有效的买入信号。其他时间的 KDJ 指标可能不准确。

综合运用 3 个指标的原则如下。

以 MACD 指标和 BOLL 指标为主,对趋势进行判断,筛选出符合要求的股票;以 KDJ 指标为辅,对价格进行短期走势的判断。KDJ 指标发出的买卖信号需要用 MACD 指标和 BOLL 指标来验证,如果三者均发出同一指令,则买卖的准确率较高。

下面来举例说明如何利用多技术指标共振选股。

❶ 登录通达信软件,输入宝泰隆的股票代码"601011"(见下左图)或其大写的汉语拼音首字母"BTL"。

❷ 按【Enter】键,进入宝泰隆的日 K 线图界面,查看其 2021 年 6 月至 9 月的日 K 线图,如下右图所示。由图中可以看出,在 7 月 12 日,股价已经突破均线的压制并进行了回踩,处于均线粘合的位置,成交量上涨有量,下跌缩量。K 线上升至 BOLL 中轨并站稳,KDJ 指标出现黄金交叉,MACD 指标在 0 轴上方回踩至 0 轴。5 个指标同时发出了买入信号,投资者在这个位置买入,后市看涨的概率较大。

12.4 消息面选股

技术面选股是在基本面选股的基础上更好地把握买卖的时点,而消息面选股则是利用各种公开或非公开的消息对市场短期的情绪方向进行预判。消息面主要包括市场消息、行业消息以及相应的政策支持等。

基本面和技术面的选股方法是基础,而消息面则能反映该股是不是风口上的股票。消息面选股主要是指通过当前的政策情况、市场情况、国外情况、行业情况等,对股票所处的位置进行分析。

虽然基本面好、业绩好的股票赚钱的概率较大,但是这种股票的价格并不一定上涨,也需要有消息面的刺激,才能助推股价上涨,走出气势恢宏的大牛行情,帮助投资者获得趋势收益。有的股票即使业绩还不错,但是没有消息面的刺激,很难叠加情绪影响,就不容易发动大牛行情。如果有利空的消息面出现,如某行业颁布"踩刹车"政策、出现外围市场风险、爆发战争等各类风险事件,即使上市公司业绩再好,也会受到影响,导致股价下跌。

12.4.1 宏观经济数据

宏观经济直接决定了市场是处于宽松还是紧缩的环境。一般宏观经济对股票市场的影响有 6 个方面:①国内生产总值与经济增长率;②当前所处的经济周期;③普通商品消费者物价指数(consumer price index,CPI)和生产价格指数(producer price index,PPI);④利率;⑤通货膨胀率;⑥汇率水平。这 6 个方面的数据对判断市场未来的走向都是很有帮助的。所以投资者要持续关注宏观经济数据的发布。可以通过国家统计局网站查看以下数据：年 GDP 数据（有的省政府网站会有本省的 GDP 数据）；CPI 和 PPI 均由国家统计局每月公布。利率、汇率信息均可以在中国人民银行网站查询。下图为中国人民银行市场动态界面，在这里可以查看当前的人民币汇率中间价、外汇市场行情等。

宏观经济数据并不能直接帮助投资者选择股票，但是可以帮助投资者过滤不符合当前市场行情的板块等。例如，2021 年的 CPI 就持续稳定，猪肉的价格也连续下跌。这里要注意的就是判断周期股的底部何时出现。之前在 12.1.1 小节提到，周期股的底部就是整个行业的绝大部分公司，甚至连龙头公司都严重亏损，市场已经把所有的悲观情绪都反映在股价上。这个时候，投资者就可以选择买入战略方向正确的公司的股票。下图为猪肉龙头股牧原股份的股价走势，可以看到股价在 2021 年 8 月筑底，9 月有反弹迹象。

12.4.2 政策扶持力度

政策扶持也会对股票市场产生影响。由于有国家政策为导向，在扶持范围内的上市公司往往会获得更为优惠的政策。无论是税收方面、财政政策方面还是货币政策方面的优惠政策，均能直接或间接提高上市公司的销售净利率。

因此投资者在通过消息面选股的时候，应当多关注最新出现的政策，进而发现可投资的板块和行业。在查看最新政策时，应当认真分析最新政策的扶持细则，进一步判断该板块的受惠力度以及行情的可延续周期。然后对个股进行筛选，为进一步投资做准备。

例如，2019 年 10 月 22 日注册成立的"国家大基金二期"（全称是国家集成电路产业投资基金二期股份有限公司）主要投资芯片产业，有近 2 000 亿元的注册资本，超出之前的市场预期，注册资本是"国家大基金一期"的两倍。受益公司主要有北方华创、长电科技、通富微电、士兰微等。下图为北方华创 2019 年 9 月至 2021 年 10 月的股价走势，可以看到股价从 55.63 元一路上涨至最高452.78 元，增长 7 倍多。

 高手支招

技巧 1　增加对举牌股票的关注度

股价的大跌和某些机会会导致市场中的大量投资者对 A 股股票争相举牌。中小投资者可以追踪这些明星资本动向，发现相应的投资机会。

所谓举牌，就是根据《中华人民共和国证券法》的规定，投资者在各种市场购买持有的股份超过该股票总本的 5% 时，必须马上通知证券交易所和证券监督管理机构，在证券监督管理机构指定的报刊上进行公告，如下页图所示。

近期机构大幅买入的21只个股

股票代码	股票简称	累计净买入金额(亿元)	自由流通市值(亿元)	累计净买入金额/自由流通市值
002242.SZ	九阳股份	23.01	45.25	55.95%
002706.SZ	良信电器	8.79	20.18	47.91%
002269.SZ	美邦服饰	31.69	92.16	37.65%
300120.SZ	经纬电材	8.08	28.31	31.38%
300115.SZ	长盈精密	23.09	93.12	27.28%
002396.SZ	星网锐捷	13.18	54.38	26.67%
002166.SZ	莱茵生物	5.3	23.55	24.75%
000930.SZ	中粮生化	17.76	94.32	20.72%
002729.SZ	好利来	1.83	9.15	19.95%
000030.SZ	富奥股份	7.44	45.88	18.81%
002351.SZ	漫步者	2.84	16.79	18.59%
002149.SZ	西部材料	2.33	13.83	18.55%
000631.SZ	顺发恒业	5.56	34.5	18.06%
002012.SZ	凯恩股份	4.83	31.52	16.83%
002761.SZ	多喜爱	1.7	10.73	15.85%
002673.SZ	西部证券	40.4	280.79	15.75%
300140.SZ	启源装备	4.47	31.21	15.74%
002040.SZ	南京港	1.5	10.55	15.66%
002459.SZ	天业通联	3.74	26.26	15.53%
002682.SZ	龙洲股份	4.95	36.2	15.03%
02096.SZ	南岭民爆	2.98	21.87	15.00%

数据来源：Wind

技巧 2　跟随营业部买股票

除了各种市场消息外，每天 A 股收盘后，还会有相应股票的龙虎榜消息，包括该股票的成交额、上榜的原因等。这其中就包括很多著名的营业部买卖信息，这些营业部的背后都是著名的私募或大资金量的游资。当这些著名营业部有大资金量买入的行为时，可能是其背后的著名游资或私募所为，即其看好某些股票，因此，股价后续大涨的可能性会大增。

第 13 章　逃顶技法

本章引语

　　知进而不知退，知存而不知亡，知得而不知丧，其唯圣人乎？

——《周易·乾·文言》

　　知进退、懂取舍的人才能称为圣人。股票投资不仅要学会伺机进攻，更要学会识顶逃顶，这样才能避免大的亏损，把浮盈变成实际的盈利。

本章要点

　　★通过消息面逃顶

　　★通过技术面分析逃顶

13.1 通过消息面逃顶

消息面常见的几种类型包括国家政策的调整、地方政府的管控，以及业内专业人士的意见等，这些都有可能给股价带来影响。

13.1.1 国家政策的调整

2021年是煤炭和有色金属的顺周期，煤炭价位持续走高，有色金属等大宗商品期货的价格也持续走强。尤其是七八月，更是用电旺盛的时期。受到"双控"政策的影响，部分煤矿限产，直接缩减了供给。而用电的需求并没有减少，直接助推了煤价的上涨。

2021年9月16日，国家发展改革委召开新闻发布会，明确国家发展改革委已经向各地方和有关企业发出通知：一方面，要求推动煤炭中长期合同对发电供热企业直保并全覆盖，确保发电供热的用煤需要，守住民生用煤底线；另一方面，发电供热企业和煤炭企业在2021年已签订中长期合同的基础上，再签订一批中长期合同，将发电供热企业中长期合同占用煤合同总量的比重提高到100%。该通知给当时煤炭的周期股行情泼了一盆冷水。

通知一出，晋控煤业（601001）的股价在2021年9月17日直接跌停，如下图所示。但是当日并非跌停价开盘，投资者还有卖出的机会。投资者在不确定市场消息对股票的影响程度时，应首先退出或轻仓，宁可错过，不可做错。

13.1.2 地方政府的管控

2021年磷化工行业也处于顺周期，*ST澄星的主营业务就是黄磷、磷酸、磷酸盐等精细磷化工系列产品的生产与销售，其2021年上半年的股价非常坚挺，一路上扬。虽然是*ST股票，但是*ST澄星从3月开始半年涨幅高达275%。2021年9月，受《完善能源消费强度和总量双控制度方案》（以下简称《方案》）的影响，江苏省要求9月黄磷、工业硅产业削减90%的产量，水泥压缩80%的产量。9月底*ST澄星发布公告，多家子公司停产，消息一出，股价直接一字跌停。投资者本以为限产对该公司是利好，结果发现是利空，所以投资者对政策导向还是要敏感，对于政策可能会影响到的上市公司还是要仔细分辨。如果在9月16日政策出台时，投资者就谨慎减仓，也不会受损那么严重。如果投资者没有减仓，建议开板了就卖出。*ST澄星2021年7月至9月的日K线图如下页图所示。

在股市中，无论是短线投资者，还是中长线投资者，买进股票的最终目的都是获取利润。能够很好地择时卖出，才能赚取真正的利润。

13.1.3 业内专业人士的意见

芯片曾经是我国外贸进口量最大的单一类商品，2020 年我国进口 3 500.4 亿美元的芯片。在 2019 年，我国成立"国家大基金二期"，继续承接扶持国家半导体产业的目标，在半导体行业布局。"国家大基金一期"的布局以制造领域为主，主攻下游各产业链龙头，"国家大基金二期"则更聚焦半导体设备材料等上游领域，如光刻机、光刻胶等。

上述只是给投资者介绍了芯片半导体行业背景和国家为了扶持该行业采取的产业措施。半导体行业作为国家的"02 专项"（即《极大规模集成电路制造装备及成套工艺》项目，因次序排在国家重大专项所列 16 个重大专项第二位，在行业内被称为"02 专项"），是"十二五"期间重点实施的内容。2021 年 7 月 31 日，半导体行业行情火热，在一个半导体行业交流群中，中芯国际的光刻胶负责人在群里声称国内的光刻胶企业不能满足中芯国际的生产需要。此言一出，光刻胶龙头股价格次日纷纷下跌。下左图和下右图分别为"国家大基金二期"投资的光刻胶龙头股南大光电（300346）、雅克科技（002409）的日 K 线图。可以看到，两家公司的股价在 8 月 2 日开启下跌走势。投资者的行业研究能力一般比不上行业研究员，各券商和基金的行业研究员的行业研究能力一般不能与具体的业务负责人相比。如果说某券商的研究员这么说，或许还不足以让人信服。但是我国最大、世界前 5 的晶元代工厂光刻胶采购负责人这么一说，就会让大家都信服。

因为信息的不对称，通过消息面逃顶往往并不能真正实现快速出逃。实际上，投资者也可以根据技术面分析进行识顶逃顶。

13.2.1 单根 K 线逃顶

在本书的前面章节已具体讲解过各种见顶的 K 线形态和 K 线组合形态，投资者对这些 K 线形态如果不能全部熟记于心，就记住两个最重要的 K 线见顶形态：一个是长十字星，一个是顶部放量巨阴。

出现长十字星是相当重要的见顶信号，其形态特殊，将 T 字线、倒 T 字线、射击之星、上吊线、螺旋桨线等 K 线的特性都包括在内。

下面来举例说明如何利用长十字星逃顶。

❶ 打开通达信软件，输入百川股份的股票代码"002455"（见下左图）或其大写的汉语拼音首字母"BCGF"。

❷ 按【Enter】键，进入百川股份的日 K 线图界面，缩放显示 2021 年 7 月至 9 月的日 K 线图，如下右图所示。从图中可以看出，股价经过三波上涨之后，在 8 月 12 日出现高位长十字星，预示该股见顶。投资者应尽快出逃。

❸ 高位出现长十字星，预示两种情况：一是主力在震荡洗盘，二是主力在震荡出货。仔细分析百川股份，从 7 月 1 日到 8 月 12 日的近一个半个月内，股价从 7.81 元涨到 26.06 元，涨幅近 234%，升势巨大，如下图所示，即使还能涨一波，个人投资者也应清仓离场。因为即使后期没有大盘的大幅下挫，该股短期前景也不妙。

> **提示**
>
> 只要在高位出现长十字星，投资者都要注意，最好等形势明朗后再做决定，也可以减仓，但绝不能再短线抄底。

如果在牛市初期出现长十字星，且在一个振幅较小的范围内反复出现，很可能是主力在震荡洗盘，可能会出现回调，但是中长期是上涨的，可根据均线进行操作。

下面来举例说明如何利用单根K线逃顶。

射击之星和倒T字线属于上档抛压沉重，是见顶信号，其共同特征是具有较长的上影线，实体较短。

❶ 登录通达信软件，输入风华高科的股票代码"000636"（见下左图）或其大写的汉语拼音首字母"FHGK"。

❷ 按【Enter】键，进入风华高科的日K线图界面，缩放显示2021年7月至9月的日K线图，如下右图所示。从图中可以看出，股价经过前期的大幅上涨后，在7月27日出现射击之星，预示抛压沉重，是见顶信号。该股不但此时出现了射击之星形态，在8月12日再次出现了射击之星。即使第一次出现该形态判断不准确，当再一次出现该形态时，就应该尽快抛出，否则浮盈会大幅缩水。

13.2.2 巨量大阴逃顶

巨量一方面是指成交量巨大，另一方面是指量比巨大（一般指动态中量比大于13，此处是指成交量巨大）。在一只股票价格上涨的过程中，如果日K线呈现高开阴线，并且伴随成交量突然放大或开盘量比非常大，这种形态就被称为"巨量大阴"形态。如果出现巨量大阴形态，应当果断卖出，因为当天收高开阴线的可能性极大，有些个股甚至当天振幅超过10%。如果投资者在最高价买入，有可能当天损失15%以上。

下面来举例说明如何利用巨量大阴逃顶。

❶ 登录通达信软件，输入珠江啤酒的股票代码"002461"（见下页左图）或其大写的汉语拼音首字母"ZJPJ"。

❷ 按【Enter】键，进入珠江啤酒的日K线图界面，缩放显示2021年5月至7月的日K线图，如下页右图所示。从图中可以看出，珠江啤酒的股价在前期一直处于震荡上涨的阶段，成交量在26万手（成交额为2.7亿元）上下波动。但是在6月7日和6月8日这两天，先是成交了6.57亿元，上涨了7.62%，第二日下跌6.54%，成交了5.85亿元。这两天的成交量是以前单日成交量的2倍多，而且K线是一根大阴线，这就预示在高位有获利盘出逃。

❸ 投资者发现这种情况出现时，最好赶快清仓离场，否则很有可能遭受巨大损失。从最高点 13.05 元到后期最低点 9 元，振幅为 45%，如下图所示。

13.2.3　K 线组合逃顶

见顶 K 线组合在技术篇有较为详细的介绍，如果投资者很难记住所有顶部形态，只需要记住巨阴包阳和乌云压顶 K 线组合，这两种形态是最典型的见顶形态。二者的共同特征就是第二根 K 线为大阴线，只不过巨阴包阳 K 线组合的第二根大阴线将前面的第一根 K 线从头到脚全部包括在实体里面。该 K 线组合出现后往往会有两种情况：一种是股价快速回落，另一种是股价盘整一段时间再向下跌破。而乌云压顶 K 线组合的第二根 K 线要长于第一根 K 线，并且阴线深入前一日阳线实体内部超过二分之一的位置。

下面来举例说明如何利用 K 线组合逃顶。

❶ 登录通达信软件，输入易天股份的股票代码"300812"（见下页左图）或其大写的汉语拼音首字母"YTGF"。

❷ 按【Enter】键，进入易天股份的日 K 线图界面，缩放显示 2021 年 7 月至 9 月的日 K 线图，如下页右图所示。股价在经过 7 月至 8 月的震荡上涨之后，8 月 5 日出现巨阴包阳 K 线组合，股价见顶后就开始大幅下跌。投资者如果遇到巨阴包阳 K 线组合，建议先减仓，如果后面股价继续跌破均线，则建议全部清仓。

有些股票出现巨阴包阳K线组合后，股价并没有马上下跌，而是出现较长时间的盘整，或者可能创出新高。但投资者一定要明白，主力不可能在高位利用巨阴包阳K线组合洗盘，所以还是出货为妙。

乌云压顶也是比较常见的见顶K线组合，在高位一旦出现该K线组合，可以先卖出一部分仓位。

❶ 登录通达信软件，输入捷捷微电的股票代码"300623"（见下左图）或其大写的汉语拼音首字母"JJWD"。

❷ 按【Enter】键，进入捷捷微电的日K线图界面，查看2021年7月至9月的走势，如下右图所示。从图中不难看出股价在前期经历一波上涨之后，在高位横盘震荡，8月2日出现了乌云压顶K线组合，而且在7月27日出现了射击之星形态。多种K线形态都在提醒投资者股价已见顶，应果断清仓出局。

提示

利用K线组合逃顶的优点是，只要能看准K线形态，就可以在高位卖出一个好价格；缺点是，有误判的可能性，常常被主力洗盘出局，即把阶段性顶部看成中长期顶部。

投资者可以参考以下建议，判断是上升趋势要扭转向下还是主力的洗盘。

（1）日K线图出现见顶信号后，要进行验证，即多观察几日或先卖出一部分筹码。

（2）在利用K线组合逃顶时，利用均线进行辅助判断，如果是多头排列或没有跌破关键支撑位，则不要轻易清仓离场。

（3）看了日K线图，还要看周K线图、月K线图，进行综合验证。

13.2.4　顶背离逃顶

在使用技术指标投资股票时，经常会遇到股价走势与指标走势"背离"的现象。背离，简单地说就是走势不一致。出现背离的形态，就是比较明显的采取行动的信号。

能够形成明显技术指标背离特征的指标有 MACD、WR、RSI、KDJ 等指标，其形态都存在与股价背离的特征。

指标的背离有顶背离和底背离两种。

当 K 线图上的股价走势一峰比一峰高，一直在向上涨，而 MACD 指标的红色柱却一峰比一峰低，即当股价的高点比前一次的高点高，而 MACD 指标的高点比前一次的高点低时，就叫顶背离现象。出现顶背离现象一般是股价在高位即将反转的信号，表明股价短期内即将下跌，是卖出股票的信号。

反之，底背离一般出现在股价的低位，当股价的低点比前一次的低点低，而 MACD 指标的低点却比前一次的低点高，也就是说，当指标认为股价不会再持续下跌，暗示股价会反转上涨时，就是底背离，也是开始建仓的信号。

一定要注意识别假背离。通常假背离具有以下特征。

（1）某一周期背离，其他周期不背离。例如，短线图背离，但中长线图不背离。

（2）没有进入指标高位区域就出现背离。所说的用背离确定顶部和底部，在技术指标高于80或低于13时比较有效，最好是经过一段时间的钝化。技术指标在13~80往往是强市调整的特点，而不是背离，后市很可能继续上涨或下跌。

（3）单一指标背离而其他指标不背离。各种技术指标在背离的时候，往往由于其指标设计上的不同，背离时间也不同。KDJ 指标最为敏感，RSI 指标次之，MACD 指标最不敏感。单一指标背离的指导意义不大，若各种指标都出现背离，股价见顶和见底的可能性较大。

下面来举例说明如何利用顶背离逃顶。

❶ 登录通达信软件，输入深圳瑞捷的股票代码"300977"（见下左图）或其大写的汉语拼音首字母"SZRJ"。

❷ 按【Enter】键，进入深圳瑞捷的日 K 线图界面，缩放显示 2021 年 6 月至 9 月的日 K 线图，如下右图所示。从图中可以看出，深圳瑞捷的股价在 6 月中旬至 8 月初开启两波上涨。但在 8 月初短期均线已经下穿中长期均线，趋势已经由原来的上升趋势转为下跌趋势。在 7 月下旬的这一小波上涨，其股价处于上升趋势（均线也处于上升趋势），但 MACD 线在这个阶段却没有超过前期高点，这就是顶背离形态。

❸ 投资者发现这种顶背离形态时，最好赶快清仓离场，否则就会遭受巨大损失。该股从出现死亡交叉后的开盘价 80.3 元到最低点 50.65 元，振幅为 61.84%，如下页图所示。

13.2.5　均线逃顶

除了 K 线外，均线也会被广泛地应用，特别是前面讲解过利用均线进行短线操作。投资者一定要将各种均线组合熟记于心，且能随机应变。

周均线和月均线是实战中很有参考价值的两条均线，利用它们可以找到中长期买点和卖点。例如，短期均线一般是 5 日均线、10 日均线，中长期均线则为 5 周均线、10 周均线和 5 月均线、10 月均线。

当 3 条均线呈向下发散形，即短、中、长期 3 条均线粘合或交叉向下发散时，就是明显的逃顶信号。逃顶要及时，否则可能由获利变成亏损。

下面来举例说明如何利用均线识顶和逃顶。

❶ 打开通达信软件，输入恒瑞医药的股票代码"600276"（见下左图）或其大写的汉语拼音首字母"HRYY"。

❷ 按【Enter】键，进入恒瑞医药的日 K 线图界面。右击日 K 线图界面，在弹出的周期菜单中选择"周线"为分析周期，如下右图所示。

❸ 缩放显示 2019 年 8 月到 2021 年 3 月的周 K 线图，如下页图所示。可以看出 2019 年 8 月至 2021 年 1 月，股价一直处于上升趋势。周均线强有力地支撑 K 线上行。值得注意的是，2020 年 12

月底该股出现两根大阳线，这在上涨趋势中往往是鱼尾行情的表现。果不其然，在 2021 年 2 月 19 日所在的周内，5 周均线下穿 10 周均线，形成均线死亡交叉。紧接着在 2021 年 3 月 12 日所在的周内，5 周均线下穿 20 周均线，形成死亡交叉且 10 周均线也拐头向下有发散迹象。在第一次形成死亡交叉的时候，投资者就应该至少减少一半仓位，第二次形成死亡交叉时更要卖出手中剩余的股票。

④ 向后调整时间区间，如下图所示，在 2021 年 2 月形成均线死亡交叉之后，股价持续下跌，如果不抛出，将遭受连续大半年的下跌亏损。从最高 97.23 元跌至最低 44.33 元，股价超过腰斩，白马股也会有很大的跌幅，所以投资者在投资股票方面一定要严格执行自己的交易模型，破线就止损止盈。如果股价前期已经涨了很长一段时间，急涨后短期内继续上涨的可能性较小。投资者看到该形态时，应立即卖出，否则会遭受巨大损失。

13.2.6 量梯跟进逃顶

成交量可以帮助投资者判断一只股票是否即将成为热门股票。有经验的投资者都知道"量为价先"，即成交量一般先于股价出现明显特征。当成交量均线出现死亡交叉的时候，如果同时伴随成交量像下台阶一样的量柱形态，就可以确定出现了量梯跟进现象，此时投资者应当及时卖出逃顶。

下面来举例说明如何利用量梯跟进逃顶。

❶ 打开通达信软件，输入天下秀的股票代码"600556"（见下左图）或其大写的汉语拼音首字母"TXX"。

❷ 按【Enter】键，进入天下秀的周 K 线图界面。在周 K 线图界面单击【更多】按钮，在弹出的下拉菜单中选择【月线】，如下右图所示。

❸ 缩放显示 2018 年 4 月至 2021 年 9 月的月 K 线图，如下图所示。在 2020 年 4 月至 8 月，该股放量上涨，这时均线已经向上发散。但是在 2020 年 10 月，成交量均线出现死亡交叉，即短期量能萎缩，预示高位无人接盘，且 K 线在顶部出现了射击之星，这时投资者就需要小心。前面已经说过，出现这种高位的上吊线和射击之星，一定要注意减仓。如果是月 K 线出现这种形态，调整的时间会更长。

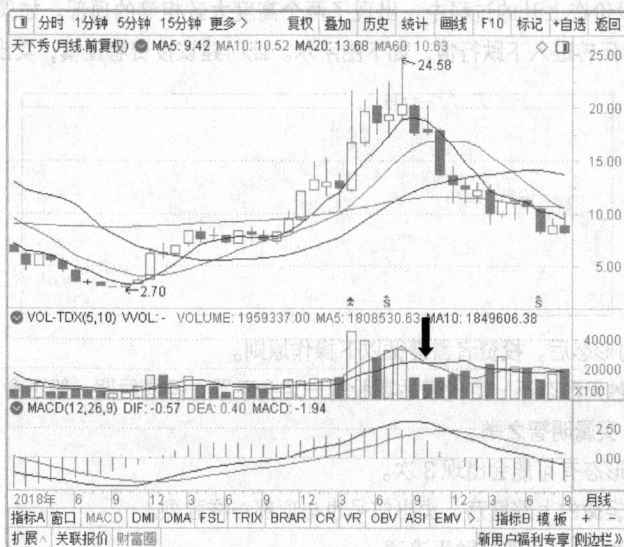

❹ 切换回日 K 线图，发现该股从 2020 年 8 月底，成交量就大幅缩减，并且出现成交量均线的死亡交叉，如下图所示。出现成交量均线的死亡交叉也是卖出信号，说明该股的交易变得不活跃，没有资金追捧，股价在短期内很难恢复上涨。

提示

除了判断个股走势外，投资者还可以根据这种形态判断大盘走势。

高手支招

技巧 1 双峰触天逃顶

双峰触天是指股价在上升的过程中，出现了两个高度大致相等的顶部。如果第二个顶部没有前一个高，就很有可能反转进入下跌行情，如下图所示。此时建议投资者谨慎，卖出手中的股票。

出现双峰触天的形态后，投资者需遵循以下操作原则。

（1）出现双峰触天形态不一定代表后期股价一定会下跌，但是后期一般不会出现新一轮的上涨，所以此时抛售股票，实属明智之举。

（2）双峰触天形态有可能会出现 3 次。

（3）即使出现轻微的上涨震荡，卖出信号也与顶部一样强烈。

下面来举例说明如何利用双峰触天逃顶。

❶ 登录通达信软件，输入三只松鼠的股票代码"300783"（见下左图）或其大写的汉语拼音首字母"SZSS"。

❷ 按【Enter】键，进入三只松鼠的日 K 线图界面，如下右图所示。在 2020 年 4 月至 8 月的日 K 线图中，显示 5 月 18 日前后出现了双峰触天的形态。指标在顶部钝化，K 线两次上冲到 90 元附近就停止上涨；同时 MACD 指标出现顶背离，这是明显的见顶信号。后面股价与 MACD 指标同步下跌，从上涨趋势转为下跌趋势。建议投资者清仓手中的股票，不再参与该股。

提示

　　　　一旦遇到双峰触天形态，虽然无法确定其下跌幅度，但投资者应及时抛出股票，降低后面由于下跌造成的损失。如果后面横盘震荡修复完成，等待突破后再买入也来得及。

技巧 2　三峰顶天逃顶

三峰顶天是指股价上升到高位后，相继出现高点大体处在同一水平线上的 3 个顶部，这是股价大顶到来的重要表现，当第三个高点出现时是强烈的卖出信号，如下图所示。

出现三峰顶天形态后，无论是谨慎的还是激进的投资者都需要注意以下两点。

（1）3 个峰顶出现的时间间隔有长有短，长则达数周甚至数月，短则只有三五日，不论相隔时间长短，均是强烈的卖出信号，尤其是在第三个峰顶出现时。如果日 K 线无法明确显示，可以利用周 K 线和月 K 线显示。

（2）通常以股价前期升幅的大小来区分三峰顶天形态所处的位置。在一般情况下，前期升幅较大，处在高位的可能性也就较大。股价前期升幅超过 30% 为处在高位，经过一段时间下跌后形成的三峰顶天形态处在下降途中。

下面来举例说明如何利用三峰顶天形态逃顶。

❶ 登录通达信软件，输入锦鸡股份的股票代码"300798"（见下左图）或其大写的汉语拼音首字母"JJGF"。

❷ 按【Enter】键，进入锦鸡股份的日K线图界面，查看该股2020年9月至2021年1月的日K线图，如下右图所示。从图中可以看出，第一个山峰出现了长长的上影线，表明投资者做多的动能不足，空头已经尝试反击。投资者对这一高点已有戒备，谨慎做多，因为股价不会继续上涨，只好向下寻求出路，于是形成了第一个山峰。第二个山峰出现时，因为有前一个山峰做比较，部分还没卖出股票的投资者会在第二个山峰的高点附近卖出，迫使股价下跌。第三个山峰出现时，多数投资者会以前两个山峰的高点为警戒点，清仓离场，股价就会一蹶不振地下跌。这就是为什么第三个山峰出现后，股价会大跌。

❸ 在实战中，三峰顶天形态的出现与间隔时间没有必然联系（长则数月，短则几天），只要出现三峰顶天形态，就是阶段性顶部的重要信号，表明此处压力很大，每一个顶部的出现都是较好的卖出时机。

第13章

逃顶技法

第 14 章　跟随主力技法

本章引语

项王使卒三万人从，楚与诸侯之慕从者数万人，从杜南入蚀中。去辄烧绝栈道，以备诸侯盗兵袭之，亦示项羽无东意……八月，汉王用韩信之计，从故道还，袭雍王章邯。邯迎击汉陈仓，雍兵败……

——《史记·高祖本纪》

时至今日，股市中的主力已经没有之前那么明显，但仍旧存在。其资金实力强、获取信息的渠道多、操盘技术高超，有些私募还通过量化手段获得收益。所以，投资者需要不断地学习，了解主力的投资技巧，才能知己知彼，百战不殆。

本章要点

★试盘

★如何发现主力拉升

★主力的常见洗盘法

第 14 章

跟随主力技法

通达信炒股软件从入门到精通（第 2 版）

241

一个完整的投资过程包括建仓、加仓、减仓、空仓。在实际操作中，机构投资者建仓的价格可能在一个区间，买入股票时不那么在意价位，在卖出时也可能不看价位，直接卖。当然机构投资者的根本目的也是获利，如果个人投资者能够挖掘机构投资者的操作行为，就可以获利更多。

14.1 识别主力盘口语言

快速识别主力的盘口语言无疑是获利的法宝，那么什么是主力的盘口语言呢？

（1）识别买一、卖一大封单。大量的委买盘挂单俗称下托板，大量的委卖盘挂单称为上压板。下左图和下右图分别为买一托盘和卖一压盘。但无论是下托还是上压，其最终目的都是主导股价的涨跌，从而获利。

ᴿ 600157 永泰能源		
委比	-33.51% 委差	-32万
卖五	1.83	124951
卖四	1.82	135433
卖三	1.81	116376
卖二	1.80	190499
卖一	1.79	64284
买一	1.78	88366
买二	1.77	52902
买三	1.76	55002
买四	1.75	72966
买五	1.74	45316

ᴿ₃₀₀ 600010 包钢股份		
委比	45.43% 委差	58.9万
卖五	2.57	30095
卖四	2.56	47512
卖三	2.55	58349
卖二	2.54	71116
卖一	2.53	146819
买一	2.52	59221
买二	2.51	183590
买三	2.50	364580
买四	2.49	184046
买五	2.48	151601

（2）隐性买卖盘，暗藏主力动机。在股票实时交易过程中，在买卖五档中并没有出现的价位却在成交一栏出现了，这就是通常所说的隐性买卖盘。单向整数连续隐性买单不断成交，而委买盘口中并无明显变化，一般多为主力拉升初期的试盘动作。

需要注意的是，这种买盘需要投资者实时观察盘面，否则很不容易察觉。

一般来说，上有压板，而出现大量隐性主动性买盘行为（特别是大手笔），股价不跌，则是大幅上涨的先兆。下有托板，而出现大量隐性主动性卖盘行为，则往往是主力出货的迹象。

（3）托盘透露意图。当股价处于刚启动不久的中低价区时，主动性买盘较多，盘中出现了下托板，往往预示着主力做多意图，可考虑跟随追势；若出现下托板而股价却不跌反涨，则主力压盘吸货的可能性偏大，往往是大幅上涨的先兆。

当股价升幅已大，且处于高价区时，盘中出现了下托板，但走势是价滞量增，则要留神主力诱多出货；若此时上压板较多且上涨无量时，则往往预示顶部即将出现，股价将要下跌。

（4）连续出现的单向大买单是主力活动的先兆。连续的单向大买单显然非中小投资者所为，而大户也大多不会如此轻易地滥用资金买卖股票。大买单数量以整数居多，也可能是零数，但不管怎样，都说明有大资金在活动。

下页图是中水渔业（000798）2020年12月7日的分时图。该股从跌停开盘，之后股价迅速拉升，直到上午10:03，股价被拉涨停。虽然当天很多个股都走势强劲，但是该股价格前几个交易日均强势上涨，当日跌停开盘，吸到了不少前一交易日追高的筹码。从放出的巨大成交量不难看出主力买入的迹象。

（5）主力扫盘。这种盘面通常出现在牛股涨势初期，即在牛股刚刚启动的过程中。将五档卖盘挂单连续大笔买入成交，即称主力扫盘。这预示主力已经进场建仓。当投资者发现这种股票时，及时跟进就能赚取后面拉升时的利润。

（6）尾盘快速拉升或下挫。在当日收盘前几分钟甚至半分钟内突然出现一笔大买单把股价拉至高位。这种现象很有可能是主力资金实力有限，为节约资金而能使股价收盘收在较高位或突破具有强阻力的关键价位，突然袭击尾市，瞬间拉高股价的行为，也有可能是前期不发力、盘尾发力的不容易引人注意的操盘行为。

例如，日发精机（002520）在 2021 年 10 月 8 日，刚开盘股价就一路下跌，之后股价一直在 9.1 元附近震荡。结果在尾盘集合竞价的最后 3 分钟，成交量放大，将前面挂的卖出委托单全部买入，一举将股价拉升至 9.33 元收盘，如下左图所示，5 分钟内涨幅达到 2.64%。这样的尾盘突袭买入极有可能预示第二个交易日股价将继续上涨。

股票不仅有收盘时急速拉升的，还有收盘时急速下挫的。例如，在全日收盘前几分钟甚至前半分钟突然出现一笔大卖单以很低的价位抛出，把股价砸至很低，使得当日的日 K 线呈光脚大阴线形态，从而使投资者恐惧，达到洗盘的目的。例如，天奈科技（688116）在 2021 年 10 月 8 日尾盘急挫，5 分钟内跌幅达 3.11%，当日跌幅达 8.14%，如下右图所示。

还有其他在开盘、盘中时段瞬间大幅拉高或打压，在买盘处放大买单吸引人跟风等情况，都需要个人投资者注意，既要紧跟主力的脚步，又要防止被骗。个人投资者一旦识别主力的盘口语言，就能顺利地跟随主力，发现主力的操作方法。

14.2 试盘

发现合适的股票后，主力通常会在适当的时间对其进行试盘。试盘内容包括该股票是否有主力已经入驻、股价有多大的可能向下打压等，从而降低成本，为后期的股价上涨做充分的准备。

14.2.1　常见的试盘方法

一般来说，试盘主要通过打压股价进行，主要目的是降低建仓成本，以在底部获取更多筹码，预留更大利润空间。

1. 买少量股票用于打压股价

分析完股票的市场行情，主力就会先买进少量的筹码，然后抛售该部分筹码，从而向下压低股价，也给一部分技术分析的投资者一种要开启下跌趋势的假象，让这部分投资者主动离场，从而在更低价位买进筹码。在这个阶段，投资者会发现股价有一定的波动，包括成交量放大、股价在区间震荡或者小幅反弹等。

2. 打压股价降低成本

当买入了少量股票之后，主力可能会进行股价的打压与顺势洗盘。常见的打压方式如在市场向好、个股没有其他利空消息的情况下，大幅压低股价，让不明真相的投资者产生恐惧，主动交出筹码。顺势洗盘，则是主力借大盘或个股利空消息让股价顺势回调，顺利取得个人投资者手中的筹码。

判断是否是刻意打压股价的行为有以下几种方法。

（1）通过移动成本分布研判。这主要是通过对移动筹码的平均成本分布和三角形分布进行分析。如果发现个股的获利盘长时间处于较低水平，甚至短时间内获利盘接近 0 时，而股价仍然遭到空方的肆意打压，则可以断定这属于主力资金的刻意打压行为。

（2）通过均线系统与乖离率研判。股价偏离均线系统过远，乖离率的负值过大时，往往会向 0 值回归，如果这时有资金仍不顾一切地继续打压股价，则可以视其为刻意打压行为。

（3）通过成交量研判。当股价下跌到一定阶段时，投资者由于亏损过大，会持股惜售，成交量会逐渐缩小，直至出现地量水平。这时候如果有巨量砸盘，或者有大手笔的委卖盘压在上方，但股价却没有受较大影响，则说明这是主力资金在打压。

（4）通过走势独立性研判。如果大盘处于较为平稳的阶段或者跌幅有限的正常调整阶段，股价却异乎寻常地大幅下跌，又没有任何引发下跌的实质性原因，则说明主力资金正在有所图谋地刻意打压。

刻意打压股价的特点如下。

（1）突发性。主力一般在股价走势良好、技术形态向多时突然袭击，在上升趋势中突然打压股价，形成一根大阴线。

（2）背离性。背离性指与大盘走势背道而驰，大盘强势上攻时，股价却一直下跌。

（3）恐慌性。主力打压股价时往往力度很大，一般是大阴线伴随着巨大的成交量，刻意制造恐慌。

14.2.2　识别 K 线图中的打压股价行为

主力在打压股价的过程中，一般会有试盘的现象。下面以日发精机（002520）为例，讲解打压股价的日 K 线图。

❶ 登录通达信软件，输入日发精机的股票代码 "002520"（见下页左图）或其大写的汉语拼音首字母 "RFJJ"。

❷ 按【Enter】键确认，打开日 K 线图。回溯日发精机 2021 年 4 月至 7 月的日 K 线走势，如下页右图所示。4 月 29 日，股价探底回升出现一根大阳线，很明显这是转势的迹象。但是在 4 月 30 日高开低走，最终收出一根大阴线，给人一种上涨抛压很重的感觉，虽然这根阴线看上去实体很长，但是细心的投资者不难发现，其实这是一根假阴线，那么这种打压洗盘的可能性就很大。这种短期打

压股价会给投资者一定的压力，但是如果投资者识破主力的行为，并且结合后一个交易日的股价走势，就能判断出是打压洗盘还是真的趋势走坏。第二个交易日收出一根大阳线，将股价维持在原来的高位区间，这就确立了后面的上涨趋势。

14.3 主力吸货技法

股价打压成功后，主力的下一步就是承接个人投资者手中的大量筹码，为后期的股价上涨做进一步的准备。

下面介绍两种常见的主力吸货技法。

1. 打压后吸筹

股价经过长期下跌后，便开始出现多头的操作。同时，在股价长期的下跌过程中，个股投资价值突现，市场背景同时也在慢慢发生着变化，一些主力敏锐地判断出股价即将出现反转，在一些个股板块中开始建仓。在市场下跌的末期，其往往有效地利用场内的恐慌气氛，采取打压股价的方式造成股价加速下跌，从而以更低的价格吸纳本已很廉价的筹码。

个人投资者不要把打压股价进行筹码的交换简单地理解为压低股价进行吸纳，其实打压股价只是吸筹的一个过程或手段而已。通常情况下，主力不会单一地靠打压、吸纳恐慌杀跌盘就完成吸筹，而是综合利用多种手段，既将已有的投资者筹码吸引过来，也让跟风的抄底资金放弃股票。

例如，龙星化工（002442）在 2021 年 2 月 10 日至 2 月 24 日主力吸收部分筹码，从 2 月 25 日开始打压股价，在跌到 4.54 元左右时主力开始大量吸货，买入低价筹码为之后的拉升做准备。投资者也可以看到打压股价之后股价就开始节节攀升，如右图所示。

2. 在市场见底时快速推高后吸货

在近几年我国境内的资本市场中，除了各大基金和券商自营盘外，还出现了很多阳光私募，以及一些以前在各种基金公司有较好业绩的投资经理离职后自创的私募基金，其活跃在 A 股、新三板等市场中。

因为有经验和业界的各种资源，他们成立的阳光私募吸引了大量的社会资金，加上个人投资能力，使得其投资手段非常灵活，常常活跃在各大券商的营业部中，如被称为王亚伟交易席位的国信证券股份有限公司深圳红岭中路证券营业部。

私募资金经理人大多是长期经历市场磨炼的投资高手，注重对盘面的理解和个人投资者心态的把握，非常善于捕捉市场中稍纵即逝的机会，在极短的时间内就能完成建仓、拉抬、出货的操作，手法非常凌厉。

例如，中国铝业（601600）在2021年5月被经过一段快速推高的操作后吸货，为了迷惑投资者，后期又出现其股价被打压的过程，然后又被拉回原来的5.4元上下震荡，之后股价在8月底启动一波翻倍行情，如下图所示。

14.4 如何发现主力拉升

14.3节说明了主力的吸货技法。如果平时投资者没有关注那么多股票或者等发现时主力已经吸货完成，那么怎么才能紧跟主力获利呢？毕竟，其吸货的主要目的是拉升股价，而这才是最具有跟随意义的关键。

14.4.1 选择拉升时机

建仓完成后，只有股价上涨，才能盈利。那么怎么才能快速把股价拉高，脱离成本区呢？这一点，连刚入市的投资者都知道。若拉升选择的时机不当，轻则抬高了成本，减少了利润，重则导致亏损。那么，主力一般什么时候拉升股价呢？

根据以往的经验，主力喜欢选择以下几种时机拉升股价。

1. 市场走好、人气飙升时

在牛市初期，很多股票和个人投资者都还来不及反应，此时人气一般。等牛市进入前中期，身边人的赚钱效应出现，谈论股票的人增多，逐渐给人一种入市就会获利的印象，人气逐步提升，很多人将资金转入股市。股票具有强者恒强的走势，因此形成了投资者不断追涨的情况。此时股价越拉升，越能吸引更多场外资金追捧，主力只需要极小的资金就能将股价拉高。例如，2020年是新能源、光伏的结构性牛市，很多光伏行业的股票主力在"双碳"战略提出之后纷纷拉高股价，在很短的时间内，涨幅就超200%，主力付出的成本与其收益相比显得微乎其微，更为以后的出货留足了空间。其中表现尤为突出的有阳光电源、隆基股份等股票。阳光电源当时的日K线图如下页图所示。

2. 市场不好、行情很弱时

经过前期的熊市洗礼，很多人在这个阶段不愿意谈论股票，使得交易量很小。很多投资者甚至在高位套牢，更多投资者可能选择持币观望。而此时主力敢于拉升的股票，基本上都是有很强的业绩和投资逻辑的股票。

下面来举例说明如何利用市场行情偏弱的特点拉升。

❶ 登录通达信软件，输入中国中免的股票代码"601888"（见下图）或其大写的汉语拼音首字母"ZGZM"。

❷ 按【Enter】键，进入中国中免的日K线图界面。缩放显示2017年9月至2018年7月的日K线图，如下左图所示。叠加同期的上证指数走势，不难看出上证指数股价在这一时期持续下跌，是熊市特征。而中国中免的走势与大盘走势恰恰相反，走出一波波澜壮阔的牛市。从2017年9月至2018年7月，中国中免股价的涨幅高达154.27%，如下右图所示。

3. 图形及技术指标修好时

由于现在懂技术分析的人越来越多，不少人以技术分析来决定自己的买卖操作。于是一些主力利用这种心理把K线图形修得很好，趁技术派看好之时拉升股价，以减小拉升的阻力。但有一点得提醒大家，光靠修整图形去拉升股价的往往是弱势主力，敢于制造恶劣图形、不看指标而肆意拉升股价的才是真正的强势主力。

14.4.2　借利好消息盘中拉升

在重大利好出台时，很多股票都会出现盘中拉高的走势，从而跟随利好消息，与主力联手拉升股价。对于个股来说，利好消息主要分为以下两类。

（1）国家政治经济形势、政策、方针等对个股所属的行业有指导性的意见。

（2）个股本身的业绩改善、提升或者各种资产重组概念、高送转题材等。

不管是哪一类利好消息，都为主力拉升股价创造了条件，特别是一些资金实力不太强的主力正好顺水推舟，借助大市利好拉升股价。

下面来举例说明如何利用利好消息拉升。

❶ 登录通达信软件，输入中信证券的股票代码"600030"（见下图）或其大写的汉语拼音首字母"ZXZQ"。

❷ 按【Enter】键，进入中信证券的日K线图界面。缩放显示2021年8月至9月的日K线图，如下图所示。券商板块的股价经历一轮下跌之后，在8月见底并开始反弹，K线缓慢地站上均线。中信证券和中信建投作为券商板块的龙头股，股价率先反弹。当时大盘走势并不好，券商板块支撑大盘指数不再下滑。之后在9月2日晚我国宣布设立北京证券交易所，此消息是对各大券商的利好，尤其是券商龙头。9月3日所有的券商股都高开6个点左右，之后股价高开低走，对于前期进场的资金而言，出这种级别的利好就是盈利兑现的时点。所以之后一个月股价就没有起色，一路下跌。

14.4.3　放量对倒拉升

除了前面的拉升方式外，还有放量对倒拉升方式。利用该方式的主要目的是制造交易活跃、人气旺的假象，吸引个人投资者跟风买入，以防出现即使拉升了股价，却没人接盘进而无法出货的情况。

下面以山煤国际（600546）为例来进行分析。打开山煤国际2021年7月至9月的日K线图，可以看到，从 8 月 20 日至 9 月 13 日的 17 个交易日，其股价从 7.47 元附近拉升至最高 15.18 元，如下方第一张图所示。其中 8 月 26 日至 9 月 7 日，该股的换手率一直维持在 7% 之上。这种连续长阳的形态，绝对不是一般的个人投资者的行为，大部分是主力操作，成交量这么大，极大可能是放量对倒拉升。因为参考山煤国际的股东信息，其本公司就持股约 60%，如下方第二张图所示。一般公司自身的持股不变对股价的影响也较小。剩余约 40% 的流通股，每天如此高的换手率，多半有对倒的成分在里面。

14.4.4 震荡放量式拉升

一般震荡式拉升都会出现个股交易放量的情况，即通常所说的震荡放量式拉升。这种方式一般是主力开始突然拉升或打压，造成股价震荡，其成交量也大幅增加，然后快速打压洗盘，形成 V 形反转，如下页图所示。

震荡放量式拉升具有以下形态意义。

（1）在股价走势的相对低位，主力进入，突然放量拉升股价。

（2）在拉高的大阳线后，突然出现反叛线，使追涨资金套于高位。

（3）在剧烈震荡中，股价再次接近第一次的震荡高点，然后又快速下跌甚至创出新低，使场内持股者的持股信心大受打击，在多种市场心理下，筹码极度松动。

（4）当股价第三次接近前期高点时，所有场内前期被套的筹码几乎一致选择了出局，从而达到主力强收集的目的。

（5）随后主力进行拉升前的最后打压、洗盘，为拉升创造条件。

（6）几乎在所有的控盘股中，都表现出了拉升初期筹码高度集中与稳定的共性。

例如，招商港口（001872）在2021年5月至6月底就出现了放量拉升形态，如下图所示。

14.4.5　缩量式拉升

除了放量式拉升外，还有一种与其相反的方法，叫缩量式拉升。其表现形式为股价一段时间内大幅上涨，但每天的成交量相比前期出现大幅萎缩的现象。这种现象一般出现在主力控股的股票，是一种极少见的形态，也是大多数投资者无法预测的一种股价走势。常见形态如下图所示。

缩量式拉升具有以下形态意义。

（1）此种主力控盘的个股深刻反映了在主力吸筹中，筹码由个人投资者向主力手中集中，主力控盘程度随着筹码的增加也逐渐增加。

与放量式拉升的明显区别是，这种拉升方式下，主力在控盘时间与市场中间意外风险的控制上表现得更为完美，缩量打压前期的跟风盘，有效地降低了持仓成本，减少了市场意外风险。该方式经常被用于前期主力建仓后的增持或在低位的再次收集。

（2）这是主力缓慢推升股价的一种建仓方式。随着建仓的结束，主力刻意打压股价，让股价在相对低位长时间横盘，进行筹码的沉淀，多数短线持有者和一些中线持有者开始变得浮躁，慢慢被消磨出局。

（3）很多主力在筑底的过程中，还利用市场气氛等因素对个人投资者进行进一步的打击，迫使他们在股价拉升之前出局。

（4）随着筹码的高度集中与市场机会的到来，主力开始大幅快速拉升股价。

下面来举例说明如何利用缩量拉升。

❶ 登录通达信软件，输入长城军工的股票代码"601606"（见下图）或其大写的汉语拼音首字母"CCJG"。

❷ 按【Enter】键，进入长城军工的日K线图界面。缩放显示2021年7月至9月的日K线图，如下图所示。该股价格在2021年7月19日至8月4日的第一波拉升中，成交量有所放大，换手率维持在17%以上，股价从7月19日的10.35元左右涨到7月27日的13.45元左右。股价经过一周半的短期横盘整理，开启了第二波上涨。但在第二波上涨过程中，量能始终未能放大，大部分时间的换手率也有所减小，通常在7%左右。上涨缩量说明该股可能已经有获利盘出逃，投资者需要警惕，一旦股价跌破均线就要清仓。

14.4.6　缓慢推升股价

缓慢推升股价是指放量缓慢推升股价，高位横盘，然后直接拉升。通过放巨量后缓慢推升股价，同时放出巨量，然后在高位横盘，在很多人都认为股价会下跌时，主力突然拉升股价。常见形态如下图所示。

（1）股价从相对低位放巨量，缓慢推升，并在波段的相对高位，量能萎缩。经过调整，股价再次放量上攻，在持股者心态极其不稳的情况下，又有部分筹码抛出。

（2）股价在相对高位，长期横盘，用时间消磨持股者的持股信心。

（3）在横盘中量能呈递减状态，主力利用长时间的横盘消磨场内短线持股者的信心，同时还保持着上行通道不被破坏，维持着中线持股者的信心，希望在未来的市场中能借助市场人气推升股价。在K线形态中，主力经常制造诱多诱空形态，加剧持股者的心理压力。

（4）此类股票采取在相对高位横盘主要有两个原因：一是该股基本面业绩较好，如果采取打压股价进行洗盘，反而会导致更多短线资金逢低进入；二是主力后续资金不足，缺少实力，采取更为彻底的形态洗盘，将有更多中线筹码抛出，主力无力承接，所以其多维持横盘之势等待上涨。

例如，北方华创（002371）从2021年5月开始，其股价从162元左右启动，持续放量缓慢上升，经历了近3个月的上涨，股价已经上涨至最高432元，如下图所示，股价上涨接近1.7倍，确实是当时芯片股的龙头。之后该股在2021年7月底开始横盘整理。

14.5 主力的常见洗盘法

主力为达到炒作目的，必须于途中让低价买进、意志不坚定的个人投资者卖出股票，以减轻股价上涨的抛压。同时让持股者所持股票的平均价位升高，以降低投资者卖出股票的概率。洗盘动作可以出现在任何一个区域内，基本目的无非是清理市场多余的浮动筹码，抬高市场整体持仓成本。

另外，洗盘的主要目的还在于垫高其他持股者的平均持股成本，赶走跟风投资者，以减小进一步拉升股价的压力。同时，在实际的高抛低吸中，主力也可兼收短线的差价，以弥补其在拉升阶段付出的较高成本。

14.5.1　横位洗盘

直接打压较多出现在主力吸货区域，目的是吓退同一成本的浮动筹码。在盘中表现为开盘股价出奇地高，只有少量几笔主动性买单便掉头直下，一直到前一日收盘价之下，个人投资者纷纷卖出手中的筹码。在这里，投资者不要简单地认为股价脱离均价过多就去抄底，因为开盘形态基本决定了当日走势，主力有心开盘做打压动作，这个动作不会在很短时间内就完成。因此，较为稳妥的吸货点应在股价经过几波跳水下探，远离均价3%~5%处。在此位置上，市场当日短线浮筹已不愿再出货，主力也发现再打低会造成一定程度上的筹码流失。因此，这个位置应该是在洗盘动作中较为稳妥的吸货点，就算当日股价不反弹向上，也是当日一个相对低价区，可以从容地静观其变，享受在洗盘震荡中的短差利润。尾盘跳水这个动作是主力在洗盘时制造当日阴线的一个省钱工具。盘口表现是，在临近收盘几分钟突然出现几笔巨大的抛单将股价打低，从5分钟跌幅排行榜中可以发现这些股票。但是这个抄底机会不好把握，不建议投资者在实战中参与。

14.5.2　短线暴跌洗盘

短线暴跌洗盘是主力为了吓走在低位买入的投资者所采取的方法，让他们在相对高位卖给场外进入的投资者，从而使得普通投资者的持仓成本大幅提升。主力在进行洗盘操作时，是以将投资者逼迫出局为目的，至于如何操控股价只是方法问题，只要能将低成本的获利盘清理出局，投资者怕什么，主力便会让股价怎么波动。那么，投资者最害怕的是什么呢？很显然，最害怕的便是股价大幅下跌。在牛市的上涨过程中，只要股价的下跌力度过大，都会让投资者有所恐慌，从而迫使其抛盘出局。

例如，主力的建仓区间在15元，那么在这个区间内必然会有大量的投资者进入，并且其持仓成本与主力的持仓成本保持一致。而当股价上涨到20元时主力开始洗盘，这时在15元买入的投资者就会抛出手中的股票与场外的投资者进行换手。经过换手以后，主力的持仓成本依然为15元，但是普通投资者的持仓成本却提高到了20元。如果此时市场有风险，主力已经实现了盈利，但是新入场的投资者却没有任何盈利，从而主力的主动地位就凸显了出来。

使用短线暴跌洗盘的主力，往往是已经完成了大量建仓的主力。由于其手中已经掌握了大量的股票，因此，就算有投资者敢于在暴跌的低点进行建仓也不会对主力造成太大的影响，毕竟，敢在股价暴跌时买入股票的投资者还是极少的。

下面来举例说明如何利用短线暴跌洗盘。

❶ 登录通达信软件，输入中金岭南的股票代码"000060"（见下页左图）或其大写的汉语拼音首字母"ZJLN"。

❷ 按【Enter】键，进入中金岭南的日K线图界面。缩放显示2021年5月至8月的日K线图，如下页右图所示。从图中可以看出，该股于6月15日收出一根大阴线，收盘时跌幅为3.85%。虽然跌幅并不算很大，但是所处的位置十分关键，这根中阴线跌破了所有均线，让技术派投资者直接判断后期转入空头趋势。但是在之后的一周并没有出现放量下跌，而是盘整了将近两周，K线缓慢走高，逐步突破所有均线的压制，说明前期是主力在进行短线洗盘。

14.5.3 盘中震仓

盘中宽幅震荡较多地出现在股价上升途中，因此容易被投资者误认为是主力出货。识别这个动作的要领是观察主力是否在中午收市前有急速冲高动作。一般在临近中午收市前急于拉升股价都是为下午的震荡打开空间，此时盘中一般只用几笔不大的买单打高股价，且冲高的斜率让人难以接受，均线只略微向上。这时持仓者最好先逢高减仓，因为股价马上就会大幅向均价附近回归，甚至出现打压跳水的动作。这种情况下，均价可能任股价上下波动而盘整不动，此时均价的位置就是一个很好的进出参考点。

洗盘阶段的日K线图有如下几个特征。

（1）大幅震荡，阴线与阳线夹杂排列，趋势不定。

（2）成交量较无规则，但有递减趋势。

（3）常常出现带上下影线的十字星。

（4）股价一般维持在主力持股成本的区域之上。若投资者无法判断，可关注10日均线，非短线投资者则可关注30日均线。

（5）按K线组合的理论分析，洗盘过程即整理过程，所以图形上也都大体显示为三角形整理、旗形整理和矩形整理等形态。

14.6 主力的常见出货法

主力拉升股价的根本目的是出货，进而获得利润。在主力出货时，一般不会透露出货的相关信息，所以投资者只能根据投资经验和技术分析来推测。

14.6.1 震荡出货

震荡出货是主力常用的手法。主力将股价拉升到预期的目标价位后，常常将股价维持在较高的位置，然后进行震荡出货。这种方式有很大的欺骗性，在横盘的过程中有较大的成交量，出现突破后股价将再次上涨的信号，容易误导投资者，让投资者认为股价还会出现新的高峰。投资者如果此时购入，将会在高价处被套牢。

例如，誉衡药业（002437）在2020年7月至9月的日K线走势就出现了这种形态，如下页图所示。股价在发生震荡的过程中，伴随着顶部的多次放量，股价达到最高4.55元。之后成交量虽然有所减少，但是也维持在中等水平，股价开始进入盘整震荡阶段。之后成交量和股价双双下探，说明主力已经将手中的股票在顶部震荡时期抛出。

继续查看该股后面的行情，如下图所示。不难看出，在 2020 年 7 月和 8 月出货完毕之后，股价就处于下跌趋势。一旦形成趋势，短期就很难改变，这一点尤其适用于 A 股市场。该股股价在 2021 年 11 月还创了新低，低至 2.26 元，与出货时期的最高价 4.55 元相比，下跌 50% 左右。所以投资者遇到 K 线跌破长期均线的时候一定要及时抛出股票。

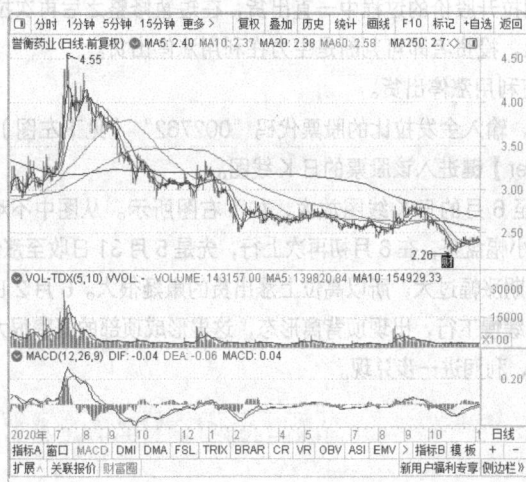

14.6.2　拉高出货

拉高出货是使用频率最高的出货方式之一，采用这种方式时股价已经超出了预期的价位，主力有足够的时间出货。主力先在低位吃进一些筹码并进行对倒放量。跟风投资者看到盘口显示出主动性买盘，认为主力在买进拉升，风险较小，所以还会加仓购入股票。随后主力边拉升股价边出货，将筹码转给跟风投资者。

当然主力会控制好买进和卖出的量，比如买进 20 万股，卖出 40 万股，这样就可以利用少进多出的手法将股票转手给跟风投资者。

例如，山西焦化（600740）2021 年 7 月至 11 月的日 K 线图就出现了这种形态，如下页图所示。2021 年上半年，煤炭、有色金属行业处于涨价顺周期，期货的动力煤、焦煤、焦炭价格均创新高，相对应的股票价格也应声上涨。山西焦化从 8 月开启上涨行情，并且在 9 月股价与前期低点相比已经涨了近 1.6 倍，股价在 11 元附近开始放量。之后主力开始一边拉升股价一边出货，此时出现阴线和较大的成交量，说明主力在前期就已经大量出货。股价之后就一路下跌。

14.6.3 涨停出货

涨停出货法主要是指主力在将股价从低位缓慢拉升之后，再次放量涨停，吸引跟风投资者接手的出货手法。主力在前期拉升股价的过程中一直出货，在短暂修整之后再次拉升股价至涨停，同时指标出现背离。通过该现象，投资者即可判断是主力在利用涨停出货。

下面来举例说明如何利用涨停出货。

❶ 登录通达信软件，输入金发拉比的股票代码"002762"（见下左图）或其大写的汉语拼音首字母"JFLB"，按【Enter】键进入该股票的日 K 线图。

❷ 将 2021 年 4 月至 6 月的日 K 线图放大，如下右图所示。从图中不难看出，股价在经历了 4 月的上涨趋势之后，进行小幅盘整，在 6 月初再次上行，先是 5 月 31 日收至涨停，6 月 1 日一字涨停，成交量很小。由于股价前期涨幅过大，所以高位上涨出货的嫌疑很大。6 月 2 日就放出巨量，并从此进入下行趋势，MACD 指标缓慢下行，出现顶背离形态，这里形成顶部的概率很大。主力在 6 月 2 日这一天吸引了不少跟风投资者，利润进一步兑现。

❸ 双击 6 月 2 日的 K 线图打开当日的分时图，如下页图所示。可以看出，在 9:31 放出巨量，在 10:04 触及涨停，这其实是一个诱多行为。之后股价就开始回落，表明主力在之前就已经出货了。

投资者如果看到类似于上述的盘面走势一定要当心，因为极有可能成为主力的"接盘者"。

高手支招

技巧 1　学会识别洗盘和出货

前面介绍了主力的各种买卖方式，下面简要说明如何识别主力的洗盘和出货。

1. 成交量不同

洗盘时成交量较萎缩，而出货时成交量会被放大。

2. 目的不同

主力洗盘的目的是尽量把信心不坚定的跟风投资者甩掉；而出货的目的是吸引跟风投资者，通过各种手段迷惑其买进股票，以便自己在价位较高时出货，从而获得较大的投资回报。

在实际的操作过程中，投资者经常把洗盘和出货混淆，把洗盘当成出货，结果刚刚卖出股票，股价就一路上升；一旦高价回收后，主力又开始出货，股价急剧下跌，致使投资者亏损。

3. 盘口不同

主力洗盘时卖盘挂有大卖单，造成卖盘多的假象。在关键价位，虽然卖单很大，笔数也很多，但是股价却不再下降，此时多为洗盘现象。

主力在出货时，不会挂大卖单，买单却比较大，造成买盘很多的假象，但是股价下降而无法上升。

4. K 线形态不同

主力在洗盘时，会放出各种不利的信号，制造空头的气氛，导致投资者及早离场。洗盘仅仅是为了甩掉一些意志不坚定的跟风投资者，留下意志坚定的投资者。

主力在出货时，为了诱惑短线投资者入场，往往制作大阳线，制造一个多头的氛围，从而让投资者买进股票，但实际上是假突破，后面将出货。出货有一个迹象就是成交量放大，放量说明主力很可能已经出货。

技巧2　要对股票综合分析，不盲目买卖

由于互联网和各种传播媒介迅速发展，投资者获取信息的渠道也越来越多，信息不对称的问题得到了很大的缓解。与此同时，主力获取信息和对外放出信息的方式也在不断革新。

2021年8月3日，"中芯国际光刻胶负责人与某券商研究员互怼"的消息就在网络上被广泛传开，原本只是微信群的聊天记录，被公之于众之后却对市场造成了一定的影响。此消息一出，次日光刻胶指数就转入了震荡下跌的趋势，如下图所示。

那么对于该类消息，该信还是不该信呢？可能每个人的做法不同。但对于个人投资者来说，有消息时一定要根据该股的当时走势、业绩等综合来看，不能只听消息盲目买卖。

第 15 章 分时走势看盘分析

本章引语

　　股市赢家法则：不买落后股，不买平庸股，全心全力锁定领导股。

　　　　　　　　　　　　　　　　——威廉·欧奈尔

　　这句话听起来很简单，但是具体操作起来却不那么容易，需要清晰地分析大盘的走势，准确地掌握分时图的含义，对短线投资者来说尤其如此。

本章要点

★分时买入信号

★分时卖出信号

分时图能展现当天股价的走势，投资者若能看懂并掌握分时图盘口语言，将更能清晰地分析和判断大盘和个股短期内的运行趋势。

打开分时图的方法有很多种，下面介绍几种常用的打开方法。

（1）选择【分析】▶【分时走势图】命令。

（2）当处于K线图或其他界面时，按【F5】键可以进入分时图界面。

（3）当位于大盘界面时，通过双击盘口报价表中的股票可以进入个股分时图界面。

（4）通过键盘精灵输入股票代码或名称（或大写的汉语拼音首字母），按【Enter】键进入分时图界面。

15.1.1　分时图的类别与构成要素

分时图有两种，分别是大盘分时图和个股分时图。

1. 大盘分时图

大盘分时图，即沪、深股指分时图，是5 000多只（截至2023年1月）股票价格走势的集体性反映。大盘分时图以"分钟"为时间单位，主要用于呈现股市在当日盘中的实时运行情况。下图是2021年3月18日的上证指数分时图。

大盘分时图构成要素的介绍如下。

【蓝线】：表示大盘不含加权的指标，即不考虑股票股本数量，以整个市场的股本平均数计算出来的大盘指数，更多反映小盘股的当日走势。

【黑线】：表示大盘加权指数，即考虑股票股本数量占整个市场股本的比重计算出来的大盘指数，它是证券交易所每日公布的大盘实际指数，更多反映大盘股的当日走势。

【红/绿色柱】：位于0轴附近的红色柱和绿色柱用来反映指数上涨或下跌的强弱程度。柱状线越长代表上涨或下跌幅度越大，柱状线越短代表上涨或下跌幅度越小。类似于MACD指标中的红色柱和绿色柱，大盘向上运行出现红色柱，向下运行出现绿色柱。

【0轴横线】：表示上一交易日指数的收盘位置，是当日大盘上涨或下跌的分界线。

【黑色柱】：表示指数成交额，其中左侧最长的是集合竞价时的成交额。每一根黑色柱均代表每一分钟对应的成交额，单位为万元，如果在某一个柱状线上双击鼠标，看到成交额为"636455"，则表示这一分钟的成交量为 63 亿 6455 万元。

2. 个股分时图

分时图是最原始的股价图，是将个股每分钟的最后一笔成交价格依次连接起来，由每个交易日 240 个点组成的股价曲线图。个股分时图的原理和现象同大盘分时图的几乎一样，只是比大盘分时图在转变时更加尖锐。下图是 2021 年 11 月 22 日上海电力（600021）的分时图。

个股分时图构成要素的介绍如下。

【蓝线】：表示该股票即时成交的平均价格，即该时刻之前的成交总额除以成交总股数，就是通常所说的均价线。

【黑线】：表示该股票即时成交的价格，就是通常所说的分时线。

【粗横线】：表示上一交易日的收盘价格，是当日价格上涨或下跌的分界线。

【黑色柱】：表示每分钟的成交量，就是常说的分时量或成交量，单位为手。

> **提示**
>
> 　　上面柱状线和分时走势线为通达信软件默认界面颜色（红黑背景色）时的颜色显示，如果投资者更改了界面的背景色，柱状线和分时走势线的颜色也会相应变化。

15.1.2　分时图的操作

15.1.1 小节介绍了分时图的类别与构成要素，本小节来介绍分时图的基本操作。

1. 查看某一分钟的详细成交数据

在股价的分时图上，不仅能了解到股价的走势，还能确切知道某一分钟的具体成交数据。例如，投资者想查看某只股票某天 14:35 的成交数据，可以将光标在 14:00—15:00 移动，当出现 14:35 时，双击出现十字形光标，界面左侧会显示该点的成交数据，如下页图所示。

提示

> 单击出现十字形光标之后，可以通过按【←】或【→】键来查看上一分钟
> 或下一分钟的成交明细。

2. 查看多日分时图

除了查看当日分时图，还可以将多日的分时图连接在一起进行查看，便于投资者更全面地了解某只股票的分时走势情况。

可以通过单击分时图右下角的【+】按钮来添加分时图，每单击一次，将增加显示前一个交易日的分时图，而每单击一次【－】按钮将减少显示一个交易日的分时图，直到减少到当前交易日为止。下图是 2021 年 11 月 22 日上海电力（600021）的分时图，单击两次右下角的【+】按钮，则可以同时出现 11 月 19 日和 11 月 18 日上海电力的分时图，如下图所示。

提示

> 投资者也可以通过按【↓】或【↑】键来增加或减少分时图。

3. 查看历史某天的分时图

通达信软件不仅可以用于查看当天的分时图，也可以用于查看历史某天的分时图，具体的操作步骤如下。

❶ 启动通达信软件，进入个股的技术分析界面，然后输入需要查看的股票的代码或名称（或大写的汉语拼音首字母）。例如，输入青岛啤酒的股票代码"600600"，打开其K线图，如下图所示。

❷ 将光标放到K线上，即可弹出日期。投资者可以移动光标到不同的K线柱上，找到需要查看分时图的日期，在当日的K线柱上双击，即可弹出该日的分时图，如下图所示。

4. 区间统计

通过区间统计，投资者可以了解指定区域的成交时间、价格、成交量等情况。区间统计既可通过K线图进行多日分时图的区间统计，也可以通过分时图进行某日某段时间的区间统计。

進行區間統計的方法如下。

❶ 在分时图界面右上方单击【统计】标签，弹出区间统计对话框，默认的起始时间是交易日的9:30，终止时间是当日的15:00，如下图所示。

❷ 投资者还可以修改起始时间和终止时间，或者直接用鼠标选择想要统计的时间段进行统计。例如，想要查看北京君正下午盘面的统计情况，可以将时间设置为11月22日13:00—15:00，设置好后界面中即显示选择时间段的区间统计图，如下图所示。

❸ 单击【大单成交】和【价量分布】按钮，可以查看该段时间的大单成交情况和价量分布情况，两种情况分别如下页左图和下页右图所示。这两个功能是帮助投资者在选股完成之后的跟踪阶段分析个股是不是要启动新一轮的上涨行情，仅看一天的区间统计难以判断，投资者需要持续跟踪。

> **提示**
>
> 分时图上的区间统计是基于分时成交明细统计进行的，而 K 线图上的区间统计是基于复权后的统计进行的。
>
> 除了上面介绍的进行区间统计的方法外，还可以双击分时图或 K 线图，当光标变成十字形光标时，移动光标到需要统计的起始位置，然后按空格键，再次移动光标到需要统计的结束位置，再次按空格键。

5. 查看买卖力道

买卖力道是衡量买卖双方力量大小的指标，是所有买盘之和减去所有卖盘之和的差。

在股票分时图底部单击【买卖力道】标签，即可打开买卖力道界面，如下图所示。

投资者在查看买卖力道指标时，可以根据以下几点进行分析。

（1）若红色柱多且高，说明买方力量大；反之，则说明卖方力量大。

（2）委买曲线（黑色）和委卖曲线（蓝色）离 0 轴越远、数字越大，说明市场越活跃。

（3）通过买卖力道图，可以定性地判断大盘实时的多、空对比态势。

> **提示**
>
> 在观察买卖力道时，每一根柱状线均代表当时 1 分钟的买卖盘之差，就是盘口委托的数量。在盘口五档买卖栏处可以看到，如果买 5 的位置上挂单数额太大，说明买方积极；相反，如果卖 5 的位置上挂单数额太大，则证明是空头卖方积极。投资者如果觉得看曲线太麻烦，只需要看盘口进行买卖。

15.1.3 成交量背后的含义

成交量是指当天成交的股票总手数（1手=100股）。通过成交量可以判断股票的走势，成交量大且价格上涨的股票，趋势向好。成交量持续低迷时，说明市场交投不活跃。股票市场常说的"量是价的先行，先见天量后见天价，地量之后有地价"就是这个意思。在研究成交量时，要正确认识以下几点。

1. 买盘 + 卖盘 ≠ 成交量

目前上海、深圳证券交易所对买盘和卖盘的揭示，指的是买价最高前五位委托和卖价最低前五位委托是即时的买盘委托和卖盘委托，其成交后纳入成交量，不成交不能纳入成交量。因此，买盘与卖盘之和与成交量没有关系。

2. 外盘 + 内盘 = 成交量

既然买盘 + 卖盘 ≠ 成交量，那么怎样看出成交量中哪些是以买成交或哪些是以卖成交的呢？这里有一个计算公式：外盘 + 内盘 = 成交量。

委托以卖方成交的纳入外盘，委托以买方成交的纳入内盘。所以，如果外盘很大，则意味着多数卖的价位都有人来接，显示买势强劲；如果内盘过大，则意味着大多数买入价都有人愿意卖，显示卖方力量较大；如果内盘和外盘大体相近，则买卖力量相当。

3. 成交量与股价的关系

成交量与股价的关系体现为两种情况，即量价同向和量价背离。

量价同向是指股价与成交量变化方向相同。股价上升，成交量也相伴而升，是市场继续看好的表现；股价下跌，成交量随之而减，说明卖方对后市看好，持仓惜售，转势反弹仍大有希望。下左图所示的太极股份在2021年10月15日上午的走势即为量价同向。

量价背离是指股价与成交量呈相反的趋势变化。股价上升而成交量减少或持平，说明股价的升势得不到成交量的支撑，这种升势难以维持；股价下跌但成交量上升，是后市低迷的前兆，说明投资者唯恐大祸降临而抛售离市。下右图所示的云海金属在2021年10月15日上午就出现了下跌有量、上涨无量的背离走势。

4. 正确看待成交量

成交量的大小会影响股价的涨跌，往往是量增价涨，这种量价配合的观点正常情况下是正确的，但投资者在投资时可能会遇到温和放量和突放巨量两种情况。

（1）温和放量。这是指一只个股的成交量在前期持续低迷之后，突然出现一个类似"山形"的连续温和放量形态，这种放量形态称为"量堆"。个股出现底部的"量堆"现象，一般可以证明有实力资金进入，但这并不意味着投资者就可以马上进入。一般个股在底部出现温和放量之后，股价会随量上涨，量缩时股价会适量调整。此类调整没有固定的时间模式，少则十几天，多则几个月，所以，此时投资者一定要分批逢低买入，并在支持买进的理由没有被证明是错误的时候，耐心等待。

需要注意的是，当股价因温和放量上涨之后，其调整幅度不宜低于放量前期的低点，因为如果调整低过了主力建仓的成本区，就至少说明市场的抛压还很大，后市调整的可能性较大。下左图为兴森科技 2021 年 10 月 15 日温和放量的分时走势。

（2）突放巨量。对此种走势的研判，应该分作几种不同的情况来对待。一般来说，股价上涨过程中放巨量通常表明多方力量强大，不想投资者低位买到筹码，所以后市可能会继续走高。而股价下跌过程中的巨量，一般出现在下跌初期，意味着很可能有主力卖出了。如果是跌了很多之后又出现放量跌停，很可能是最后一次集中释放空头压力，后市很可能快速反弹。下右图为新洁能（605111）2021 年 10 月 15 日的分时走势，放量上涨，后市看涨。

15.1.4 集合竞价揭示当天走势

集合竞价是指在每个交易日的 9:15—9:25 和 14:57—15:00，由投资者按照自己所能接受的价格自由地进行买卖申报，由交易主机系统对全部有效委托进行一次集中撮合的处理过程。

每一个交易日的第一个买卖时机就是集合竞价的时候，机构主力经常会借集合竞价跳空高开，拉高出货，或者跳空低开，打压建仓。通常情况下，个人投资者的投资策略是卖出跌势股，买入热门股或强势股，而机构主力操盘恰恰反其道而行之，其总是利用集合竞价卖出热门股，买入超跌股。

因此，当集合竞价开始时，投资者如果发现手中持有的热门股跳空高开，同时伴随着大的成交量，就要提高警惕了，继续观察，开市半小时内如果该股达到 5% 的换手率，就应该做好逢高出手的准备。反之，当集合竞价开始时，投资者如果发现手中的热门股向上跳空高开的缺口较小，并且量价关系良好，则可以追涨。

集合竞价是大盘一天走势的预演，投资者在开盘前可以先看集合竞价的股价和成交额是高开还是低开，这通常预示着当天的股价是上涨还是下跌。集合竞价时的成交量往往对一天之内的成交活跃度有较大的影响。

一般来讲，"高开 + 放量"说明做多意愿较强，大盘当日收阳的概率较大，如下页图所示。

"低开＋缩量"说明做空意愿较强，大盘当日收阴的概率较大，如下图所示。

15.2　分时买入信号

要想在股市中获利，除了掌握基本面、消息面分析，就是掌握技术面分析。技术面分析有很多，本节主要研究通过分时图来判断和发现买入信号。

15.2.1　双线向上

双线向上是指分时线和量比指标线在同一时段同时向上，即同时形成上升趋势。下页图所示为睿昂基因的分时图，可以看到，股价持续上涨并持续得到了大量的成交量支持，这说明股价良性上涨，这时，投资者可以入场做多。

15.2.2　双线分离

双线分离就是分时线和量比指标线的走向呈喇叭形，分时线上涨，量比指标线下跌，说明股价此时上涨已不需要成交量放大来配合。下图是主力高度控盘的分时图，可以从图中看到量比下降但是股价上攻，分时线和量比指标线呈喇叭形。

15.2.3　均线支撑

均线支撑是指均价线支撑着分时线不往下跌的走势。均线支撑主要分为接近式支撑、相交式支撑。接近式支撑是指分时线由上向下运行到均线附近时就反弹的走势。相交式支撑是指分时线向下运行与均线相交且跌破均线后，在较短时间内，又被拉回均线上的走势。

在第一次支撑出现后，如果股价涨势平缓，没有出现急涨的走势（指涨幅没有超过3%），随后出现的第二次和第三次支撑走势，均可放心买入。在第一次支撑出现后，如果股价大幅拉高，涨幅超过3%，则此后出现的支撑走势，应该谨慎或放弃买入。

下图是接近式支撑，每个低点都是最佳买点。

下图是相交式支撑，每个低点都是最佳买点。

15.2.4　向上突破平台

向上突破平台是指分时线向上突破前面横向整理期间形成的平台的一种走势。该走势有以下特征。

（1）分时线必须在某一价位做较长时间的横向整理，走势时间一般不少于半小时。

（2）分时线应贴近均线波动，波动的幅度较小，所形成的高点大体处在同一水平线上。

（3）均线在整理期间基本是一条水平线，无明显波折。

（4）均线必须向上越过平台的最高点，如下图所示。

提示

（1）在一个交易日中，有可能会出现多个向上突破平台的走势。第一个向上突破平台走势出现时，应该第一时间买入；第二个向上突破平台走势出现时，如果涨幅不大，也可买入；第三个向上突破平台走势出现时，应避免买入。

（2）设好止损点，如果遇到的是假突破，最好第二天就逃离。

15.2.5 分时双平底

双平底是指股价经过一段时间的下跌后，在低位出现了两个同值的低点，这两个低点就叫双平底。双平底具有以下特征。

（1）股价下跌的幅度较大。

（2）两底的低点应为同值（第二底略高于前底也可，但绝不能低于前底）。

（3）第二底出现后，分时线必须反转向上，且要超过均线或颈线。

出现双平底时需要注意以下几点。

（1）双平底的最佳买点有两处：第一处是第二底出现后，分时线与均线的交点；第二处是分时线向上突破颈线的位置。

（2）双平底形成时，分时线必须始终处在均线之下，即第一底与第二底之间的分时线不能向上穿越均线。也就是说，两底之间的颈位线高点均只能处在均线之下。

（3）双平底有小双平底和大双平底，均可做多。

下图为中国电研（688128）2021年11月23日的分时图。从图中可以看出该股开盘小幅拉升之后下跌回踩，回踩至前一日收盘价附近开始持续放量反弹，股价稳定在32.7元附近。在10点46分开始继续下跌回踩，走出分时双平底形态。投资者看到均线支撑和走出分时双平底形态，就能判断此时是较好的买入时机。当日股价涨幅9.71%，如果在分时双平底买入，当日就能获取收益。

15.2.6　分时头肩底

头肩底的曲线犹如倒置的两个肩膀和一个头。股价从左肩处开始下跌至一定深度后弹回原位，然后重新下跌超过左肩的深度形成头部后再度反弹回原位；经过整理后开始第三次下跌，当跌至左肩位置形成右肩后开始第三次反弹，这次反弹的力度很大，很快穿过整个形态的颈部并且一路上扬。出现头肩底是典型的大涨信号。头肩底形态如右下图所示，其说明如下。

（1）急速的下跌，随后止跌反弹，形成第一个波谷，这就是通常说的"左肩"。形成左肩部分时，成交量在下跌过程中出现放大迹象，而在左肩最低点回升时成交量则有减少的倾向。

（2）第一次反弹受阻，股价再次下跌，并跌破了前一低点，之后股价再次止跌反弹形成了第二个波谷，这就是通常说的"头部"。形成头部时，成交量会有所增加。

（3）第二次反弹再次在第一次反弹高点处受阻，股价又开始第三次下跌，但股价到与第一个波谷相近的位置后就不下去了，成交量出现极度萎缩，此后股价再次反弹形成第三个波谷，这就是通常说的"右肩"。第三次反弹时，成交量显著增加。

（4）将第一次反弹高点和第二次反弹高点用直线连起来就是阻碍股价上涨的颈线。但第三次反弹，股价会在成交量的配合下冲破颈线。

头肩底有以下几个特征。

（1）股价突破颈线时必须有量的剧增，若股价向上突破颈线时，成交量并无显著增加，有可能是假突破。

（2）头肩底形态的价格在突破颈线后更习惯于反抽，原因是落袋为安的投资者比较多，这时会出现明显的买点，如下图所示。

（3）头肩底形态的颈线常常向右方下倾，如果颈线向右方上倾，则意味着市场更加坚挺。

（4）头肩底有时会出现一头多肩或多头多肩的转向形态，此类形态较为复杂。

下图为天华超净（300390）2021年10月15日的分时图。该股在上午时段出现了头肩底走势，连接左肩和右肩的顶点画出颈线，可以看出在右肩向上突破颈线的时候，成交量有所增加，投资者可考虑短线买入。

15.2.7 分时多重底

分时多重底具有以下技术特征。

（1）分时多重底底部低点相对平齐，但顶部没有规则。

（2）分时多重底底部低点多位于重要的均线位或者重要的技术支撑位附近。

（3）分时多重底盘旋时间往往较长，多在60分钟以上，且横盘区间内呈现极度缩量状态。

（4）分时多重底底部盘旋时要对多、空量能进行合计。绝大多数情况下，多方量能之和是有优势的，这是多方吸筹状态的临盘体现，是买点的显现。

下页图是中兰环保（300854）2021年10月15日的分时图，是典型的分时多重底走势。该股价格从早盘下跌之后跌幅一直维持在3%左右，从10:00左右一直到13:15左右，横盘了近两个小时，期间多次探底，低点相对平齐。横盘期间成交量萎缩，之后尾盘拉起，当日振幅达7.61%。

15.2.8　V字尖底

V字尖底就是股价急跌，然后被快速拉起，股价线形成一个"V"字形态。

V字尖底具有以下特征。

（1）V字尖底形态形成前，应是平开或低开，其后出现急跌的走势。

（2）V字尖底形态最低点的跌幅不能少于2%，低点停留的时间不能超过3分钟。

（3）V字尖底形态形成前，分时线应一直处在均线之下。

（4）V字尖底形态的底部低点必须是负值，且下跌的幅度必须大于2%（下跌的幅度越大，收益就越大）。

下图为卓翼科技（002369）2021年10月15日的分时图。股价开盘即下跌，跌幅超过8%，触底后立即走高，形成标准的V字尖底，是典型的下跌幅度大、反弹大的走势。K线图上会形成长下影线，可能形成底部的探底神针形态。

15.2.9　突破前高

突破前高是指股价在上升途中超过前期高点的走势。

在突破前高买入时的注意点如下。

（1）在超过前期高点时，在第一次、第二次的突破处可以放心做多。在第三次突破时要小心，因为此时价格较高，获利较难。

（2）要注意日K线的走势。只有在日K线处于上升趋势，且价格不高时，才可放心做多。如果股价在盘整和下跌中的高位，则应在第三次突破前高时做空。

下图为安科瑞（300286）2021年10月15日的分时图。股价第一次突破时是最佳买点，在该点买入，当天可获利16.85%左右；第二次突破时是次佳买点，在该点买入，当天可获利11.78%左右；第三次突破时应当谨慎，虽然从走势看，当天买入仍然能获利，但这时价格很高，即使获利，也非常少，且有可能第二日低开直接被套。

15.2.10　上穿收盘线

上穿收盘线是指股价由下向上波动到昨日收盘线的上方的走势。

在上穿收盘线买入时的注意点如下。

（1）必须关注当天的开盘情况，只有当日是低开，且开盘到分时线上穿昨日收盘线之前的这段时间，分时线始终处在昨日收盘线之下才能买入。

（2）股价先高开再跌破收盘线后再回升到收盘线上时，不太适合买入。

（3）避免在开盘后深跌的"上穿"时买入，那很容易变成均线压力。

下图是金圆股份（000546）2021年10月15日的分时图，是典型的上穿收盘线走势。开盘股价向下走，低于昨日收盘价，然后在10:30之后由下向上突破昨日收盘价。在股价上升到昨日收盘价时买入，当日可获利10%左右。

15.3 分时卖出信号

下面介绍一些分时卖出信号。

15.3.1 双线向下

分时线和量比指标可以帮助投资者回避股价下跌的风险。当分时线和量比指标同时形成下降趋势时，表示盘中的量能开始不断减小，是卖出的信号。

下图是欧普康视（300595）2021年10月15日的分时图。其开盘时量比指标非常大，但随后出现连续下滑的走势。在股价下跌过程中可以看到，分时线形成狼牙形态，股价一波比一波低，说明有主力在坚决出货。

15.3.2 双线相对

双线相对即分时线下跌，量比却上涨，反映主力在盘中不断出货，这时应果断卖出，如下图所示。

15.3.3 均线压力

均线压力是指股价上升到均线附近或短暂上穿均线后，回头下行的走势。

均线压力有以下几个特征。

（1）均线一直处在分时线之上，且呈水平状态横向震荡。

（2）分时线大多数情况下处在均线之下，一般不向上突破均线，即使突破，停留的时间也很短，突破的幅度也不会很大，并且很快回到均线的下方。

（3）分时线受到均线的阻挡前，需与均线有一段较大的距离，如果两线始终靠得很近，就不是均线压力，更不能按均线压力操作。

下图是标准的均线压力走势。达意隆（002209）2021 年 10 月 15 日开盘后股价一路下跌，始终被均线压制，在 9:48 左右形成第一次均线压力，是最佳卖点。随后在 13:36 股价进一步下跌，并且成交量增加，跌幅迅速增大，最终当天跌幅超 6%。该股当时所处的日 K 线也刚刚跌破所有均线，是明显的空头形态。投资者还是走为上策。

15.3.4 跌破平台

跌破平台是指分时线在离均线较近的地方进行长时间的横向整理后向下跌破平台的走势。

跌破平台有以下两个特征。

（1）跌破前，一定会出现一段横盘走势，形成一个明显的平台。

（2）分时线跌破平台的低点后，多数情况下会在短时间内又反弹到平台的低点附近，然后再次跌破平台的低点，此时就可确认跌破平台形态的形成，且是最佳卖点。

以国际实业（000159）2021 年 9 月 16 日的分时图为例，该股早盘平开高走快速上涨 2.7%，之后股价就迅速跌破分时均线，10 点多短线反弹至均线后受到均线压制，在股价小幅盘整之后，开始进入下跌趋势。先是跌破前日收盘价的支撑平台，这是个最佳卖点。之后股价一路下探，盘整至 13:50 左右。然后股价又跌破 −1.8% 的平台，再度下探，这是最后的卖点。股价当日最大跌幅为3.5%，收盘也接近最低价。这是标准的跌破平台形态，每次下跌均跌破前期平台，步步下探，如下页图所示。

提示

跌破平台最好的卖出时机是在第一次跌破平台时，第二次次之。

15.3.5 分时双平顶

分时双平顶是指股价在经过一段涨势后，在高位形成了两个高点同值的顶部。

分时双平顶具有以下特征。

（1）形成的两个顶部高点应为同值，且应处在均线之上。

（2）分时双平顶形成时，当日的股价涨幅应大于3%。

下图为冀东水泥（000401）2021年9月10日的分时图。分时双平顶出现得比较早，在形成两个分时双平顶时，涨幅为5.49%，而且处在最高位，完全符合涨幅大于3%的条件，可在第二个顶形成后跌破分时均线的位置卖出。

提示

（1）形成双平顶形态时，上涨幅度越大，有效性越大。上涨幅度小于 3% 时，应避免操作。

（2）双平顶形态的最佳卖点为第二个顶形成后的下一档或下两档价位。

（3）双平顶形态只有在高位或波段的顶部时，才可放心做空。

15.3.6　对称上涨

对称上涨是指股价先跌后涨，且涨跌幅度大体相当的走势，是高位卖出的一个十分有效的指标。对称上涨又分为急跌急涨和缓跌缓涨。

对称上涨具有以下特征。

（1）下跌和上涨的幅度应大体相当或相等。

（2）对称上涨形态下跌的低点到上涨的高点的波动幅度应在 3% 以上。波动幅度小于 3% 的对称上涨不适合操作。

下图是典型的急跌急涨形态。股价开盘即开始急速下跌，直到 10 点左右跌了 3.62% 后开始小幅反弹，之后开始横盘震荡。在 13:20 股价开始快速反弹，幅度达到 4.41% 后又开始走低，走势符合股价先跌后涨特征，且涨跌的幅度达到 3% 以上，下午反弹的高点是个不错的卖点。

15.3.7　分时头肩顶

头肩顶和头肩底正好相反，股价从左肩处开始上涨至一定高度后跌回原位，然后重新上涨超过左肩的高度形成头部后再度跌回原位，经过整理后开始第三次上涨，当上涨至左肩位置形成右肩后开始第三次回落，这次回落的力度很大，很快穿过这个形态的颈线并且一路下跌。出现头肩顶为典型的卖出信号。头肩顶形态如下页图所示。

头肩顶形态可以分为以下几个部分。

（1）形成左肩。股价持续一段时间的上升，成交量很大，过去在任何时间买进的人都有利可图，于是开始获利卖出，令股价出现短期的回落，成交量较上升到顶点时有显著减少。

（2）形成头部。股价经过短暂的回落后，又有一次强力的上升，成交量亦随之增加。不过，成交量的最高点较之于左肩部分明显减少。股价升破上次的高点后再一次回落。成交量在这次回落期间亦同样减少。

（3）形成右肩。股价下跌到接近上次的回落低点又获得支持回升，可是，市场的投资情绪显著减弱，成交量较左肩和头部明显减少，股价没抵达头部的高点便回落，于是形成右肩。

（4）跌破颈线。股价从右肩顶下跌穿破由左肩底和头部底连接形成的颈线，其跌破颈线的幅度要超过市价的3%。

下图所示的股价在早盘10:15—10:45就出现了典型的头肩顶形态。

高手支招

技巧1 沙盘推演

沙盘推演是投资者根据自己的看盘能力，结合盘面，自己设置开盘价、收盘价、最高价、最低价等信息进行预测。单击能看到明天或者未来几天的K线走势，在进行模拟演示的时候，可以验证自己交易模型的准确性。具体的操作步骤如下。

❶ 首先进入个股的技术分析界面，选择【功能】▶【沙盘推演】命令，弹出【沙盘推演】对话框，如下页左图所示。

❷ 单击【开始播放】按钮，将回测之前的 K 线信息，如下右图所示。在播放的过程中投资者可以验证交易模型。随着看盘时间的增加，投资者的交易系统会越来越成熟，准确率会越来越高。投资者要建立不可能预知所有走势，但是可以用自己的交易系统来规范交易行为的交易信念。

技巧 2　如何快速隐藏和显示均线

均线是常用的技术指标，通达信软件一般默认显示 4 条均线（输入"MA"可将其隐藏，默认参数分别为 5、10、20、60）。有时候为了方便观察 K 线，常将均线隐藏。

均线隐藏与显示的具体操作步骤如下。

❶ 打开某一只股票，如白云机场（600004）的 K 线图，如下左图所示。

❷ 在键盘精灵中输入"MA"，如下右图所示。

❸ 按【Enter】键后 4 条均线均被隐藏，结果如下图所示。此时更容易注意到 K 线组合提供的多空信号，尤其是长影线、实体较长的 K 线。

提示

重复执行步骤❷~❸，均线则会重新显示。

第4篇

软件篇

第 16 章 通达信软件的基础知识

本章引语

　　不要懵懵懂懂地随意买股票，要在投资前扎实地做一些功课，才能成功。

　　　　　　　　　　　　　　　　——威廉·欧奈尔

　　投资前要扎实地做一些功课，这些功课不仅包括投资的专业知识，也包括投资软件的使用方法。本章将介绍通达信软件的基础知识。

本章要点

　　★通达信软件的下载、安装、登录与界面介绍

　　★通达信软件的基本操作

　　★通达信软件的常用功能

16.1 认识通达信软件

通达信软件是深圳市财富趋势科技股份有限公司推出的一款股票行情分析软件，与其他行情分析软件相比，通达信软件的界面简洁且行情更新速度较快。通达信软件允许投资者自由划分界面，并规定每一部分对应的内容。

总的来说，通达信软件具有以下特征。

（1）使用简单。用通达信软件选股简单明了。通达信软件的即时地雷信息，省去了到处寻找当天相关信息的麻烦，而且资料查询速度很快。

（2）个性化的版面制定。通达信软件允许投资者自由划分界面，并规定每一部分对应的内容。投资者可以很便捷地定制出适合自己的版面。

（3）在线人气。通达信软件有一个很有用的功能，就是"在线人气"。该功能可以用于了解哪些股票是当前关注、哪些股票是持续关注、哪些股票是当前冷门，以使投资者更直接了解各个股票的关注度。

（4）快速方便。通达信软件的服务器非常多，启动速度很快，除了每天第一次运行或换其他服务器需要下载最新数据外，其他情况下打开速度很快。盘后数据的下载速度也很快。打开通达信软件之后，系统自动从服务器更新数据和资讯信息。

（5）深度分析。通达信软件提供了较完善的持仓数据和席位交易数据，是为投资者提供深度分析个股、指数和板块中各种资金行为的专业工具。

（6）研究专业。通达信软件 L2 版本（免费行情里）可以显示上下 5 档挂单数的增加数量，并可以用柱状线表示各档的挂单总数，以更好地表示各档挂单的差距。

16.2 通达信软件的下载、安装、登录与界面介绍

要使用通达信软件，就需要了解它的操作界面；要了解通达信软件的操作界面，首先就需要下载、安装、登录通达信软件。

16.2.1 下载通达信软件

下载通达信软件最简单直接的方法就是在通达信官方网站下载。在通达信官方网站下载的具体操作步骤如下。

❶ 进入通达信官方网站，如下图所示。

❷ 在通达信官方网站首页的【个人版商城】板块，单击【普及版】超链接，在弹出的下图所示的界面中单击【免费下载】按钮。

❸ 在弹出的对话框中单击【保存】按钮，如下图所示。

要运行或保存来自 的 **new_jyplug.exe** (91.1 MB) 吗？　　　运行(R)　保存(S) ▼　取消(C)

❹ 下载完毕之后将会提示下载已完成，如下图所示。可以单击【打开文件夹】按钮查看安装程序具体的下载位置，也可以直接单击【运行】按钮打开通达信软件安装程序。

new_jyplug.exe 下载已完成。　　　　　运行(R)　打开文件夹(P)　查看下载(V)　×

16.2.2　安装通达信软件

16.2.1 小节介绍了通达信软件的下载，本节将介绍通达信软件的安装。通达信软件的具体安装步骤如下。

❶ 双击下载后的通达信软件安装程序，弹出安装向导界面，如下左图所示。

❷ 勾选【我同意服务协议 点击此处查看声明和隐私政策】复选框，然后单击【下一步】按钮，在弹出的下右图所示的【安装位置】界面中选择安装的具体位置。

❸ 单击【下一步】按钮，弹出【安装进度】对话框。安装完成后在弹出的提示框中单击【确定】按钮，如右图所示。

❹ 安装完成之后，桌面上会出现通达信软件的图标 。

16.2.3　登录通达信软件

如果从未注册过通达信金融终端账户，可以选择免费注册、短信登录、扫码登录、游客登录的方式登录。

1. 免费注册

在登录界面单击【免费注册】按钮，如下左图所示，弹出通达信官网注册界面，如下右图所示，输入绑定的手机号码和密码，申请短信验证码。当手机收到短信验证码之后输入验证码，单击【立即注册】按钮，将在 5 秒内完成账号的注册申请。

账号注册成功之后，直接在登录界面输入新注册的账号密码即可登录，系统将自动识别网络供应商，匹配登录最快主站。

2. 短信登录

在登录界面单击【短信登录】按钮输入登录使用的手机号码，单击【获取验证码】按钮，输入手机收到的短信验证码，如下图所示。单击【登录】按钮即可进入行情主页。

3. 扫码登录

使用扫码登录前需要下载通达信软件移动客户端。单击【扫码登录】按钮，用通达信软件移动客户端的扫一扫功能，扫描计算机上的登录二维码（见下图），即可自动登录与移动客户端同步的通达信账号。

4. 游客登录

游客登录将直接登录进入通达信金融终端，登录后可以查看基本的行情信息，但是无法保存自选股以及调整后的指标参数和个性化设置。

16.2.4 通达信软件界面介绍

新版的通达信软件与之前的版本相比，轻量化了应用功能，界面、功能都更加简洁、易于操作。行情主页的窗口主要包括导航栏、主菜单、工具栏、行情分类标签和状态栏等内容，如下图所示。

1. 导航栏

导航栏位于通达信软件工作界面顶端的左侧，包括行情、市场、资讯、发现、开户、交易、问达、圈子多个栏目，如下图所示。

下方各图分别为单击各栏目后显示的界面（【发现】栏目需要 level2 行情，需要购买，此处不做展示）。

【行情】栏目界面

【市场】栏目界面

【资讯】栏目界面

【开户】栏目界面

【交易】栏目界面

【问达】栏目界面

【圈子】栏目界面

2. 主菜单

主菜单位于通达信软件工作界面顶端导航栏的右侧,包括功能、版面、公式、选项等,如下图所示。

> 功能　版面　公式　选项　✉

主菜单中各个菜单的具体内容分别如下方各图所示。

行情报价
即时分析
技术分析
多股同列　　　　Ctrl+M
财经资讯　　　　F7
定制品种　　　　▶
期权分析　　　　▶
证券交易　　　　F12
期货交易　　　　F9
金融计算器　　　31
金融记事本　　　32
个人理财
在线人气
报表分析　　　　▶
预警系统　　　　▶
策略股票池　　　78
沙盘推演　　　　46
训练模式　　　　47
江恩分析系统
选择品种
最近浏览品种　　48
沪深权息查询　Ctrl+F10
盯盘精灵　　　　79
7×24资讯自动刷新
屏幕管理　　　　▶
画线工具　　　　Alt+F12
✓ 工具栏
✓ 状态栏
功能树

最近定制版面
设置当前版面
新建定制版面
删除当前版面
发送当前版面
修改版面信息
版面管理器　　　38
播放定制版面
设置特定版面
版面操作设置　　▶
自定义1
多头庙
势力榜
板块联动

公式管理器　　　Ctrl+F
自定义数据管理器
扩展数据管理器
程序交易评测系统　Ctrl+S
探索最佳专家系统
条件选股　　　　Ctrl+T
定制选股
模式选股
插件选股
综合选股
自动选股设置...
性价比换股器
新三板公司选股

连接行情主站
连接扩展市场行情
连接资讯主站
断开行情主站
断开扩展市场行情
断开资讯主站
通讯设置
主站测速　　　　33
自动升级
盘后数据下载
专业财务数据
日线自动写盘
数据导出　　　　34
数据维护工具
监控剪贴板
屏幕截图　　　　35
自动换页
品种组合计算
个性化数据同步
图形标识设置
自定义关联品种
自定义板块设置
系统设置　　　Ctrl+D
交易设置
帮助说明书
新版本说明...
快捷键和使用FAQ
通达信网站
港股披露易
交易所休市日
系统状态
服务协议...
隐私政策...
关于本系统

3. 工具栏

工具栏位于通达信软件工作界面的最右侧,在【功能】菜单中勾选【工具栏】复选框即可显示。工具栏包括主功能图标按钮和动态图标按钮,不同的窗口下有不同的动态图标按钮。下页图所示为主功能图标按钮。

通达信炒股软件从入门到精通(第2版)

个股技术分析界面的工具栏与个股即时分析界面的工具栏几乎一样，只有图中标识的选择指标、复权处理、平移画面3个功能与即时分析界面的功能不同。

下面来介绍常用的主功能图标按钮。

【最近定制版面】按钮：单击该按钮，进入最近定制的版面，如下页图所示。

【行情报价】按钮▦: 单击该按钮, 进入【行情报价】界面, 如下图所示, 滚动鼠标滚轮可前后翻页查看每只股票的行情。

【即时分析】按钮: 单击该按钮, 进入【即时分析】界面, 在其中可以查看某一只股票的行情, 如下图所示。

【技术分析】按钮: 单击该按钮, 进入【技术分析】界面, 在其中可以查看某一只股票的K线图、成交量、均线等各种技术指标, 如下页图所示。

【报表分析】按钮：单击该按钮，进入【报表分析】界面，在其中可以查看每只股票的报表分析数据，如下图所示。

【基本资料】按钮F10：单击该按钮，进入【基本资料】界面，在其中可以查看某一只股票的基本资料信息。

【财经资讯】按钮：单击该按钮，进入【财经资讯】界面，在其中可以利用相应的资讯工具查看招商证券、港澳资讯等信息。

【自选股】按钮：单击该按钮，可以看到自己关注的股票。

【交易委托】按钮F12：单击该按钮，打开【外部交易委托程序】对话框，在其中可以通过输入外部交易委托程序的路径，进行交易委托操作。

【公式管理器】按钮：单击该按钮，打开【公式管理器V6.03】对话框，在其中可以利用技术指标公式、条件选股公式、专家系统公式、五彩K线公式等工具新建选股公式，还可以进行公式管理的其他操作，如下页左图所示。

【通达信选股器】按钮：单击该按钮，弹出下拉菜单，如下页右图所示，在其中可以选择不同的条件进行选股。

【品种分类】按钮 ▢：单击该按钮，显示股票不同品种的分类，选择一个品种就可查看此品种的所有股票信息。

【栏目排名】按钮 ▯▯：单击该按钮，在弹出的下拉菜单中选择不同选项，如下左图所示，就可以查看按不同要求呈现的股票排名情况。

【综合排名】按钮 ▦：单击该按钮，可以查看股票的综合排名情况，如下右图所示。

栏目排名	栏目排名
✔ 分类行情(不排名)	总资产排名
振幅排名	每股收益排名
今日涨幅排名	净资产收益率排名
今日跌幅排名	流通市值排名
成交量排名	流通股本排名
成交金额排名	AB股总市值排名
量比排名	总股本排名
涨速排名	每股公积金排名
现价排名	活跃度排名
最新大笔排名	笔均量排名
市盈率排名	笔换手排名
换手率排名	每股净资产排名
净资产排名	市净率排名

上证A股	81	国内期货指数	.842
上证B股	82	国内主力合约	.860
深证A股	83	中金所期货	.847
深证B股	84	郑州商品	.828
上证债券	85	大连商品	.829
深证债券	86	上海商品	.830
沪深A股	87	郑州套利合约	.894
沪深B股	88	大连套利合约	.895
科创板	818	渤海商品	.850
沪深权证	811	上海黄金	.846
创业板	812	开放式基金	.833
板块指数	815	货币型基金	.834
香港指数	.827	阳光私募基金	.856
香港主板	.831	券商集合理财	.857
香港创业板	.848	券商货币理财	.858
香港信托基金	.849	美国股票	.874
B转H(含H全流通)	.843	德国股票	.873
上海股票期权	.808	国际指数	.812
深圳股票期权	.809	股转系统	.844
中金所期权	.807	国债预发行	.854
郑州商品期权	.804	中证指数	.862
大连商品期权	.805	国证指数	.902
上海商品期权	.806	宏观指标	.838
期权波动率	.868	代码镜像	.900

【当前品种加入到板块】按钮 ➡：先选择一只股票，单击该按钮，在弹出的【加入到自选股/板块】对话框中单击【确定】按钮，就可将其加入自选股，如下页左图所示。

【盘后数据下载】按钮 🖨：单击该按钮，再单击【开始下载】按钮，即可下载盘后数据。

【系统设置】按钮 ⚙：单击该按钮，进入【系统设置】对话框，在其中可以对系统的外观等进行设置，如下页右图所示。

4. 行情分类标签

行情分类标签位于系统界面底部状态栏的上方，初始系统默认有 20 个标签，如下图所示。

下面将对 20 个标签分别进行介绍。

【分类】标签：单击该标签，在弹出的菜单中选择需要显示的股票或其他金融产品的种类，如下图所示。

【A 股】标签：A 股的正式名称是人民币普通股票。它是由我国境内的公司发行，供境内机构、组织或个人（不含港、澳、台投资者）以人民币认购和交易的普通股股票。

【创业】标签：创业板块，也叫创业投资板块或创投板块，是高科技行业的一个新领域，它具有一般证券市场的共有特性。相对而言，创业板块的单个上市公司规模以及对上市公司条件的要求都低于主板市场，所以创业板块的性质属于二板市场。

【科创】标签：独立于现有主板市场的新设板块。在科创板注册上市的公司主要是新一代信息技术、高端装备、新材料、新能源、节能环保以及生物医药等高新技术产业和战略性新兴产业相关的公司，以及推动互联网、大数据、云计算、人工智能等的独角兽公司。

【B 股】标签：B 股与 A 股的简单区别就是 B 股用美元交易，A 股用人民币交易。

【基金】标签：主要是指证券投资基金。基金管理公司通过发行基金单位，集中投资者的资金，由基金托管人（即具有资格的银行）托管，由基金管理人管理和运用资金，主要用于从事股票、债券等金融工具的投资，然后共担投资风险、共享收益。证券市场可交易的主要有交易型开放式指数基金（exchange traded fund，ETF）和上市型开放式基金（listed open-ended fund，LOF）。基金的菜单选项如右图所示。

ETF基金	ETF
LOF基金	LOF
上证基金通	
创业和科创基金	
基金跟踪的指数	
债券ETF	
货币ETF	
黄金ETF	
科技ETF	
期货ETF	
跨市场ETF	
商品LOF	
实时申赎货币基金	
跨境ETF和QDII	

【债券】标签：债券是一种金融契约，是政府、金融机构、工商企业等直接向社会借债筹措资金时，向投资者发行，同时承诺按一定利率支付利息并按约定条件偿还本金的债权债务凭证。在我国证券市场，记账式国债、上市企业债券和可转换债券可以上市流通。投资者单击该页签，即可查看可上市交易的债券的行情走势。

【REITs】标签：REITs是房地产投资信托基金，是一种以发行收益凭证的方式汇集多数特定投资者的资金，由专门投资机构进行房地产投资的经营管理，并将投资综合收益按比例分配给投资者的一种信托基金。与权益类基金不同的是，房地产投资信托基金的主要收益来自租金收入和房地产升值。

【新三板】标签：新三板市场原指中关村科技园区非上市股份有限公司进入代办股份系统进行转让试点，因挂牌企业均为高科技企业而不同于原转让系统内的退市企业及原STAQ、NET系统挂牌公司，故形象地称其为"新三板"。改革后的新三板允许符合条件的创新层企业向不特定的合格投资者公开发行股票，同时设立精选层，在精选层挂牌一定时间，且符合交易所上市条件和相关规定的企业，可以直接转板上市。

【板块指数】标签：板块指数就是采用指数分析方法，将同一板块的个股按不同的权重方式生成相关指数。它是板块各股价格变化的集合，是对各板块走势的整体反映。

【港美联动】标签：由于我国香港市场和美国市场的股票有联动性，所以通达信软件专门设置了港美联动标签，方便投资者快速查看港股和美股，以及中美联动的股票。

【自选】标签：投资者在筛选个股的时候会将选出来的股票添加进自选股。该标签可以帮助投资者快速查看自选股行情。

【板块】标签：在股市中，每只股票都属于一定的板块，如万科股票属于房地产开发与经营板块。在通达信软件中单击【板块】标签，可在弹出的菜单中选择不同的板块，进而查看该板块的股票行情。

【自定】标签：投资者可以自定义板块，设置快捷键打开自定义的板块。

【港股】标签：港股是指在香港联合交易所上市的股票。单击【港股】标签，在弹出的菜单中包括香港指数、香港主板、香港创业板、香港信托基金、港股板块等选项。

【期权】标签：期权又称为选择权，是一种衍生金融工具，是指买方向卖方支付期权费（指权利金）后拥有的在未来一段时间内（指美式期权）或未来某一特定日期（指欧式期权）以事先规定好的价格（指履约价格）向卖方购买或出售一定数量的特定标的物的权利，但不具有必须买进或卖出的义务（即期权买方拥有选择是否买入或卖出的权利，而期权卖方必须无条件服从买方的选择并履行成交时的允诺）。

【期货现货】标签：期货与现货完全不同，现货是实实在在可以交易的货物（商品），期货不是货，而是以某种大众产品，如棉花、大豆、石油等及金融资产，如股票、债券等为标的物的标准化可交易合约。因此，这个标的物可以是某种商品（如黄金、原油、农产品），也可以是金融资产。

现货亦称实物，指可供出货、储存和制造业使用的实物商品。可供交割的现货可在近期或远期基础上换成现金。

【基金理财】标签：与【基金】标签不同，此标签中还包括券商发行的理财产品、阳光私募基金等金融产品，如下页右图所示，为投资者提供了更多的投资选择。

【美股环球】标签：包括全球股票指数，如所有美国股市、德国股市和按板块和行业区分的美股等。

【其他品种】标签：包括股转系统、国债预发行、中证指数、国证指数、宏观指标、代码镜像选项。

开放式基金
货币型基金
开放式基金指数
开放式基金板块
阳光私募基金
券商集合理财
券商货币理财

5. 状态栏

状态栏位于系统窗口的最下面，如下图所示。

上证 3518.33 -38.23 -1.07% 4106亿　深证 14295.9 -377.41 -2.57% 5216亿　沪深 5080.49 -86.07 -1.67% 2983亿　　北京双线主站1

下面对状态栏包含的内容进行介绍。

【上证】指数栏：显示上海证券交易所上证指数（999999）的现价、涨跌、成交金额。

【深证】指数栏：显示深圳证券交易所深证成指（399001）的现价、涨跌、成交金额。

【沪深】指数栏：显示沪深300（000300）的现价、涨跌、成交金额。

【创业】指数栏：显示创业板指（399006）的现价、涨跌、成交金额。

【科创】指数栏：显示科创50（000688）的现价、涨跌、成交金额。

【行情主站】：显示当前登录的行情主站，如现在登录的是北京双线主站1，则显示为北京双线主站1。

【键盘精灵】按钮：单击该按钮，可打开右图所示的通达信键盘精灵，在键盘精灵中通过输入股票代码、大写的汉语拼音首字母、指标的英文缩写和快捷键等，可以打开相对应的界面。

【主力监控精灵】按钮：单击该按钮，打开【主力监控精灵】对话框，其中显示了股票的主力买卖信息，如下左图所示。

【市场雷达】按钮：单击该按钮，打开【市场雷达】对话框，其中显示正在运行的状态。开启市场雷达可以监控股票的异常信息。下右图为市场雷达监控到的易常的股票。

【条件预警】按钮：单击该按钮，打开【条件预警】对话框，其中显示正在运行的提示信息。开启条件预警功能可以监控自己设置的股票信息，即当自己设置的股票超过了设置条件后，就会弹出预警。

【系统状态】按钮 ：单击该按钮，打开【系统状态】对话框，在其中可以查看通达信软件的系统状态信息，包括程序名、程序启动时间、程序启动路径等。

16.3 通达信软件的基本操作

通达信软件的基本操作主要包括键盘精灵操作、快捷键操作及功能树操作。这些操作是通达信软件最基本也是使用最多的操作。

16.3.1 键盘精灵操作

使用键盘精灵功能可以在软件中快速查看和搜索某只股票。只需要输入股票名称或其大写的汉语拼音首字母或股票代码即可搜索相应的股票，如输入数字"600"，可以显示当前代码中以"600"开头的所有股票，如下左图所示。

双击选中的股票（或选中股票后按【Enter】键），即可打开与之相关的界面。例如，双击"600600青岛啤酒"，便会显示下右图所示的青岛啤酒股票的相关走势和信息。

16.3.2 快捷键操作

在通达信软件中，除了使用鼠标操作外，还可以使用快捷键来操作。通达信软件的快捷键操作又可细分为功能键操作、组合键操作、数字键操作以及点系列键操作，分别如下各表所示。

通达信软件中常用的功能键

快捷键	对应内容 / 操作	快捷键	对应内容 / 操作
F1	分时成交明细	F7	财经资讯功能树
F2	分价表 100	F8	切换 K 线图分析周期
F3	上证指数	F9/F12	外部交易委托程序
F4	深证成指	F10/F11	个股资料查询
F5	分时图与 K 线图之间的切换	F12	委托下单
F6	进入自选股池	—	—

第 16 章

通达信软件的基础知识

通达信炒股软件从入门到精通（第 2 版）

299

通达信软件中常用的组合键

快捷键	对应内容 / 操作	快捷键	对应内容 / 操作
Ctrl+V	切换前复权与还原	Ctrl+J	进入主力大单，再按【Ctrl+J】组合键返回
Ctrl+B	切换后复权与还原	Ctrl+2	显示或隐藏功能树和辅助区
Ctrl+L	显示或隐藏右侧的信息区	Ctrl+3/4	显示或隐藏工具栏和状态栏
Ctrl+M	按当前的股票集合进入多股界面	Ctrl+T	条件选股
Ctrl+R	查看所属板块	Ctrl+D	系统设置
Ctrl+Z	加入板块	Shift+F10	进入基本权息资料界面
Ctrl+Shift+Z	从板块中删除	Alt+F12	打开画线工具
Ctrl+W	在分时图或K线图界面下，进行本界面的区间统计	Tab	在行情报价界面，切换行情信息和财务信息；在分时图界面，切换上午和下午半场；在K线图界面，叠加或删除叠加均线

通达信软件中常用的数字键

快捷键	对应内容 / 操作	快捷键	对应内容 / 操作
61	沪A股涨幅排名	87	沪深A股综合排名
63	深A股涨幅排名	100	深证100
67	沪深A股涨幅排名	180	上证180
81	沪A股综合排名	300	沪深300
83	深A股综合排名	—	—

通达信软件中常用的点系列键（数字前面有点）

快捷键	对应内容 / 操作	快捷键	对应内容 / 操作
.202	振幅排名	.402	强弱分析报表
.205	成交量排名	.404	区间换手率排名
.207	量比排名	.910	市场雷达设置
.223	每笔均量排名	.918	条件预警设置
.400	热门板块报表	—	—

16.3.3 功能树操作

　　功能树指的是将某些目录以树的层级形式显示。在通达信软件中，最常见的就是财经资讯功能树，可以选择【功能】▶【功能树】命令打开下页左图所示的功能树。

除了财经资讯功能树外，常用的还有公式管理器功能树。调用公式管理器功能树的方法是选择【公式】➤【公式管理器】命令，打开的对话框如下右图所示。

16.4 通达信软件的常用功能

通达信软件的常用功能有分时成交明细速查功能、分价表功能、全景图功能、定制版面功能。

16.4.1 分时成交明细速查功能

分时成交明细速查功能主要用于查看股票当天的交易情况。进入下左图所示的个股行情界面，双击成交明细栏（或者按【F1】键），即可打开下右图所示的分时成交明细界面。

从上右图中可以看到，当前显示的是上证指数的分时成交明细。分时成交明细除了能显示某个股指的成交明细外，还可以通过键盘精灵查看某只股票的成交明细，比如通过键盘精灵输入"002189"，即可进入中光学的个股界面，双击成交明细栏（或者按【F1】键），即可打开下页图所示的分时成交明细界面。

从上图中可以看到成交明细是按当天的时间顺序排列的，并可以看到在某个时间的买入价格及成交手数等。

16.4.2　分价表功能

分价表功能可以用于直观地显示当天股票的成交分布状态。打开的方法是进入个股行情界面，先单击下左图所示的成交明细栏下方的【价】按钮，再双击分价表栏（或者按【F2】键），即可打开下右图所示的分价表界面。

上右图的分价表显示了中国平安的成交价格、成交量、比例以及竞买率。同样可以通过键盘精灵查看某个指数的分价表，下页图是上证指数的分价表。

16.4.3 全景图功能

全景图是系统预置的一个定制版面，可以查看板块及板块中个股的整体情况。在系统窗口中选择导航栏中的【市场】即可打开全景图。

全景图将股票按行业、概念、风格、地区等进行了划分。在板块全景图界面，既可以查看板块个股的价盘、价资、涨量、涨盘等热点排序，又可以查看板块指数的涨跌情况。具体操作步骤如下。

❶ 打开通达信软件，选择导航栏中的【市场】选项，如下图所示。

❷ 打开【全景图】界面，如下图所示。

❸ 单击【地区】标签，然后选择【贵州板块】，即可查看下图所示的贵州板块中的股票情况。

❹ 在贵州板块中双击朗玛信息，即可进入该股票的分时图界面，如下图所示。

在全景图主页滚动鼠标滚轮可以前后翻页，查看各板块的涨跌情况。单击【板块地图】标签可以看到按照行业、概念、风格、地区分类的所有板块的实时涨跌幅统计，如下图所示。

16.4.4 定制版面功能

定制版面功能给予了投资者更大的自由空间，投资者可以自行设定个性化界面，同时浏览多种行情走势图，使个股的变化尽在掌握。

定制版面的具体操作步骤如下。

❶ 选择【版面】➤【新建定制版面】命令，进入下图所示的空白的新建定制版面界面。

❷ 在空白处右击，在弹出的快捷菜单中选择【左插入】命令，即可在左侧插入一个单元，结果如下图所示。

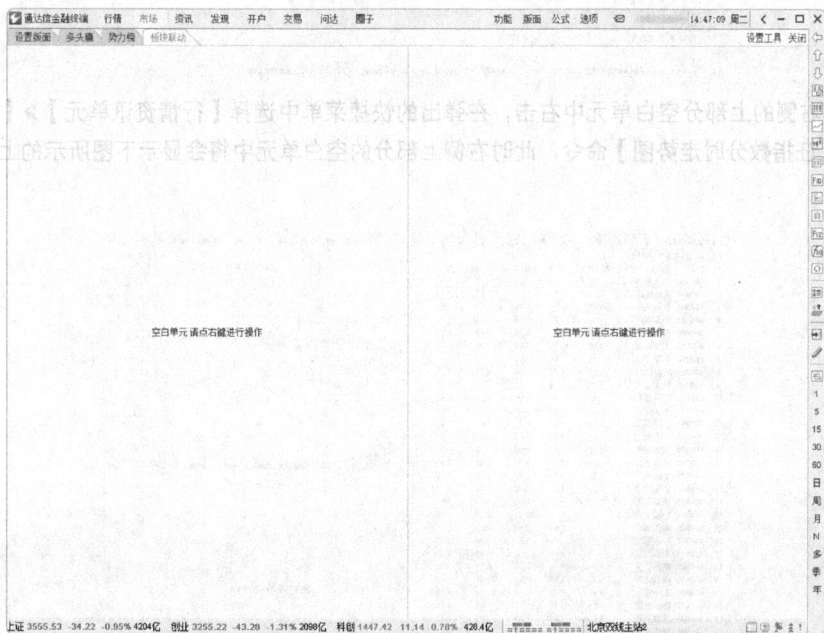

❸ 在右侧区域的空白处右击，在弹出的快捷菜单中选择【上插入】命令，即可在上半部分插入一个单元，结果如下页图所示。

通达信炒股软件从入门到精通（第 2 版）

❹ 在左侧的空白单元右击，在弹出的快捷菜单中选择【行情资讯单元】▷【固定市场】▷【上证A股】命令，即可将所有上证股票在左侧单元中显示出来（见下图），滚动鼠标滚轮可翻页查看。

❺ 在右侧的上部分空白单元中右击，在弹出的快捷菜单中选择【行情资讯单元】▷【分时走势图】▷【上证指数分时走势图】命令，此时右侧上部分的空白单元中将会显示下图所示的上证指数的分时走势。

⑥ 在右侧下部分的空白单元中右击，在弹出的快捷菜单中选择【行情资讯单元】▶【主力监控精灵】命令，此时右侧下部分的空白单元将显示下图所示的主力监控精灵实时滚动更新的内容。

⑦ 单击【设置工具】按钮，在弹出的对话框中单击【保存并退出设置】按钮，在弹出的下左图所示的【修改版面信息】对话框中设置版面名称、存盘简称等，输入完成后单击【确定】按钮，完成版面的定制。

⑧ 如果想要删除之前设置的版面，则选择【版面】▶【版面管理器】命令，选中刚才设置的"自定义1"版面，如下右图所示，单击右侧的【删除版面】按钮，再单击提示删除对话框中的【确定】按钮即可。

高手支招

技巧 1　不联网也能浏览行情

通达信软件的脱机浏览功能可以让投资者在每天收盘后浏览行情。脱机浏览就是指在不联网的情况下，用自己下载的行情数据看行情走势、分析个股。

通达信炒股软件从入门到精通（第 2 版）

脱机浏览的方法是打开通达信软件，选择【选项】➤【盘后数据下载】命令，在弹出的【盘后数据下载】对话框中选择要下载的数据类型和日期，然后单击【开始下载】按钮即可，如下图所示。

技巧2　如何维护下载的数据

通达信软件的数据维护功能可以备份、清除个人设置、恢复行情数据等。维护下载数据的具体操作如下。

❶ 打开通达信软件，选择【选项】➤【数据维护工具】命令。

❷ 在弹出的下图所示的对话框中勾选需要进行数据清理的复选框，单击【执行清理选中栏目】按钮。如果需要恢复到刚安装通达信软件时的状态，则单击【恢复到程序刚安装状态】按钮。如果需要删除所有自定义公式，则单击【清除所有自定义公式】按钮。

第 17 章　使用通达信软件分析看盘

本章引语

　　不进行研究的投资，就像打扑克从不看牌一样，必然失败。

——彼得·林奇

　　投资就像打牌，如果从来不看盘或不进行分析，那结局无疑是亏损。本章将介绍如何使用通达信软件分析看盘。

本章要点

★ 盘口含义

★ K 线图介绍

★ 报表分析

★ 个人理财

17.1 市场行情报价

投资者可以打开通达信软件的【行情】菜单查看市场行情报价。例如，单击【行情】菜单可直接查看【B股】【创业】【科创】【基金】【新三板】【板块指数】【自选】【自定】等不同标签的行情列表。在行情列表中可显示行情报价和行情排名，如下图所示。

在市场行情界面，投资者可以根据自己的需要按不同的维度进行排名，还可以在界面下方行情报价标签栏中切换不同板块的行情报价。单击▲按钮将弹出菜单，投资者可以查看更细的分类菜单、基金菜单、新三板菜单、板块菜单等，如下方各图所示。

在市场行情报价界面中，可以看到股票的代码、名称、涨幅、涨速等行情统计信息。单击某一项的名称，股票行情报价的数据信息就会按照该项目的升 / 降序重新排列。有些投资者喜欢大盘股，就可以按照总市值进行排名，筛选出市值大的股票。另外，还可以根据形态筛选股票，如果个股出现多头排列，说明后市上涨的概率较大。

17.2 盘口含义

盘口是在股市交易过程中，看盘并观察交易动向的俗称。投资者看盘时，大部分时间都在查看所关注股票的盘口数据。在通达信软件中，在个股的分时图和 K 线图的右侧显示的就是盘口数据，如下图所示。

提示

盘口数据中股票代码旁边的字母 R 表示此股票品种可融资融券；300 表示该股票是沪深 300 的成分股；字母 L 表示该股票有关联品种，单击该字母，可以查看关联证券品种，如下图所示。

1. 涨停板的盘口形态

涨停板是一种极端的价格走势，也是一种特殊的盘口形态，它的出现源于涨跌停交易制度。上海、深圳证券交易所规定，上市交易的股票以上一个交易日的收盘价为基点，在一个交易日内的价格涨跌幅度不得超过 10%。

在盘口分时图中，当股价上冲至涨停价后，若买盘力度依旧大于卖盘力度，且股价不回落，就会出现"—"字形态的走势，这种形态犹如股价停留在上面的板上，所以称为涨停板。同理，当股价跌至跌停价并无力回升时，也会出现"—"字形态的走势，其称为跌停板。

下页图为中捷精工（301072）2021 年 11 月 17 日的涨停板分时图。个股早盘阶段受连续大买单向上扫盘的推动，向上封住涨停板，在上封涨停板之后，大买单并没有撤掉，而是稳稳地挂在买1位置。这使得个股再也没有开板，而是一直牢牢封住涨停板直至收盘。

2. 跌停板的盘口形态

跌停板是与涨停板相反的价格走势，也是一种特殊的盘口形态，普通上证A股和深证A股单个交易日的跌停板幅度不超过10%，创业板和科创板单个交易日的跌停板幅度不超过20%。

下图所示为新洁能（605111）2021年12月7日的跌停板分时图。该股票开盘股价就一路下跌，成交量持续放量，主力卖出的意图十分坚决，投资者也跟风抛售，直接将股价砸至跌停板，并且封住跌停板直至收盘。这是典型的放量下跌形态，遇到这种情况投资者要赶紧卖出离场。

17.3 K线图介绍

通达信软件的K线图分大盘K线图和个股K线图。在通达信软件主界面可以通过以下3种方法进入K线图。

（1）单击主界面右侧功能树的【技术分析】按钮，即可进入大盘或所选股的K线图。

（2）不论位于软件中的哪个主界面，按【F5】键都可以进入大盘或所选股的K线图。

（3）通过键盘精灵输入大盘大写的汉语拼音首字母或代码（个股大写的汉语拼音首字母或代码），按【Enter】键即可进入大盘（个股）K线图。

17.3.1　大盘K线图

大盘一般指上证指数和深证成指。在键盘精灵中输入"04"或"SZCZ"，然后按【Enter】键，即可进入下图所示的深证成指的K线图。

下面对K线图中的主要内容进行介绍。

【均线】：在本书第7章已经对均线的理论与应用进行了详细的介绍。指数的均线代表该指数收盘价之和除以该周期所得到的值的平均线。指数的均线同样有5日均线、10日均线、20日均线、30日均线、60日均线、120日均线和240日均线等。

均线理论也适用于对大盘指数的分析，技术指标可以作为参考，帮助投资者分析市场趋势和大盘的环境及如何对个股进行操作。如果大盘上行遇到均线的阻力，那就可以判定市场为技术上的熊市。在熊市当中，往往是泥沙俱下，这一时期，除了抱团白马股可能抗跌之外，大部分股票都很难抵抗整个盘面下跌的压力。相反，如果遇到了大牛市，无论是垃圾股还是绩优股，价格都会上涨，这时候中小盘股票价格的涨幅往往会超过稳健的白马股。2007年和2015年都是比较有名的大牛市年，这一时期的特点就是存在板块轮动现象，各个行业板块排好队似的轮番表现。投资者如果处于牛市中，最好的操作就是捂股，减少操作。

【成交量】：以柱状线显示每个周期内成交量的变化情况，如下图所示。

在成交量走势图中，单击左上角的 按钮，弹出下左图所示的指标菜单，投资者可以选择【调整指标参数】命令，在弹出的对话框中修改成交量均线的设置，如下右图所示。

【盘口信息】：大盘的盘口有【笔】【价】【细】【势】【联】【值】【主】【筹】等选项卡。【笔】选项卡显示每一分钟的分时成交金额；【价】选项卡显示上证指数的分价表；【势】选项卡显示上证指数的分时走势或个股的分时走势；【联】选项卡显示上证指数的分时涨跌比例或个股的分时涨跌比例；【值】选项卡显示上证总股本、总流通盘等数据或个股所属行业板块的数据；【主】选项卡轮动显示主力异动的股票；【筹】选项卡显示不同周期成本的火焰图。各选项卡分别如下方各图所示。

17.3.2　个股K线图

个股K线图和大盘K线图的形式和包含内容基本相同，不同的是盘口信息。在个股K线图中，可以进行坐标系切换、叠加指标、删除指标等操作。下面以骆驼股份（601311）为例来介绍这些功能。

❶ 通过键盘精灵输入骆驼精灵的股票代码"601311"，并按【Enter】键进入骆驼股份的分时图，如下图所示。

❷ 切换至K线图，右击K线图右侧的股价，在弹出的下图所示的快捷菜单中选择【百分比坐标】。

❸ 切换到百分比坐标后，界面如下图所示。

提示

分时成交明细后面的字母B是买（Buy）的英文缩写，S是卖（Sell）的英文缩写。

❹ 右击K线图，在弹出的快捷菜单中选择【叠加品种】▷【叠加指定品种】命令，如下页左图所示。

❺ 在弹出的【选择叠加的品种】对话框中选择不同板块的个股进行叠加，如下页右图所示。常叠加的是上证指数、深证成指、创业板指等大盘指数。

❻ 选择叠加上证指数，单击【确定】按钮，将会看到骆驼股份与上证指数同时期的涨跌走势，如下图所示。叠加上证指数可以帮助投资者判断个股是否处于结构性行情中。

提示

（1）叠加的两只股票或指数的价格差距非常大时，将直接切换为百分比坐标。

（2）右击叠加后的 K 线，可在弹出的快捷菜单中选择【删除叠加品种】。

17.4 个股基本资料

个股的基本资料中列出了一只股票的各项基本数据。通过个股资料，投资者可以方便地了解发行该股票的公司的概况、股本结构、持股情况以及高管信息等。

下面以沙河股份（000014）为例来介绍如何查看该股票的基本资料。

❶ 打开通达信软件，输入沙河股份的股票代码"000014"，并按【Enter】键进入沙河股份的 K 线图，如下图所示。

❷ 按【F10】键或者单击右侧功能树中的 F10 按钮，进入下图所示的沙河股份的基本资料界面。

❸ 单击【公司概况】页签，可以看到该股的基本资料、发行上市、参股控股的相关信息，如下页图所示。

❹ 单击【财务分析】页签，可以看到该股的每股收益、每股净资产、每股经营现金流量、每股未分配利润等信息，如下图所示。每一个财务指标都反映出不同维度的财务信息，其中利润、现金流和资产负债3个维度的指标较多。如果投资者对指标不够了解，只需看净资产收益率（ROE）指标即可。

17.5 报表分析

投资者可以在报表分析的子菜单中选择板块分析、历史行情、指标排序、强弱分析、阶段排行、区间涨跌幅度、区间换手排名、区间量变幅度以及区间振荡幅度选项进行深度分析。本节只介绍强弱分析和区间涨跌幅度分析。

17.5.1 强弱分析

单击【强弱分析】菜单命令可以打开股票的强弱分析报表。强弱分析报表以股票在不同周期内的强弱程度为分析对象，对股价不同区间的涨跌情况进行统计。

查看股票强弱分析报表的操作步骤如下。

❶ 打开通达信软件，选择【功能】➤【报表分析】➤【强弱分析】命令，如下左图所示。

❷ 打开【强弱分析】界面，该界面按照个股的今日强度、3日强度、5日强度、10日强度、20日强度、60日强度及年强度等维度为投资者提供了多周期的数据信息，帮助投资者判断股票所处的周期，如下右图所示。

❸ 在【强弱分析】界面中右击，在弹出的快捷菜单中选择【选择基准品种】命令，如下左图所示。

❹ 打开【选择基准品种】对话框，在左侧板块中选择【深证A股】，在右侧板块中选择【平安银行】作为基准强度，如下右图所示。

❺ 单击【确定】按钮，则将平安银行股票的强度参数设置为零，从而得出其余股票的相对强度值，如下图所示。

投资者可以通过强度比较发现某日的强势股、弱势股，从而决定投资方向。另外，在【强弱分析】界面中右击，还可以在弹出的快捷菜单中选择【设当前品种为基准】命令将当前选中的股票设为基准；选择【设定强度参数】命令打开【设定参数】对话框，在该对话框中修改强度的5个参数，系统默认为3日、5日、10日、20日、60日，如下页图所示。

设定参数(范围:1-999)

区间天数1：[ ]　　缺省参数
区间天数2：5
区间天数3：10　　确定
区间天数4：20
区间天数5：60　　取消

17.5.2　区间涨跌幅度分析

以查看上证 A 股在 2021 年 5 月 31 日至 2022 年 4 月 6 日股票价格的涨跌幅度排名为例来介绍区间涨跌幅度分析，具体的操作步骤如下。

❶ 打开通达信软件，选择【功能】➤【报表分析】➤【区间涨跌幅度】命令，如下左图所示。

❷ 在弹出的板块分析界面中可以查看上证 A 股在 2021 年 5 月 31 日至 2022 年 4 月 6 日股票价格的涨跌幅度排名，如下右图所示。

❸ 在列表界面中右击，在弹出的快捷菜单中选择【选择区间】命令，如下左图所示。

❹ 在弹出的【选择区间】对话框中，将时间区间设置为 2022 年 1 月 1 日至 2022 年 4 月 6 日，如下右图所示。

❺ 单击【确定】按钮，即可打开更改时间区间后的【区间分析 – 涨跌幅度】界面，如下页左图所示。

❻ 如果想要查看其他分类股票的价格涨跌幅度，则可以单击【行情】按钮进行切换，如切换为下页右图所示的创业板的【区间分析 – 涨跌幅度】界面。

> **提示**
>
> 报表分析除了可以查看某区间股票价格的涨跌幅度排名以外，右击行情界面，在弹出的快捷菜单中选择相应的选项，还可以查看某区间内股票的换手排名、量变幅度以及震荡幅度等。

17.6 交易委托和个人理财

通达信软件的个人理财功能充分考虑了投资者的需求，并参考了市场上优秀的个人理财软件，能够较大程度满足投资者日常个人理财、股票投资的需求。

17.6.1 交易委托

在使用交易委托之前，需要将外部交易委托程序打开，具体的操作步骤如下。

❶ 打开通达信软件，单击导航栏中的【交易】按钮，在弹出的下拉菜单中选择【内嵌闪电交易】，如下左图所示。

❷ 在弹出的【通达信金融终端 请选择券商】对话框中选择开户的券商，如下右图所示。

❸ 选择【申万宏源（含融资融券）】，如下页左图所示，系统将提示是否需要下载该券商的交易客户端，单击【确定】按钮。

❹ 下载完毕之后将自动弹出下页右图所示的申万宏源的交易登录界面，投资者在之后每次单击【交易】菜单的时候都将快速启动该登录界面。投资者输入资金账号和交易密码即可快速登录进行股票交易。

17.6.2 个人理财

通达信软件的个人理财功能帮助投资者更便捷地计算投资交易中的盈亏。投资者不需要查询众多交易记录来计算盈亏。个人理财功能有以下特点。

（1）可以无限制新建账户和添加记录。通达信软件个人理财可以支持无限多的账户，这样投资者可以对各种股票分别建立账户，使各种不同类的股票操作一目了然，而不必把投资者的所有股票记录混在一起。

（2）安全。通达信软件个人理财可以供多人使用，并对每一个账户都进行了加密，不必担心别人剽窃股票投资高招。

（3）分析功能完善。通达信软件个人理财提供了多种分析数据和分析手段，通过通达信软件个人理财的分析数据，投资者可以对单只股票和全部股票的历史交易记录和未成交记录进行完整分析。除了从数字上进行分析，个人理财还提供了条状图和饼图，可对每只股票和整个账户进行分析，使分析更加直观。

（4）操作方式简易快捷。通达信软件个人理财充分考虑了投资者的计算机使用习惯，尽量使个人理财的操作变得简单方便。

（5）不仅能够记录股票的买入和卖出，还能记录送股和配股。

（6）统计功能强大。不仅可以对某一只股票和整个账户进行各方面的统计，还可以根据实时行情来更新统计数据，除了可以用简单的表格统计，还可以用条状图和饼图统计。

（7）增加了交易参数的修改功能。投资者可自行设定手续费率以及其他交易费用，使个人理财具有更强的灵活性。

个人理财部分功能的使用方法如下。

❶ 选择【功能】▶【个人理财】命令，如下左图所示。

❷ 弹出【个人理财】对话框，如果是首次运行个人理财软件，系统会自动弹出【新建用户】对话框，如下右图所示。

❸ 在【新建用户】对话框中输入新的账户名称并设置密码。在【初始资金】文本框中输入初始资金，如输入"100000"，如下左图所示。

❹ 单击【创建】按钮，即可在【个人理财】对话框中看到新创建的投资者。单击【买入股票】按钮，在弹出的【买入股票】对话框中选择交易日期和市场类型，然后输入股票代码、买入价格及买入数量，再单击【确定】按钮，完成股票的买入操作，如下右图所示。

❺ 重复执行步骤❹，可以看到【个人理财】对话框中会显示刚买入的股票，如下左图所示。

❻ 单击【卖出股票】按钮，在弹出的【卖出股票】对话框中选择要交易的股票代码，输入卖出价格及卖出数量，再单击【确定】按钮，完成股票的卖出操作，如下右图所示。

❼ 股票卖出后，可以看到【个人理财】对话框中的持仓量和市值发生了变化，如下图所示。

❽ 单击【流水账】按钮，在弹出的【流水账】对话框中可以查看交易情况，如下页左图所示。

❾ 单击【投资分析】按钮，在弹出的【投资分析】对话框中可以查看投资盈利额条状图、投资盈利率条状图、净资产分布饼图以及净盈利分布饼图，如下页右图所示。

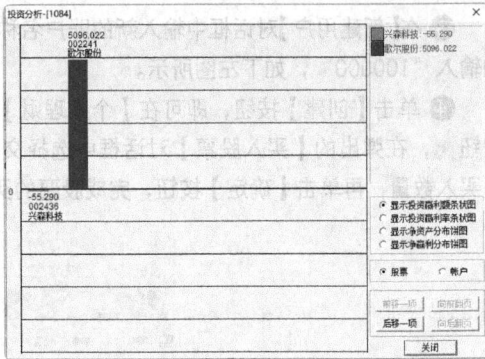

在【投资分析】对话框中选中【账户】单选按钮，可以查看账户属性。单击【关闭】按钮，可以将账户关闭，再次登录账户需要重新输入密码。

除了默认的设置外，投资者还可以单击【参数设置】按钮，对参数进行重新设置。

高手支招

技巧 1 多股同列功能的运用

利用多股同列功能，投资者可以在一个界面中同时查看多只股票的信息，以比较这些股票价格的变化趋势。

多股同列功能的使用方法如下。

❶ 打开通达信软件，选择【功能】➤【多股同列】命令，如下图所示。

❷ 进入多股同列界面，默认是 9 股同列，如下图所示。

❸ 投资者可以单击界面右上角的【窗口】标签设置多股同列的数量，如选择【16 图（4 行 x4 列）】选项（见下页左图）后，结果如下页右图所示。

4图（2行×2列）
✓ 9图（3行×3列）
16图（4行×4列）
25图（5行×5列）
6图（2行×3列）
12图（3行×4列）
20图（4行×5列）
24图（4行×6列）
8图（2行×4列）
10图（5行×2列）
18图（6行×3列）
3图（1行×3列）
30图（5行×6列）
32图（4行×8列）

技巧2　多周期同列功能的运用

周期图有 1 分钟、5 分钟、15 分钟、30 分钟、60 分钟、日线、周线、月线、季线和年线周期 K 线图。进入任何一只股票的 K 线图，都可以调出该股的多周期同列分析界面。多周期图可以同时将多个周期的技术指标走势状况放在一起，以更加清晰地显示当前该股所处的阶段。

下面以兴森科技（002436）为例介绍多周期同列功能的使用方法。

❶ 打开通达信软件，进入兴森科技的日 K 线图，如下图所示。

❷ 在日 K 线图中右击，然后选择【切换操作】➤【多周期同列】命令，如下图所示。

第17章 使用通达信软件分析看盘 / 通达信炒股软件从入门到精通（第2版）

325

❸ 进入该股票的多周期同列界面，默认显示 6 个周期窗口，如下图所示，单击各窗口中的 ⊙ 按钮，可以在下拉菜单中切换分析周期。

第18章 智能预警和公式选股

本章引语

股市是谣言最多的地方，如果每听到什么谣言，就要买进卖出的话，那么钱再多，也不够赔。

——是川银藏

由于资本市场存在着信息不对称的风险，所以投资者很有可能"踩到地雷"。如果投资者有智能预警系统，将大大减小亏损的概率。通达信软件的智能预警系统可帮助投资者规避风险，智能选股功能可帮助投资者筛选出基本面优异的个股。

本章要点

★智能预警

★公式选股

18.1 智能预警

通达信软件的预警系统包括市场雷达开关、市场雷达设置、市场雷达列表、条件预警开关、条件预警设置、条件预警列表、主力监控精灵，以及市场异动信号，可以帮助投资者监控股票的价格涨跌幅度、绝对价位、成交量异动、量比、指标突破价位等。本节主要介绍市场雷达设置、条件预警设置、主力监控精灵。

18.1.1 市场雷达设置

投资者设置市场雷达预警后，可以及时了解市场上的大单成交、封涨跌停、大买卖盘成交等信息。设置市场雷达预警的操作步骤如下。

❶ 选择【功能】➤【预警系统】➤【市场雷达设置】命令，如下左图所示。

❷ 弹出【市场雷达设置】对话框，在其中根据实际需要设置雷达选项的各个参数。例如，将异常单笔涨跌比率设置为 1.2%，将巨额成交门限值设为 200 万元，将量份额占流通盘的大量设为 0.05%，如下右图所示。

> **提示**
>
> 市场雷达默认是有声音提醒的，如果投资者把阈值设置得过低就会总听到声音提醒。解决方法是提高预警阈值或关闭声音。

❸ 单击【其他设置】标签，将监控范围设置为【所有 A 股】，如下左图所示。

❹ 单击【确定】按钮，保存雷达设置。这时会弹出【市场雷达】对话框，在其中可以查看相应的股票信息，如下右图所示。

⑤ 单击【操作】按钮，在弹出的菜单中可以选择清空预警列表、将结果存为板块、将内容导为文本或 Excel 文件，如下图所示。

18.1.2　条件预警设置

投资者可以通过设置条件预警对自己关注的股票进行实时跟踪。

设置条件预警的操作步骤如下。

❶ 选择【功能】➢【预警系统】➢【条件预警设置】命令，如下左图所示。

❷ 弹出【条件预警设置】对话框，如下右图所示。

❸ 单击【添加品种】按钮，弹出【选择品种】对话框，在其中选择需要添加预警的股票，如选择【自选股】选项，如下页左图所示。

❹ 单击【全选】按钮，然后再单击【确定】按钮，即可将选择的股票添加到预警股票列表中，如下页右图所示。

❺ 选中预警股票列表中的某只股票，如选中"兴森科技"，然后单击【修改设置】按钮，在弹出的【修改价量条件】对话框中进行设置，如下左图所示。

❻ 重复执行步骤❹～❺，修改其他股票的预警条件，结果如下右图所示。

❼ 设置完成后，单击【确定】按钮，系统会自动将满足条件的股票显示在【条件预警】对话框中，如下图所示。

> **提示**
>
> 单击软件界面右下方的 图标，可快速调出【条件预警】对话框。

18.1.3 主力监控精灵

利用主力监控精灵可以查看当前包含主力买入、主力卖出、区间放量等的主力监控信息。

查看某一只股票的主力监控信息的操作步骤如下。

❶ 打开通达信软件，选择【功能】▶【预警系统】▶【主力监控精灵】命令，在弹出的【主力监控精灵】对话框中可以看出主力异动的个股，如下页左图所示。

❷ 单击【自选】标签，显示当下满足监控条件的自选股，如下右图所示。

主力监控精灵　全部 300 自选 当前 统计　总览 设置

时间	品种	描述	数据
14:57	兰卫医学	封涨大减	34.63/564
15:00	广宇发展	大单托盘	20.00/5268
15:00	风华高科	大单托盘	30.00/2748
15:00	浪潮信息	大单托盘	33.50/2236
15:00	江特电机	大单压盘	22.46/4953
15:00	科大讯飞	大单压盘	54.80/1094
15:00	洋河股份	大单压盘	175.10/457
15:00	永和科技	大单压盘	58.19/1006
15:00	奥普光电	高位回落	24.87/2201
15:00	航天彩虹	大单压盘	24.00/2388
15:00	比亚迪	高位回落	298.00/634
15:00	露笑科技	大单压盘	19.00/10741
15:00	合康新能	大单托盘	6.85/12522
15:00	中青宝	大单压盘	33.90/4591
15:00	佳讯飞鸿	大单托盘	6.96/7559
15:00	中科创达	大单压盘	151.00/376
15:00	康泰生物	大单托盘	115.60/715
15:00	金银河	大单托盘	108.00/801
15:00	国安达	盘中弱势	-5.04%
15:00	博俊科技	盘中弱势	-7.25%
15:00	凯盛新材	大单托盘	70.00/745
15:00	隆华新材	区间放量	27.76/2098
15:00	C晓鸣	大单托盘	29.75/1989

主力监控精灵　全部 300 自选 当前 统计　总览 设置

时间	品种	描述	数据
14:03	紫金矿业	区间放量	6.8倍0.48%
11:00	登海种业	大单托盘	24.70/2181
11:14	隆平高科	大单压盘	22.87/3897
11:18	北方华创	大单托盘	387.00/577
11:24	爱康科技	大单托盘	5.40/37764
13:00	C雅创	盘中涨势	9.14%
14:38	京运通	大单托盘	11.40/22664
13:01	长虹华意	区间放量	6.3倍-0.23%
13:04	C雅创	高位回落	-1.55%
13:07	兴森科技	大单托盘	14.00/4044
13:09	隆平高科	大单压盘	22.80/2523
13:14	C雅创	高位回落	-1.96%
13:40	C雅创	高位回落	-1.54%
13:48	景嘉微	盘中弱势	-4.78%
14:00	C雅创	撑杆跳高	2.30%
14:01	C雅创	高位回落	-1.54%
14:11	北京君正	大单托盘	148.00/639
14:17	紫光国微	大单压盘	205.40/259
14:28	爱康科技	主力卖出	5.45/21164
14:34	紫光国微	高位回落	204.40/519
14:34	隆平高科	大单托盘	23.00/3472
14:48	许继电气	区间放量	34.0倍
14:55	许继电气	封涨大减	27.23/54918

❸ 单击【当前】标签，显示结果如下左图所示。这说明新洁能在当日的 9:41 和 10:35 分别出现了低位反弹和盘中弱势的表现。

❹ 单击【总览】标签，数据进行重新更新后，可以在【主力监控总览】对话框中看到整个交易日满足监控条件的时间，如下右图所示。

主力监控精灵　全部 300 自选 当前 统计　总览 设置

时间	品种	描述	数据
09:41	新洁能	低位反弹	1.67%
10:35	新洁能	盘中弱势	-5.01%

主力监控总览

沪深行情　☑ 有新记录后刷新列表　□ 每品种只列出最后一条

监控类型	记录数	时间	品种名称	描述
拖拉机买(12)	0			
拖拉机卖(12)	0			
挂大买单(12)	0			
撤大买单(12)	0			
撤大卖单(12)	0			
主力买入		14:56:00	康泰医学	42.76/3291
主力卖出	675	14:55:27	黑猫股份	7.94/10952
加速拉升	380	14:54:55	星源材质	9.53/9020
加速下跌	67	14:54:51	中国铝业	2.16/36301
低位反弹	394	14:54:46	章源钨业	2.16/37202
高位回落	669	14:54:03	青山纸业	6.96/9101
撑杆跳高	393	14:53:42	中核科技	15.08/3231
平台跳水	64	14:53:08	高位剑药	8.16/4769
单笔扫单	25	14:52:49	欣龙控股	5.03/33107
单笔冷售	32	14:52:11	欣龙控股	5.02/10056
区间放量(涨)	648	14:51:30	ST西源	2.19/5024
区间放量(跌)	232	14:51:21	欣龙控股	4.92/10310
区间放量(平)	119	14:51:12	西田股份	7.37/19782
大单托盘	921	14:50:37	中远海控	15.10/12882
大单压盘	706	14:49:20	海南橡胶	5.59/16598
竞价试买	64	14:48:24	西藏城投	27.92/12420
竞价试卖	178	14:48:24	上海建工	3.15/16041
竞价试对	121	14:47:36	白银有色	2.79/10004
竞价/尾盘对刷		14:46:15	天风证券	3.92/13237
竞价/尾盘拉升		14:45:24	大连重工	4.26/6050

导出所有记录　导出统计内容　导出分类记录　存为板块　关闭

❺ 关闭【主力监控总览】对话框，单击【主力监控精灵】中的【设置】标签，在弹出的【主力监控设置】对话框中可以对监控板块和监控市场等进行设置，如下图所示。

主力监控设置

☑ 拖拉机买(12)
☑ 拖拉机卖(12)
☑ 挂大买量(12)
☑ 撤大买量(12)
☑ 撤大卖量(12)
☑ 主力买入
☑ 主力卖出
☑ 加速拉升
☑ 加速下跌
☑ 低位反弹
☑ 高位回落
☑ 撑杆跳高
☑ 平台跳水
☑ 单笔扫单
☑ 单笔冷售
☑ 区间放量(涨)
☑ 区间放量(跌)
☑ 区间放量(平)
☑ 大单托盘
☑ 大单压盘
☑ 竞价试买
☑ 竞价试卖
☑ 竞价/尾盘对刷
☑ 竞价/尾盘拉升
☑ 竞价/尾盘打压
☑ 逼近条件

自定板块
◉ 沪深300的成份股
○ 中证500的成份股
○ 科创板品种
○ 板块指数
○ 可融资融券的沪深股票
○ 沪深港通的香港股票
○ 沪深港通的沪深股票
○ 用户自定义板块
[设置自定义板块范围]

其它设置
◉ 无声音
○ 系统扬声器声音
○ 指定声音 [　] 测试
○ 语音播报

监控市场
[沪深和扩展市场行情 ▼]
□ 分时图上提示监控标识
□ 忽略ST股和退市整理板
□ 显示区域采用扩大界面
□ 浮出窗口在最新端显示

[全选/全不选]　□ 监控项自动输出到板块　[确定]　[取消]

提示

> 在分时图界面，单击下图的盘口右下角的【主】页签，也可打开【主力监控精灵】对话框。

13:22	广汽集团	大单托盘	15.75/3347
13:41	C雅创	高位回落	-1.52%
13:48	景嘉微	盘中弱势	-4.78%
14:00	C雅创	撑杆跳高	2.30%
14:01	C雅创	高位回落	-1.54%
14:03	紫金矿业	区间放量	6.8倍0.48%
14:11	北京君正	大单托盘	148.00/639
14:17	紫光国微	大单压盘	205.40/259
14:28	爱康科技	主力卖出	5.45/21164
14:34	紫光国微	大单压盘	204.40/519
14:34	隆平高科	大单托盘	23.00/3472
14:38	京运通	大单托盘	11.40/22664
14:48	许维电气	区间放量	34.0倍
14:55	许维电气	封涨大减	27.23/54918

| 笔 | 价 | 细 | 势 | 联 | 值 | 主 | 筹 |

18.2 公式选股

通达信选股器提供了多种选股方式，主要有条件选股、定制选股、模式选股、插件选股、综合选股等；同时，还提供了自动选股设置、性价比换股器和新三板公司选股功能。本节主要介绍条件选股、定制选股、模式选股、综合选股和性价比换股器。

18.2.1 条件选股

条件选股是根据系统提供或投资者编制的条件选股公式进行选股，选定一个条件选股公式或多个组合条件后，计算机自动帮投资者选出当时或历史上某一段时间内满足条件的所有股票，同时可保留成板块。

条件选股的具体操作步骤如下。

❶ 选择【公式】➤【条件选股】命令，如下左图所示；或者单击功能树中的【通达信选股器】按钮 ◎ ，在弹出的菜单中选择【条件选股】。

❷ 弹出【条件选股】对话框，默认条件是【连涨数天】。单击【加入条件】按钮，将默认的选股条件添加到选股条件列表中，如下右图所示。

❸ 单击【条件选股公式】的下拉按钮，选择【BIAS 买入】选项，然后单击【加入条件】按钮，再选中【全部条件相或】单选按钮，最后单击【改变范围】按钮，如下图所示。

❹ 弹出【改变范围】对话框，在其中设定选股范围，如选择【上证 A 股】【深证 A 股】和【沪深基金】，如下图所示。

❺ 单击【确定】按钮，即可完成选股范围的更改。返回【条件选股】对话框，单击【选股入板块】按钮，打开【请选择板块】对话框，在其中选择【临时条件股】选项，并单击【确定】按钮，即可把选择出来的股票存放到该板块中，如下图所示。

❻ 单击【条件选股】中的【执行选股】按钮，即可进行选股并显示选股进度。在选股过程中，可以中途停止。选股完毕后，系统将选股结果以行情窗口显示出来，以便投资者查看，如下图所示。

18.2.2 定制选股

定制选股是为不会使用公式编辑器的投资者开发的一套易用的选股工具。投资者可定制 3 类选股条件：基本资料、行情、其他条件。

定制选股的具体操作步骤如下。

❶ 选择【公式】▶【定制选股】命令，如下左图所示；或者单击功能树中的【通达信选股器】按钮 ⚙，在弹出的菜单中选择【定制选股】命令。

❷ 弹出【定制选股】对话框，在【基本资料】选项卡中选择【流通股本】选项，单击【加入条件】按钮，在弹出的【添加定制条件】对话框中设置流通股本大于 1 000 万股，如下右图所示。

❸ 单击【加入条件】按钮，返回【定制选股】对话框，即可在选股条件列表中看到添加的条件，如下左图所示。

❹ 单击【行情】标签，选择【现价】选项，然后单击【加入条件】按钮，在弹出的【添加定制条件】对话框中设置现价大于 200 元，如下右图所示。单击【加入条件】按钮，将该条件加入选股条件列表中。

❺ 单击【其他条件】标签，选择【KDJ 中的 J 值】选项，然后单击【加入条件】按钮，在弹出的【添加定制条件】对话框中设置 KDJ 中的 J 值大于 80，如下页左图所示。单击【加入条件】按钮，将该条件加入选股条件列表中。

❻ 单击【执行选股】按钮，开始选股。选股完毕后，系统将选股结果以行情窗口显示出来，以便投资者查看，如下右图所示。

	代码	名称	涨幅%	现价	涨跌	买价	卖价	总量	现量	涨速%	换手%	今开
1	600519	贵州茅台 R	0.77	1956.03	15.03	1956.03	1958.88	39753	277	0.05	0.32	1953.00
2	600702	舍得酒业 R	1.65	220.92	3.58	220.91	220.92	133694	1125	-0.01	4.06	222.00
3	601799	星宇股份 R	2.05	223.50	4.50	223.50	223.60	10802	116	0.19	0.38	220.20
4	603489	八方股份	-1.47	257.00	-3.84	257.00	257.03	3784	93	0.00	0.53	260.61
5	603501	韦尔股份 R	0.64	282.60	1.80	282.60	282.65	65674	388	0.10	0.83	280.97
6	688050	爱博医疗 K	-1.40	253.40	-3.59	253.01	253.40	5462	42	-0.06	0.80	257.40
7	688188	柏楚电子 K	-1.93	407.00	-8.00	407.00	407.59	7597	137	-0.25	2.82	416.34
8	688301	奕瑞科技 K	3.82	553.00	20.35	552.50	553.00	5575	53	-0.17	1.32	529.32
9	688536	思瑞浦 K	1.64	869.00	14.01	869.00	869.81	4142	40	0.65	0.97	856.80
10	688608	恒玄科技 K	3.78	269.73	9.83	269.70	269.80	14895	20	0.18	6.05	261.91
11	688699	明微电子 K	6.47	241.55	14.67	241.53	241.55	24736	283	0.16	14.00	226.02
12	688568	中科星图 K	-0.00	234.94	-0.01	234.94	234.95	153900	734	0.14	1.05	236.00
13	000799	酒鬼酒	-0.68	219.69	-1.51	219.69	219.70	54472	636	0.00	1.68	223.80
14	000858	五粮液 R	-0.66	222.95	-1.47	222.95	222.96	284628	1192	0.00	0.73	220.00
15	002821	凯莱英 K	0.11	467.10	0.59	467.01	467.10	13344	79	-0.07	0.57	463.18
16	300782	卓胜微 R	12.93	382.93	44.02	382.93	382.93	125064	759	0.01	6.23	349.57
17	300919	中伟股份 Z	-3.66	202.00	-7.68	201.99	202.00	28762	320	-0.12	5.72	210.25
18	301047	义翘神州 Z	0.96	388.88	3.70	388.88	388.89	13429	188	0.23	7.90	381.11
19	301080	百普赛斯 Z	3.81	226.93	8.32	226.57	226.94	19144	60	0.12	6.57	218.61

18.2.3 模式选股

模式选股是根据形态学的专家知识以及基本指标、技术指标而开发完成的一套选股工具。其功能建立在基本分析、形态分析和指标分析的基础上，利用最新计算方法实现专家思想的模型化。它具有强大的自适应性，能快速识破主力的常规操作手法，根据出现的K线形态提出合理的买入、卖出建议。

模式选股的具体操作步骤如下。

❶ 选择【公式】➤【模式选股】命令，如下左图所示；或者单击功能树中的【通达信选服器】按钮◎，在弹出的菜单中选择【模式选股】。

❷ 弹出【模式选股】对话框，其中显示了系统自动搜索到的4类模式，共计121种K线形态，如下右图所示。

❸ 选择不同模式、不同K线形态会筛选出不同结果，如选择【高进模式】➤【上档盘整后大阳突破】选项，结果如下页图所示。

对话框中各个选项卡的含义如下。

（1）低进模式。符合该组形态的股票一般是主力处于吸筹阶段的股票，股票一般都是小、中盘次新股，股价较低。由于股本不大，主力很容易吸入足够的筹码以致控盘。由于该组股票价格比较低，有很大的上涨空间，且是比较好的题材，所以易于炒作。处于该阶段，主力刚开始建仓或建仓刚完成，所以主力不能暴露自己的意图，只能暗中打压股价，吸纳筹码，有货的投资者一定要捂紧自己的筹码，千万不要被轻易震仓出局。无货的投资者则不必急于入货，可等主力正式发动行情（放大量、拉大阳）时及时买入。做中长线的投资者适合选择处于这种模式下的股票。

（2）高进模式。符合该组形态的股票一般为主力已基本控盘的股票，包含两种情况：第一种是经历了建仓和一段时间的整理，主力手中已持有大量的筹码，主力操作意图开始表现得比较明显，为了避免投资者追入，主力或进一步洗盘整理以造成假象或迅速拉高股价，在K线形态上一般走出上升通道横盘向上的形态或者开始迅速拉高股价的形态，虽然主力在尽力掩饰自己的意图和目的，却是欲盖弥彰，在模式选股下暴露无遗；第二种是主力手中持有绝大部分的筹码，控盘很稳，虽然股价经历了一次以上的拉高，但其手中依然有筹码，可能在短期内再次发动行情。

（3）高出模式。符合该组形态的股票一般已经历了一次以上的拉升阶段，股价已达高位，在该价位上方再度拉升的空间不大，这时主力极有可能开始出货。此时，主力一边吸引投资者买入，一边迅速地抛出手中的筹码，同时故意掩饰自己的意图。从K线图上可以看出主力故意做出的横盘整理、洗盘、拉升等一系列的假象。在主力抛出手中的绝大部分筹码后，股价就会开始一落千丈，所以投资者应该对此特别留意。持有处于该模式下的股票的投资者应该及时抛出手中的筹码，未持有的投资者也不要受K线形态的欺骗而买入。

（4）低出模式。符合该组形态的股票一般是主力已在最短时间内出完货的股票。由于主力出货手法非常巧妙，所以绝大部分投资者都不能全身而退。主力的退出，可能导致市场缺乏信心，从而使股票崩盘；也可能使股价在市场个人投资者的行为下缓慢下滑。无论是上述哪一种情况，投资者都不应继续抱有任何希望，应该及时抽身退出。

（5）基本指标。基本指标有小、中、大盘次新股和小、中、大盘绩优、绩平、绩差股等分类，让投资者在总体上一目了然。

（6）技术指标。技术指标包括BIAS、SAR、KDJ、RSI、MACD、MTM等，筛选出可能在短期内发动行情的股票，给出信号。

18.2.4 综合选股

综合选股是指投资者自己设置指标、财务、行情、条件、K线来选择满足自身需求的股票。

综合选股的具体操作步骤如下。

❶ 选择【公式】➤【综合选股】命令，如下左图所示；或者单击功能树中的【通达信选股器】按钮 ⊙，在弹出的菜单中选择【综合选股】命令。

❷ 弹出【综合选股】对话框，选择【全部条件】➤【技术指标】➤【MA 均线】命令，并对条件进行设置，然后单击【加入条件】按钮，再单击【执行选股】按钮，即可看到满足条件的股票个数，以及所占的比例，如下右图所示。

❸ 选择【全部条件】➤【行情数据】➤【现价】命令，并将条件设置为现价大于 200 元，然后单击【加入条件】按钮，并选中【全部条件相与】单选按钮，最后单击【执行选股】按钮，即可看到满足条件的股票个数，以及所占的比例，如下图所示。

❹ 选择【全部条件】➤【行情数据】➤【振幅】命令，并将条件设置为大于 5%，然后单击【加入条件】按钮，并选中【全部条件相与】单选按钮，最后单击【执行选股】按钮，即可看到满足条件的股票个数，以及所占的比例，如下页图所示。

❺ 此时行情列表显示出符合选股条件的 21 只股票，如下图所示。

18.2.5 性价比换股器

性价比换股器是实现性价比选股的一种命令。性价比选股是通过投资者设置流通股本、年每股收益、每股净资产以及当前股价等条件来选择满足自身需求的股票。

通过性价比换股器实现性价比选股的具体操作步骤如下。

❶ 选择【公式】▶【性价比换股器】命令，如下页左图所示；或者单击功能树中的【通达信选股器】按钮 ，在弹出的菜单中选择【性价比换股器】命令。

❷ 弹出【性价比换股器】对话框，设置选股条件，然后单击【执行换股】按钮，结果如下页右图所示。

性价比换股器 - 兴森科技(002436)

○ 全部股票范围　　◉ 所属板块并集　　□ 概念　☑ 行业　□ 地区

□ 考虑股性活跃度

500 　　交易日内振幅大于 50 　　% （单边上涨或者下跌不算）

流通股本　小于　　127265.82　万股

年每股收益　大于　　0.439　元

每股净资产　大于　　2.409　元

当前股价　小于　　14.29　元

名称	流通盘(万)	年每股收益	每股净资产	现价
$ 超声电子	53693.55	0.73	7.41	13.89
$ 莱宝高科	70413.90	0.77	6.68	11.03
$ 科森科技	48529.35	0.87	5.36	12.96
$ 博敏电子	50501.21	0.53	7.01	13.86

执行换股

分析

☑ 个股联动

关闭

公式

公式管理器	Ctrl+F
自定义数据管理器	
扩展数据管理器	
程序交易评测系统	Ctrl+S
探索最佳专家系统	
条件选股	Ctrl+T
定制选股	
模式选股	
插件选股	
综合选股	
自动选股设置...	
性价比换股器	
新三板公司选股	

❸ 如果把条件改为 40 个交易日内振幅大于 110%、年每股收益大于 0.7 元，再单击【执行换股】按钮，结果如下图所示。

性价比换股器 - 兴森科技(002436)

○ 全部股票范围　　◉ 所属板块并集　　□ 概念　☑ 行业　□ 地区

□ 考虑股性活跃度

40 　　交易日内振幅大于 110 　　% （单边上涨或者下跌不算）

流通股本　小于　　127265.82　万股

年每股收益　大于　　0.7　元

每股净资产　大于　　2.409　元

当前股价　小于　　14.29　元

名称	流通盘(万)	年每股收益	每股净资产	现价
$ 超声电子	53693.55	0.73	7.41	13.89
$ 莱宝高科	70413.90	0.77	6.68	11.03
$ 科森科技	48529.35	0.87	5.36	12.96

执行换股

分析

☑ 个股联动

关闭

18.3 品种组合计算

通达信软件的品种组合计算用于板块与板块之间进行逻辑运算（集合的并差交运算），进而得到新的板块。

品种组合计算的具体操作步骤如下。

❶ 打开通达信软件，选择【选项】▷【品种组合计算】命令，如下页左图所示。

❷ 弹出【品种组合计算】对话框，如下页右图所示。

❸ 单击【选择组合 1】按钮，弹出【选择分类或板块】对话框，在该对话框中选择【沪深分类】▶【自选股】命令，如下左图所示，再单击【确定】按钮，返回【品种组合计算】对话框。

❹ 单击【选择组合 2】按钮，弹出【选择分类或板块】对话框，在该对话框中选择【沪深分类】▶【临时条件股】命令，如下右图所示，再单击【确定】按钮，返回【品种组合计算】对话框。

❺ 单击【开始计算】按钮，计算结果为 50 只个股，如下图所示。投资者可以将计算过的品种组合存为板块。

技巧 1 巧用投资日记功能

通达信软件的投资日记功能主要为方便投资者记录心得日志及重要事件，使投资者可以随时将自己想到的或者从网上收集到的有关某一只股票的相关信息记录在其中，方便以后查阅，同时也可以记录投资者在盘中突然出现的灵感和心得感悟等。

打开投资日记的具体操作步骤如下。

❶ 启动通达信软件，进入某只股票（这里以兴森科技为例）的 K 线图界面，在空白处右击弹出快捷菜单，选择【投资日记】命令，如下左图所示。

❷ 弹出相应股票的投资日记对话框，如下右图所示。可以在【标题】文本框中输入投资日记的标题，在【市场天气】中选择当日大盘的阴晴，在下方文本框中记录当日心得体会，还可以插入链接和图片，最后单击【确定】按钮。

技巧 2 如何迅速查看个股在同类板块中的表现

通达信软件的所属板块功能可以供投资者很方便地查看自己的目标股在同类板块中的表现，这个功能很好用且很重要。

迅速查看个股在同类板块中的表现的具体操作步骤如下。

❶ 启动通达信软件，在某只股票（这里以英威腾为例）K 线图的空白处右击，在弹出的快捷菜单中选择【所属板块】命令，如下左图所示。

❷ 弹出该股票所属板块的信息，如下右图所示。

❸ 双击某个板块，如这里双击【光伏】板块（见下图），即可查看该股票在该板块中的表现。

第19章 通达信软件的系统管理中心

本章引语

图表能反映出一切股市或公司股民的总体心理状况！

——威廉·江恩

通达信软件不仅有丰富的图表，而且还能让投资者下载这些图表。此外，通达信软件还提供了屏幕管理等功能，以助于投资者从走势图中做出自己的判断和分析。

本章要点

★管理中心相关设置

★数据的下载及管理

★系统设置

19.1 管理中心相关设置

这里所说的管理中心主要是指通达信软件的【选项】菜单（在导航栏右侧单击【选项】按钮，即可弹出菜单），通达信软件的【选项】菜单可以进行通信（软件上为"通讯"）设置、屏幕截图、个性化数据同步和图形标识设置等一系列操作。【选项】菜单如右图所示。

如果投资者进入系统后，系统默认登录一个行情主站，此时【选项】菜单中的【连接行情主站】选项是灰色字体，表示行情主站连接正常。如果断开了行情主站，投资者将无法看到实时行情，如果没有下载之前的行情数据也无法对其进行查看。此时可以选择【选项】➤【连接行情主站】命令，也可以双击界面下方的状态栏，重新连接行情主站。

如果投资者已经登录了行情主站，也可以选择【选项】➤【断开行情主站】命令断开连接，或者选择连接另一个行情主站。

投资者如果想要看我国香港以及期货市场等的证券，需要连接扩展市场行情，如果没有连接，通过键盘精灵输入港股的代码或者大写的汉语拼音首字母就会自动连接扩展市场行情。同样，如果投资者已经登录了扩展市场，也可以选择【选项】➤【断开扩展市场行情】命令断开。

19.2 通信相关设置

【选项】菜单中的通信设置、主站测速和自动升级属于通信相关的设置，如右图所示。本节将介绍这些设置的具体操作。

19.2.1 通信设置

有时由于投资者的网络不好，导致连接的主站可能不是最快的主站。这样会影响行情更新的速度，对短线、超短线的投资者就会造成一定的交易时差，进而影响交易。想要解决这种问题，可以进入通信设置更换行情主站。尤其是在大牛市的时候，如果券商的服务器跟不上，会存在登录不上交易中心的情况，投资者可以第一时间拨打开户券商的电话获取网速最快的主站，重新手动设置，保证网速的最佳状态。

【通信设置】对话框如右图所示，投资者在主站设置中如果勾选了【登录时查找最快主站】复选框，在登录通达信软件时系统就会自动登录最快的主站，投资者不需要重新选择主站，所以下面的主站选项将置灰。如果投资者需要手动更换行情主站，则不要勾选此复选框，投资者就可以在【行情主站】【资讯主站】【扩展市场行情主站】【高级行情主站】【交易中心】5个下拉列表框中选择主站，并且在下次登录时不会自动连接资讯主站，需要投资者手动连接。

19.2.2 主站测速

投资者可以从【选项】菜单或输入 "33" 快速调用主站测速功能。通达信系统会自动为投资者测出每个行情主站的网络延时、主站负载等数据，并计算出每个行情主站的综合值。行情主站综合值越低，排名越靠前，表示该行情主站的网络状况越好。投资者只需双击综合值最低的行情主站，或者选中综合值最低的行情主站，然后单击【使用所选】按钮连接到网络最畅通的行情主站。投资者可以测试行情主站、交易中心和扩展市场行情主站的网速，再选择最优主站，如下方各图所示。

主站测速

行情主站测速　交易中心测速　扩展市场行情主站测速

选择合适的服务器(请使用排名靠前的服务器),不排除有网络瞬间变化造成的不准确情况

主站名称	权重	网络延时(ms)	主站负载(%)	综合值
北京双线主站1		15	10	23(非常好)
北京双线主站2		16	9	23(非常好)
北京双线主站3		16	9	23(非常好)
上海双线主站3		31	7	34(非常好)
上海双线主站5		31	7	34(非常好)
上海双线主站9		31	7	34(非常好)
上海双线主站6		32	7	35(非常好)
上海双线主站11		32	7	36(非常好)
上海双线主站4		46	7	48(非常好)
深圳双线主站2		46	8	49(非常好)
上海双线主站7		47	7	49(非常好)
上海双线主站8		47	7	49(非常好)

开始测试　生成报告　　　　　　　　使用所选　返回

主站测速

行情主站测速　**交易中心测速**　扩展市场行情主站测速

选择合适的服务器(请使用排名靠前的服务器),不排除有网络瞬间变化造成的不准确情况

主站名称	权重	网络延时(ms)	主站负载(%)	综合值
北京移动委托服务器	85	0	0	0(非常好)
北京联通委托服务器	85	15	0	1(非常好)
北京电信委托服务器	85	16	0	2(非常好)
上海电信委托服务器1	85	31	0	4(非常好)
上海移动委托服务器	85	31	0	4(非常好)
上海联通委托服务器1	85	31	0	4(非常好)
上海电信委托服务器2	80	31	0	5(非常好)
上海电信委托服务器6	80	31	0	5(非常好)
上海电信委托服务器8	80	31	1	5(非常好)
上海电信委托服务器9	80	31	0	5(非常好)
上海电信委托服务器10	80	31	0	5(非常好)
上海电信委托服务器17	80	31	0	5(非常好)

开始测试　生成报告　　　　　　　　返回

主站测速

行情主站测速　交易中心测速　**扩展市场行情主站测速**

选择合适的服务器(请使用排名靠前的服务器),不排除有网络瞬间变化造成的不准确情况

主站名称	权重	网络延时(ms)	主站负载(%)	综合值
扩展市场上海双线1		32	8	36(非常好)
扩展市场上海双线2		31	9	36(非常好)
扩展市场武汉主站1		31	10	37(非常好)
扩展市场深圳双线5		47	2	44(非常好)
扩展市场深圳双线2		47	3	45(非常好)
扩展市场深圳双线3		62	3	58(非常好)
扩展市场深圳双线4		63	2	58(较好)
扩展市场深圳双线1		63	3	59(较好)
扩展市场武汉主站2		78	10	80(较好)

开始测试　生成报告　　　　　　　　使用所选　返回

19.2.3 自动升级

如果投资者的软件版本较老，可以使用自动升级功能来更新软件的版本。若由于网速较慢等原因不能自动升级，也可以在通达信官网的下载中心下载最新版本。

自动升级的具体操作步骤如下。

❶ 选择【选项】▶【自动升级】命令，如右图所示。

❷ 弹出【通达信融资终端 自动升级程序】对话框，单击【下一步】按钮，如下左图所示。

❸ 系统将自动下载升级文件，并完成升级工作，如下右图所示。

19.3 数据的下载及管理

通达信软件的数据下载及管理主要包括盘后数据下载、专业财务数据、日线自动写盘、数据导出和数据维护工具，如右图所示。本节将介绍这些内容的具体操作。

19.3.1 盘后数据下载

如果想使用盘后数据下载功能，首先要连接到主站，然后将数据下载到本地计算机上。数据下载后即使断开连接，也可以对股市行情进行查看和分析。

盘后数据下载的具体操作步骤如下。

❶ 选择【选项】▶【盘后数据下载】命令，在弹出的【盘后数据下载】对话框中切换至相应的数据选项卡并选择日期，单击【开始下载】按钮即可下载数据，如下左图所示。

❷ 下载完成后，系统提示下载完毕，然后单击【关闭】按钮，如下右图所示。

> **提示**
>
> 当天的数据要 15:45 之后才能下载。

19.3.2 专业财务数据

有些指标需要用专业财务数据才可以查看，如两融资金指标，投资者需要先下载专业财务数据才可以查看该指标。

下载专业财务数据的具体操作步骤如下（这里以平安银行为例）。

❶ 打开平安银行（000001）的日K线图，输入两融资金的汉语拼音首字母，查看该指标。发现这个指标需要下载专业财务数据，如下图所示。

❷ 选择【选项】➤【专业财务数据】命令，弹出【专业财务数据】对话框，单击财务数据包和股票数据包右下方的【开始下载】按钮（见下图），查看专业财务数据相关函数的指标。

❸ 数据包下载完毕之后再次登录通达信软件即可查看平安银行的两融资金指标，如下图所示。

19.3.3 日线自动写盘

日线自动写盘功能可以帮助投资者复盘。该功能将投资者查看过的所有证券都自动存盘，即使是脱机的状态，投资者仍可以查阅相关数据。

19.3.4 数据导出

数据导出是将通达信软件中存在的各种数据导出到计算机指定的位置，供他人下载、复制等。

数据导出的具体操作步骤如下。

❶ 选择【系统】➤【数据导出】命令，如下左图所示。

❷ 在弹出的【数据导出】对话框中选择导出的数据类型，如选择【Excel 文件】，单击【浏览】按钮，选择导出数据的保存位置，如下右图所示。

❸ 单击【导出】按钮，即可开始导出数据。导出成功后，打开导出的数据，如下页图所示。另外，可以通过其他软件（如 Word 或者 Excel）对股票行情、个股资料等的数据做进一步分析。

19.3.5　数据维护工具

使用数据维护工具可以对混乱或错误的数据进行整理，也可以删除不需要的数据以释放更多磁盘空间。数据维护工具主要包括数据清理、数据备份、数据恢复和本地数据。下面对其分别进行介绍。

1. 数据清理

数据清理功能为投资者提供了以下 7 种数据的清理。

（1）上次初始化数据（该数据被清理后，下次登录系统时，将重传股票码表信息）。

（2）基本资料、股本变迁文件等（如果股本和权息资料紊乱，需要清理此项）。

（3）画线工具数据（如果进入分析图时出错，推荐清理此项）。

（4）下载的日线、统计数据和分钟数据。

（5）自动升级的中间文件和备份文件。

（6）缓存的中间数据，委托交易、消息、资讯等各类临时缓冲数据。

（7）交易临时数据、策略设置数据等。

数据清理的具体操作步骤如下。

❶ 选择【选项】▶【数据维护工具】命令，在弹出的【数据维护工具】对话框中选择需要清理的数据，如下左图所示。

❷ 单击【执行清理选中栏目】按钮即可开始清理，清理结束后，系统提示重新进入客户端系统，如下右图所示。

2. 数据备份

数据备份为投资者提供了备份个性化数据的工具，可以备份的数据包括自选股等板块，自定义公式，日记、标记和资讯配置，以及理财和记事本数据等。

数据备份的具体操作步骤如下。

❶ 选择【选项】▶【数据维护工具】命令，在【数据维护工具】对话框中切换至【数据备份】选项卡，如下左图所示。

❷ 单击【浏览】按钮，打开【浏览文件夹】对话框，选择想要把数据备份到的目标目录，单击【确定】按钮，然后勾选想要备份的个性化数据，如下右图所示。

❸ 单击【执行操作】按钮，系统即可自动备份数据。备份完毕后找到备份数据存放的目标地址，即可看到备份文件，如下图所示。

提示

在执行数据备份时，会关闭通达信客户端。

3. 数据恢复

数据恢复是利用已经备份的数据来恢复数据。以上一步保存的 TdxBak_20211129 目录为例，进行数据恢复。

数据恢复的具体操作步骤如下。

❶ 选择【选项】▶【数据维护工具】命令，在【数据维护工具】对话框中切换至【数据恢复】选项卡，如下页左图所示。

❷ 单击【浏览】按钮，选择备份数据所在的目录（TdxBak_20211129），选择完毕后，单击【确定】按钮返回【数据维护工具】对话框，然后勾选需要恢复的个性化数据，如下页右图所示。

❸ 单击【执行操作】按钮，弹出警告信息对话框，单击【是】按钮，如下左图所示。

❹ 系统自动进行数据恢复，完成操作后弹出警告信息对话框，提示投资者需要重新进入客户端系统，如下右图所示。

4. 本地维护

本地维护工具可以让投资者复制其他地方或其他版本的历史数据以更新本地的日线数据，投资者可以删除指定日期的日线数据、指定日期前的所有日线数据或者本地所有的 5 分钟线数据。

本地维护的具体操作步骤如下。

❶ 选择【选项】▶【数据维护工具】命令，在【数据维护工具】对话框中切换至【本地数据】选项卡，如下左图所示。

❷ 单击【浏览】按钮，找到其他地方的历史数据目录。返回【数据维护工具】对话框，单击【拷贝历史数据】按钮，即可更新本地日线数据，如下右图所示。

❸ 单击【删除日期】右侧的下拉按钮，选择需要删除的日线数据的日期，系统弹出询问对话框，如下图所示。

❹ 单击【是】按钮，即可将已选择日期的所有股票的日线数据删除。

19.4 屏幕管理

通达信软件的屏幕管理主要包括监控剪贴板、屏幕截图、自动换页、品种组合计算，如下图所示。下面对其分别进行介绍。

19.4.1 监控剪贴板

如果选择了【监控剪贴板】，在使用复制功能的时候，会自动识别剪贴板中的股票代码，可以快速对股票添加标志，并将其加入板块，如下图所示。

19.4.2 屏幕截图

投资者可以通过屏幕截图功能来截取某段时间的行情报价、分析图或分时图等，并保存截取的图片，以便以后分析研究。

使用屏幕截图功能的具体操作步骤如下。

❶ 启动通达信软件，进入白云机场（600004）的日K线图，如下图所示。

❷ 选择【选项】➤【屏幕截图】命令，然后拖曳鼠标选取要截取的画面，如下左图所示。

❸ 在弹出的菜单中单击 ✔ 完成 按钮，将图形复制到粘贴板，也可以直接按【Ctrl+V】组合键粘贴到 Word 文档中；或者在弹出的菜单中单击【保存】按钮 📄 将其另存为图片。保存的图片如下右图所示。

19.4.3 自动换页

自动换页功能可以让行情列表界面、分时图界面和 K 线图界面按规定时间更新。其中，更新行情列表界面是更新下一页的列表，更新分时图界面和 K 线图界面都是更新下一只股票的分时图界面和 K 线图界面。如果投资者希望行情列表界面和分时图界面以及 K 线图界面都自动更新换页，则需要在不同的界面中选择【自动换页】选项。此外，还可以在【系统设置】对话框中设置换页时间，如下图所示。

19.4.4 品种组合计算

品种组合计算功能在 18.3 节进行了介绍，在这里不赘述。

19.5 个性化设置

通达信软件的个性化设置主要包括个性化数据同步、图形标识设置、自定义关联品种、自定义板块设置、系统设置、交易设置六大功能，如右图所示。下面对其分别进行介绍。

个性化数据同步
图形标识设置
自定义关联品种
自定义板块设置
系统设置   Ctrl+D
交易设置

19.5.1 个性化数据同步

投资者可通过个性化数据同步实现手机客户端自选股与 PC 客户端自选股的共享。

投资者可以用注册的手机号登录通达信 PC 客户端，选择【选项】▷【个性化数据同步】命令，弹出的对话框如下左图所示。

单击【上传】按钮，即可完成自选数据的上传。在 PC 客户端和手机客户端用同一手机号和密码登录后再选择【个性化数据同步】，结果如下右图所示。

19.5.2 图形标识设置

图形标识设置功能方便投资者对股票的属性、信息等进行多维度的判断。投资者可以选择【选项】▷【图形标识设置】命令，或者在 K 线图界面中单击右上角的菱形图标 ◇，打开【图形标识设置】对话框。投资者可以根据自己的需要勾选是否要在图中对下图所示的信息进行标识。

19.5.3 自定义关联品种

每一只股票都有其关联的板块和股票，在个股的分时图和 K 线图下方都有【关联报价】页签帮助投资者寻找同板块的个股。由于很多时候同板块的股价是齐涨共跌的，因此如果龙头发生异动，同板块也会发生异动。有的时候通达信软件自带的关联报价范围太广泛，或者遗漏了某些关联的个股，则需要投资者手动添加关联品种。

下面以英威腾为例来介绍自定义关联品种的具体操作步骤。

❶ 在英威腾的 K 线图界面选择【选项】▷【自定义关联品种】命令，弹出【自定义关联品种】对话框，单击下方的【修改】按钮，输入同为光伏板块的合康新能大写的汉语拼音首字母 "HKXN"（见下页左图）或者相关的股票代码。

❷ 输入完毕之后按【Enter】键，再单击【增加】按钮，即完成了英威腾与合康新能的关联，如下页右图所示。

❸ 返回英威腾的 K 线图界面，单击界面下方的【关联品种】页签，即可看到合康新能在其关联品种当中被单列了出来，如下图所示。

19.5.4 自定义板块设置

投资者可通过选择【选项】➤【自定义板块设置】命令，在打开的【自定义板块设置】对话框中根据需要进行添加 / 删除自选股、创建板块股和设置板块股的颜色等操作。

1. 添加 / 删除自选股

❶ 选择【选项】➤【自定义板块设置】命令，弹出【自定义板块设置】对话框，选中【自选股】可看到自选股列表，如下图所示。

❷ 单击上页图中的【添加品种】按钮，选择【行业板块】类别中的【电气设备】行业，再选择某一个股，如选择"合康新能"，单击对话框中的【确定】按钮，如下图所示。

❸ 合康新能就被加入自选股列表中，如下图所示。

❹ 投资者可以对自选股的顺序进行调整。先选中要移动的个股，此处选中【合康新能】，然后单击右侧的【前移】按钮，即可将其前移至英威腾的后一位，如下图所示。

❺ 选中【新洁能】，然后单击【移出】按钮，将其删除，自选股就从原来的30只减少为29只。删除前和删除后的效果分别如下页上图和下页中图所示。投资者在自选股行情列表也可以通过右击删除自选股。

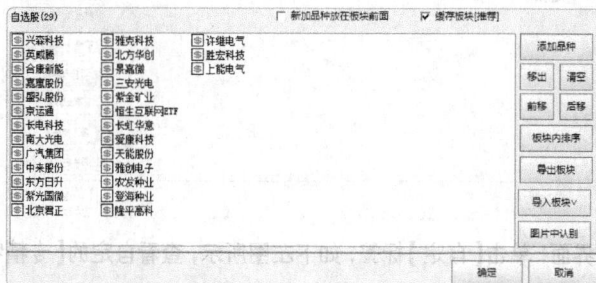

2. 创建板块股

❶ 选择【选项】▷【自定义板块设置】命令，在弹出的【自定义板块设置】对话框中单击【新建板块】按钮，在弹出的【新建板块】对话框中输入板块名称和板块简称，如下左图所示。

❷ 单击【确定】按钮，即可将创建的新板块加入【自定义板块管理】选项卡中，如下右图所示。

❸ 选中【专精特新】板块，单击【添加品种】按钮，弹出【选择品种】对话框，在对话框的地区板块、行业板块、概念板块等众多板块中快速查找想要放进【专精特新】板块的个股，如【晶方科技】，选中后单击【确定】按钮，如下图所示。

❹ 操作完成后可以看到晶方科技被放入【专精特新】板块列表，如下图所示。

❺ 返回行情列表界面，单击【自定】标签，如下左图所示，查看自定的【专精特新】板块中的个股，显示结果如下右图所示。

3.设置板块股的颜色

❶ 选择【选项】➢【自定义板块设置】命令，在弹出的【自定义板块设置】对话框中单击【自定义板块颜色】选项卡，选取想要的颜色，如下图所示。

❷ 选好颜色之后，单击【确定】按钮，返回【自定义板块设置】对话框，再选择该颜色对应的

板块，如想要橘色对应专精特新，可以在弹出的【请选择板块】对话框中选择【专精特新】，然后单击【确定】按钮即可，如下图所示。

❸ 在【自定义板块设置】对话框中再单击【确定】按钮，返回行情列表界面，单击【自定】标签，选择【专精特新】板块，可发现该板块中个股名称的颜色已经变成了设置的颜色，如下图所示。

	代码	名称		涨幅%	现价	涨跌	买价	卖价	总量	现量	涨速%
1	603986	兆易创新	R	-1.16	150.23	-1.76	150.23	150.25	109425	685	0.15
2	603005	晶方科技	R	-1.66	57.90	-0.98	57.89	57.90	236653	1603	0.03

分类▲ A股 创业 科创 基金▲ 新三板▲ 板块指数 自选 板块▲ 自定▲ 光伏概念 锂电池 多晶硅

19.5.5 系统设置

通达信软件的系统设置功能主要用于配置系统颜色，维护自选股、板块股，设定系统参数等。系统设置包括外观设置、设置1、设置2、设置3、设置4、周期设置、标签设置、输入设置、链接设置和参数设置（链接设置和参数设置用得较少，下面不进行介绍）。

系统设置的具体操作步骤如下。

❶ 打开通达信软件，选择【选项】➤【系统设置】命令，弹出【系统设置】对话框。单击【外观】选项卡中【配色方案】的下拉按钮，即可选择配色方案。例如，本书为了呈现更好、更清晰的画面效果，以白色为底色，即选择【典雅白】，如下页上图所示。有些投资者喜欢以黑色为底色，可以选择【红黑】。

❷ 切换至【设置1】选项卡，将【自动换页间隔时间】设置为10秒，将【多股同列数】设置为9图（3行×3列），如下页中图所示。

❸ 切换至【设置2】选项卡，选择左侧列表中的【MA】选项，然后单击 ⇒ 按钮，将其添加到右侧列表，选中【560（较快网络）】单选按钮，如下图所示。

❹ 切换至【设置3】选项卡，将系统选项的【在托盘区不显示图标】切换为【最小化后在托盘区显示图标】，勾选【分析图中显示纵坐标轴虚线】复选框，如下页图所示。

❺ 切换至【设置4】选项卡，对状态栏行情、沪深行情信息区进行设置，如下图所示。

❻ 切换至【周期】选项卡，选择显示的周期指标，以及显示的顺序，如下图所示。

❼ 切换至【标签】选项卡，在左侧的列表中选择【港美联动】选项，然后单击【添加】按钮，将其移入扩展市场行情标签中，如下页上图所示。

❽ 切换至【输入】选项卡，投资者可以设置回车键在此处的功能，也可以对交易进行按键设置，如下页中图所示。

19.5.6 交易设置

交易设置包括系统参数、价量限制、跟盘分仓、快捷交易、仓位策略、闪电下单和定制设置等。交易设置的具体操作步骤如下。

❶ 打开通达信软件，选择【选项】➤【交易设置】命令，弹出【系统设置】对话框。切换至【系统参数】选项卡，投资者可以修改交易系统的系统参数，默认勾选【股票买入后就加进自选股】【股票委托提交后清空填写的信息】【当日成交过滤撤单记录】【点击买卖盘价格填写委托】【列表框里显示登录帐户信息】复选框，如下图所示。

❷ 切换至【价量限制】选项卡，可以启用价量限制。例如，设置买入上限和卖出下限的具体股数，

也可以改变买入或卖出数量最小变动单位，如下图所示。

❸ 切换至【跟盘分仓】选项卡，可以启用自动跟盘。一般情况下，买卖股票的时候，输入股票代码之后，股票价格就定位于当时的股价，如果当时没有立即下单，则价位会固定在当时的股价处，启用该功能后委托价格将实时更新。大单买卖还可以设置自动分仓，如下图所示。

❹ 切换至【快捷交易】选项卡，可以选择快捷交易的速度，如下图所示。

❺ 切换至【仓位策略】选项卡，可以设置买入委托量和卖出委托量，可以分别设置为自填、全仓、固定买入/卖出量和固定资金量，如下页图所示。投资者可以根据资金情况，并结合自己的交易习惯，设置委托数量。

❻ 切换至【闪电下单】选项卡，这个设置要非常慎重，因为很可能在单击或双击买卖盘价位时，投资者就下单买入或卖出了，因此不建议设置直接下单的选项，如下图所示。

❼ 切换至【定制设置】选项卡，可以勾选【高速刷新股份】复选框，如下图所示。一般都默认高速刷新股份，以帮助投资者获取最新的行情报价。

高手支招

技巧1 如何导出指标公式

在通达信软件中导出指标公式的具体操作步骤如下。

❶ 打开通达信软件，选择【公式】▷【公式管理器】命令，弹出【公式管理器】对话框，如下页图所示。

❷ 单击【导出公式】按钮，在弹出的对话框中选择保存路径并输入文件名，如下图所示。

❸ 选择需要导出的公式，如选择【技术指标公式】➤【大势型】命令，单击【确定】按钮，弹出导出公式的数量提示框，单击【确定】按钮，即可将该公式导出，如下图所示。

导出条件选股公式、专家系统公式和五彩K线公式与导出技术指标公式的操作类似。

技巧2 巧用金融计算器

通达信软件金融计算器的功能非常强大，能帮助投资者计算各种股票、基金、期货、银行理财产品的收益。

金融计算器的使用方法如下。

❶ 打开通达信软件，选择【功能】➤【金融计算器】命令，如下左图所示。

❷ 在弹出的【金融计算器】对话框中选择相应的计算内容，这里选择【股票类】➤【股票盈亏】命令，输入兴森科技的股票代码"002436"，计算结果如下右图所示。

金融计算器非常好用，可以帮助投资者快速计算出自己的收益。